KTX에서 찜질방까지

문화의
발견

문화의 발견—KTX에서 찜질방까지

제1판 1쇄 발행 2007년 5월 18일
제1판 19쇄 발행 2020년 11월 18일

지은이 김찬호
펴낸이 이광호
펴낸곳 ㈜문학과지성사
등록번호 제1993-000098호
주소 04034 서울 마포구 잔다리로7길 18(서교동 377-20)
전화 02)338-7224
팩스 02)323-4180(편집) 02)338-7221(영업)
전자우편 moonji@moonji.com
홈페이지 www.moonji.com

ⓒ 김찬호, 2007. Printed in Seoul, Korea

ISBN 978-89-320-1780-8 43300

문지푸른책

KTX에서 찜질방까지

문화의
발견

김찬호 지음

문학과지성사
2007

　서울의 '구로디지털단지역'과 '가산디지털단지역,' 한국의 모든
역 가운데 가장 긴 이름이다. 원래 '구로공단역'과 '가리봉역'이었
는데 2004년과 2005년에 바뀐 것이다. 그 일대는 1960년대에 수
출산업단지로 지정되면서 봉제, 섬유, 전자제품을 만드는 공장들
이 우후죽순으로 들어섰고, 비좁고 남루한 쪽방촌에서 수많은 여
공들이 고단한 삶을 이어왔다. 1990년대 들어 공장과 노동자들이
빠져나간 그 자리에 중국 동포들이 터를 잡기 시작했고, 2000년
에는 구로공단이 '서울디지털산업단지'라는 이름으로 다시 태어나
게 되었다. 그 이후 정보기술(IT) 관련 벤처기업들이 속속 이주해
오면서 이 일대는 강남 테헤란로를 능가하는 벤처 타운이 되었고,
이른바 '디밸족(디지털밸리족)'이라는 젊은 직장인들이 아침마다
전철역에서 가득 쏟아져 나온다. 신경숙의 소설 『외딴방』에서 묘
사되는 공단의 칙칙한 풍경은 아득한 기억으로 사라져간다.

　춘천의 '김유정역,' 한국의 모든 역 가운데 유일하게 인명을 따
이름 지은 역이다. 서울에서 가자면 춘천역 두 정거장 전에 있는
이 역은 원래 '신남역'이었는데, 2004년에 명칭을 바꾸게 되었다.

철도 전산망의 코드를 일제히 바꿔야 하는 번거로움과 무려 1억 원이나 되는 행정 비용을 감수하면서까지 이름을 변경한 까닭은 무엇일까. 그 일대의 풍수와 경관은 그다지 빼어나지 않지만, 그 곳을 모태로 탄생한 위대한 문학작품 때문에 사람들은 각별한 의미를 부여한다. 그러한 기운이 모아져서 2002년 '김유정문학촌'이 생겨났고, 작가의 혼을 기리는 사람들의 발걸음에 운치를 더해주기 위해 간이역의 이름도 바꾸게 된 것이다. 봄빛 아지랑이가 피어오르는 경춘선을 따라 그 고장을 찾아오는 여행객들을 맞으러 이제 「동백꽃」의 주인공들은 소설 속에서 걸어 나온다.

새롭게 변경된 역 이름들은 시대의 상반된 흐름을 반영하고 있다. 한편으로는 글로벌한 차원에서 시시각각 전개되는 기술 혁신과 일류를 향해 치열하게 도전하는 패기로 사회는 끊임없이 그리고 숨 가쁘게 변모한다. 나는 빠르다. 고로 존재한다. 퀵 서비스 아저씨들의 속도 전쟁만큼이나 도시인들의 생체 리듬에도 현기증이 난다. 다른 한편으로 우리는 가파른 경쟁으로 고단해지는 일상에서 탈출하여 마을(로컬)의 풋풋한 낭만에 안온하게 머물고 싶어 한다. 느리게 산다는 것, 마음의 여유, 단순함과 소박함 등의 의미를 새삼 되새기면서 삶의 기어를 저속으로 변환하는(다운시프트) 이들이 늘어나고 있다. 이렇듯 서로 엇갈리는 템포 속에서 한국인들은 인생의 좌표를 힘겹게 모색하고 있다.

이 책은 30개의 공간을 중심으로 한국인의 삶과 문화를 탐구한 기록이다. 평범한 세계를 낯선 눈으로 바라보면서 현상의 이면을 들추어가는 생활 견문록이다. 속도 혁명으로 전국을 일일생활권으로 묶어내는 KTX에서부터 드넓은 밀실에서 심신을 나른하게 이완하는 찜질방에 이르기까지 그 모든 현장은 우리가 늘 부딪히고 목격하는 대상이다. 그 하나하나가 문화 읽기의 생생한 텍스트들이다. 왜 생활공간에 주목하는가. 1990년대 이후 문화 연구가 활발해졌지만, 외국 이론 위주의 추상 담론으로 치우치면서 정작 우리의 구체적인 경험을 읽어내는 데는 상대적으로 소홀했다고 본다. 난해한 개념의 과잉 속에 사회와 문화를 정밀하게 포착하는 언어는 오히려 점점 빈곤해져왔다. 우리는 해석되지 않은 변화들에 정신없이 휩쓸리며 살아간다. 생각하는 힘을 키우려 도입한 논술에서도 자신의 경험을 성찰하는 영역은 비좁은 편이다. 이 책은 생활세계의 다양한 현장들을 이방인의 시선으로 방문하면서 나를 만나는 기행문이다.

여기에 실리는 글들은 원래 한겨레신문에 2005년 5월부터 약 1년 동안 격주로 연재했던 원고를 수정하고 확장한 것이다. 내용을 두 배 정도로 늘리면서 각주를 달고 관련된 시각 자료들을 첨부하며 각 단원마다 과제를 붙이는 작업이 처음 원고를 쓰는 일보다 어렵고 시간도 더 걸렸다. 이 책에서 다루는 30개의 공간은 각각 한 권의 책으로도 모자랄 만큼 많은 이야깃거리를 담고 있다. 그렇듯 큼직한 소재들을 10쪽 정도의 짤막한 글로 풀어낸다는 것은 무리가 아닐 수 없다. 이 책은 그 대상들의 전모를 밝히는 것이 아니라, 필자 나름의 관심을 따라 현상의 일정한 측면들을 부각시키면서 의미를 짚어가는 식으로 진행된다. 따라서 여러 소재들을 넘나들고 있지만, 그 아래에 깔려 있는 주제 의식들은 서로 깊이 연관되어 있다.

"집이든, 별이든, 혹은 사막이든 그들을 아름답게 하는 것은 눈에 보이지 않는 법이지. 〔……〕 여기 보이는 것은 껍질뿐이야. 가장 중요한 것은 눈에 보이지 않거든." 『어린 왕자』의 이 한 구절은 온갖 볼거리가 넘쳐나는 세상에서 애잔한 삶의 비밀로 반짝인다. 시각적 대상이 너무 많아 난삽한 도시 경관에서 그 무엇도 의미 있게 지각하지 못하듯이, 우리는 일상에서 많은 것을 보는 듯하지만 실제로는 어느 것 하나도 제대로 보지 못하는 경우가 많다. 이 책에서는 그러한 인식의 아노미를 극복할 수 있는 통찰과 이해력을 모색한다. 온갖 잡다한 현상들을 피상적으로 '서핑'하며 선정적으로 발신하는 정보 문화, 이론과 전문 용어의 복잡한 미로 속에서 공허하게 추상화되고 중층의 칸막이들로 단절되기 쉬운 학문 세계, 그 두 가지 굴레를 모두 넘어서면서 앎의 지평을 널리 열어가고자 하는 것이다.

　여기에 실린 글들은 자료와 분석의 객관성을 지향하면서도 감정 이입과 상상의 주관성을 배제하지 않는다. 그래서 논문처럼 건조하게 전개되다가 수필처럼 말랑말랑한 어투로 갑자기 전환되는 문체의 자유로움을 구사한다. 사회과학적 엄밀성과 시적 감수성이 만날 수 있는 언어의 세계를 지향하는 것이다. 상이한 공간들을 탐사하면서 각각에 대한 원고를 완성해가는 과정은 마치 서른 개의 고개를 하나씩 넘는 여정과도 같았다. 그것은 글쓰기의 괴로움과 즐거움을 넘나들며 사유와 느낌의 경계를 넓히는 문장 수업이었다. 이 책을 통해 독자 여러분이 사람과 사물을 보다 입체적으로 바라볼 수 있다면, 생활 속에서 관찰하고 생각하는 공부의 재미를 맛볼 수 있다면 저자로서 더없는 보람이 될 것이다.

　이 책이 나오기까지 많은 분들의 도움과 격려가 있었다. 우선

1년 남짓 귀한 지면을 할애해주신 한겨레신문과 한승동 기자에게 감사드린다. 그 기획이 아니었으면 이렇게 여러 소재들로 글을 이어가는 것은 불가능했을 것이다. 더구나 책 관련 섹션지에 연재되었던 만큼, 행여 그 품격을 떨어뜨리지 않을까 늘 긴장하면서 미천한 지성을 연마할 수 있었다. 그 글들을 확장하고 보완하는 과정에서 한양대학교와 연세대학교의 교양강좌 문화인류학 수강생들의 도움이 컸다. 학생들은 나의 글을 읽고 잘못된 사실 관계나 앞뒤가 맞지 않는 해석들을 숱하게 지적해주었다. 그리고 자신들의 경험이나 독서를 토대로 글에 도움이 될 만한 정보들을 많이 제공해주었다. 이 자리를 빌려서 학생들에게 깊은 고마움을 전한다. 또한 사진 촬영에 도움을 준 강윤정, 김정호, 기태영에게 감사한다.

끝으로 이 시시한 글들을 근사한 책으로 엮어주신 문학과지성사와 담당 편집진에게 감사드린다. 특히 지비원씨는 부실한 문장들을 날카롭게 집어내어 바로잡아주었고, 이미지의 선정에도 탁월한 조언을 해주었다. 그리고 거듭 수정되는 원고를 아량으로 받아들여주고 복잡하게 삽입되는 시각 자료들을 정성으로 배치해준 디자인 팀에게 크나큰 신세를 졌다. 그렇듯 이 책에 깃든 여러 섬세한 손길들 덕분에 독자들의 글 읽기가 한결 편안하고 유쾌해지리라 믿으면서, 그 모든 분들에게 큰절을 올린다.

2007년 4월

김찬호

문화의
발견

차례

들어가며 5

제1부 **이동**과 **교통**

지하철 애써 무관심한 척하지만 14

버스 아저씨, 잠깐만요 25

승용차 자기만의 궁전, 달려라! 34

KTX 창밖을 보지 않는 여행 43

공항 하늘 네트워크의 포털 사이트 52

제2부 **유희와 교류**

노래방 온 국민이 '카수' 왕! 62

찜질방 프라이버시로부터 자유로워지기 71

피시방 방 속의 방들 81

놀이공원 과학과 마술의 경계를 따라 89

스타디움 월드컵을 넘어서 97

제3부 **유통과 서비스**

편의점 욕망을 검색하는 도시의 야경꾼 108

식당 밥맛은 살맛이다 119

커피숍 혼자 있어도 외롭지 않은 곳 127

백화점 일층에 패션 잡화가 있는 까닭은 136

시장 사고파는 것 말고도 145

제4부　거주와 돌봄

　　아파트　나를 감추면서 과시하는 기호체계　156
　　집　하우스인가, 홈인가　164
　　경로당　늙음을 경외하느니　173
　　노숙　다시 일어설 수 있도록　183
　　마을　관심과 관계의 그물망 짜기　192

제5부　창조와 성장

　　학교　배움의 인연으로 자아를 빚는 그릇　202
　　캠퍼스　낭만과 불안 사이　212
　　교회　예배는 멀티이벤트?　221
　　문화회관　아마추어들의 매력을 찾아서　230
　　길거리　문화유전자의 고밀도 집적 회로　239

제6부　몸과 자연

　　화장실　더러움, 그 깨끗함에 대하여　250
　　병원　치료에서 웰빙으로　260
　　동물원　인간의 서식지를 예감한다　270
　　공원　시간이 머물러 쉬는 곳　278
　　강　물과 사귀려면　287

제1부 이동과 교통

지하철·버스·승용차·KTX·공항

저 건너편에 앉아 날 훔쳐만 보네. 매일 아침 이맘때나 밤늦게도 보네. 어떨 땐 반갑다
가도 또 귀찮기만 해. 하지만 별 걸 다 신경 쓰네, 왜 이럴까? [……] 괜히 말이나 걸어
볼까 생각도 했었지. 하지만 왜? 언제? 또 무슨 말을 해? 그저 전철에서 만난 남남인
데. 관심도 하나도 없는 남남일 뿐인데. 참 멍청하게도 생겼다. 밥맛, 휘유—. 숨 쉬지
마, 입에서 냄새 나. 어욱, 입 냄새 [……] 넌 전철의 한 부분일 뿐 내겐 흥미도 없고.
내가 안 탄다 해도 별 관심 없겠지. 하기야 내가 너래도 그럴 걸 뭐.

— 록 뮤지컬 「지하철1호선」 중에서

　　지하철이 지구상에 처음 출현한 것은 1863년 영국 런던이었다.
세계 최초로 강 밑에 뚫린 도로인 템즈 터널Thames Tunnel이
개통된 지 20년 만에 도시 개선 사업의 일환으로 건설된 지하철은
그 이후 유럽의 여러 나라들과 미국 그리고 일본 등으로 확산되어
갔다. 현재 지하철은 지구촌 160여 개 도시에 깔려 있고 약 7천
개의 역이 있다. 서양에서 지하철을 가리키는 단어는 여러 가지이
다. 우리에게 익숙한 'subway'는 북미권에서 사용하는 말이고,
영국에서는 공식적으로 'underground'라고 하면서 일상 대화에
서는 'tube'라고 부르기도 한다. 그리고 영국과 북미 이외의 지역

에서는 'metro'라는 단어를 사용한다.

한국에 처음 개통된 지하철은 1974년 서울역에서 청량리 구간을 잇는 1호선이었다. 서울에 지하철이 개통되던 무렵의 상황에 대해 서울시립대 송도영 교수는 다음과 같이 설명하고 있다. "영등포 등을 제외하고는 대부분이 한강 이북 지역에 한정되어 있던 서울은 전국 인구의 급속한 서울 집중 현상으로 인해 기존 서울의 도시 경계 안에서 더 이상 주거를 마련할 여력도 없고 교통 혼잡도 해결하기 어려운 상황이었다. "서울은 만원이다"라는 비명이 울리고 있었고, 그에 따라 강남 개발이 모색되고 있던 시기였다. 교통문제 해결을 위해서는 뭔가 아주 특별한 방법이 있어야만 하는 시기였던 것이다."[1]

그 뒤로 꾸준하게 증설해온 서울은 지금 9호선을 건설 중이고, 부산, 대구, 광주, 대전에도 새로운 노선들이 깔리고 있다. 현재 한국의 지하철 규모는 전 세계에서 다섯번째라고 하니, 실로 압축 성장이라 할 수 있다. 양적인 면에서뿐만 아니라 통합된 교통 카드 시스템, 역내(驛內)와 차량의 쾌적함에서도 수준급이라고 할 수 있다. 이제는 많이 노후된 런던의 지하철을 타보면 우리가 얼마나 호강하고 있는지를 실감할 수 있다. 또한 지하철의 선진국 일본도 버스와 지하철의 요금 체계를 우리처럼 편리하고 효율적으로 연계하지는 못하고 있다.[2]

이제 대도시에서 지하철은 필수불가결한 생활 현장이다. 거기에서 관찰되는 사람들의 모습에서 사회의 중요한 단면들을 읽어낼 수 있다. 한국에서 10년 이상 장기 공연되고 있는 록 뮤지컬 「지하철 1호선」이 사람들의 공감을 널리 불러일으키는 것도 지하철

1 『인류학자 송도영의 서울 읽기』, 소화, 2005, 54쪽.

2 뉴욕의 경우 사정이 좀 나은데, 하루, 일주일, 한 달 단위의 정액권이 있어서 그 기간 동안에 표 한 장으로 버스와 지하철을 얼마든지 이용할 수 있도록 되어 있다.

을 타고 내리는 인간 군상의 내면을 잘 포착했기 때문이다. 원래 독일의 그립스 극단이 상연한 「Linie 1—Musikalische Revue」를 김민기가 번안하여 1994년 첫선을 보였는데, 독일의 원작자가 한국의 작품을 보고 나서 이것은 또 하나의 창작이라며 저작권료를 면제해주기도 했다. 그것은 김민기의 탁월한 연출 감각으로, 한국의 지하철에서만 목격되는 특유한 분위기를 담아냈기 때문이었을 것이다.

지하철의 풍경은 시시각각 바뀌면서 도시인의 일상을 진열한다. 첫차를 타보자. 부지런히 새벽일을 나서는 아주머니들, 등산복 차림의 노인들의 정정한 낯을 만날 수 있다. 아직 빈 자리가 많은 차내에는 억척스럽게 하루를 시작하는 사람들의 기운으로 가득하다. 7시에서 9시 사이. 직장인과 대학생들의 시간이다. 발걸음이 매우 분주하다. 특히 환승역에서 질주하듯 계단을 오르내리는 승객들은 '다이나믹 코리아'를 확실하게 입증한다. 그러나 발걸음은 재빠르지만 열차와 역은 조용한 편이다. 출근길 승객들은 거의 다 혼자서 이동하기 때문에 대화 상대가 없다. 그 무료함을 겨냥해 스포츠신문과 각종 주간지들이 등장하여 꾸준히 매출을 신장해왔다. 지금은 각종 무가지들이 그 시장을 상당 부분 잠식해버렸지만.

오전 10시 무렵, 승객들은 현저히 줄어든다. 삼삼오오 나들이하는 주부들이 여기저기에서 이야기 마당을 열고 있다. 자녀를 어느 정도 키워 놓은 50대 이상의 여성들이 많이 눈에 띈다. 그런가 하면 경로석에서는 무작정 집을 나선 할아버지들이 아득한 하루를 시작하고 있다. 냉난방이 잘되는 지하철은 한겨울과 한여름 시간

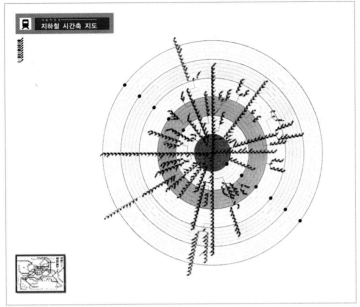

서울특별시
🚇 지하철 시간축 지도

ⓒ김경균

●● 지하철 노선도 상으로는 가깝게 보이지만 실제로는 더 먼 경우가 종종 있다. 실제 거리 및 소요 시간을 나타내는 방식은 없을까? 정보 디자이너 김경균은 그런 문제의식에서 '시간축 지도'라는 것을 만들었다.

때우기에 안성맞춤이다. 그래서 실직자들도 정처 없는 몸을 전동차에 싣는다. 다른 한편 그 무렵 차내 통로가 한산해지면서 속속 등장하여 이목을 끄는 이들이 있는데, 바로 행상인, 걸인, 그리고 종교 전도자들이다. 그들은 공익 요원들의 단속에도 아랑곳하지 않고 지하철을 누비고 다닌다. 이런 사람들은 오후 늦게까지 계속 출몰한다.

저녁 퇴근 시간이 되면서 전철은 다시 만원이 되고 시끌벅적해진다. 출근 시간 때와 달리 동행자가 많기 때문이다. 그래서 신문을 별로 보지 않는다. 밤이 깊어갈수록 열차는 더욱 소란해진다. 11시쯤 지하철을 타보면, 20대 청춘 남녀들로 가득하다. 이렇게 늦은 시간까지 북적거리는 도시는 다른 나라에 흔치 않고, 그 시

공간을 젊은이들이 독점하다시피 하는 것도 특이하다. 그런데 12시가 넘어 심야에 이르면 지하철의 분위기는 또 달라진다. 몸을 가누지 못하는 취객들, 의자에 벌러덩 누워버린 노숙인들이 눈에 띈다. 막차에서 잠들어버린 이들을 일일이 깨워 내보내느라 승무원과 공익 근무 요원들이 분주해지고, 청소부 아주머니들은 곳곳에서 온갖 쓰레기와 오물을 치우느라 고생한다.

지하철이 다른 교통수단에 비해 편리한 것은 정시성(定時性) 때문이다. 일정한 간격으로 차가 오가고 도로가 막히지 않기 때문에 약속 시간에 늦을 염려가 없다. 그러나 어쩌다가 차량이 고장나거나 운영 시스템에 오류가 생기면 도시 전체가 영향을 받는다. 한 노선을 달리는 모든 차량들이 연쇄적으로 멈추기 때문에 엄청난 불편함이 초래되는 것이다. 또한 지하철은 다른 교통수단에 비해 매우 안전한 이동을 보장해준다. 그러나 승강장에서 자칫 발을 헛디뎌 선로에 떨어지거나 하차할 때 출입문에 가방이나 옷이 끼어 차와 함께 끌려가게 되면 끔찍한 사고가 일어난다. 그리고 대구 지하철 화재[3]에서 보았듯이 단 한 사람의 부주의나 테러가 대형 참사로 이어질 수 있다.

따라서 운전자들은 늘 극도로 긴장하게 된다. 지하철 운전은 얼핏 보면 주어진 선로를 따라가기만 하면 되니까 버스나 택시에 비해 운전이 쉬울 듯하다. 그러나 그렇지 않다. 바로 그렇게 단순하고 반복적인 동작이 노동을 지루하게 만든다. 그리고 역을 벗어나 어두운 구역으로 들어가면 양옆 위쪽으로 나란히 켜져 있는 형광등이 똑같은 패턴으로 반복되며 계속 스쳐 지나간다. 하루 종일 그 광경에 노출되어 있다 보면 눈이 극도로 피곤해질 수밖에 없

3 2003년 2월 대구 지하철 1호선 중앙로역에서 어느 승객의 방화로 승객 190여 명이 사망하고 150여 명이 부상을 당한 사건. 이를 통해 차량의 안전 문제, 지하철 운행 및 통제 시스템의 부실이 총체적으로 드러나 이후 제반 안전시설을 갖추는 계기가 되었다.

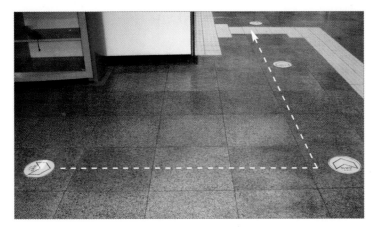

•• 어느 지하철역 바닥의 비상구 방향을 알리는 야광 표지판이다. 그런데 동선을 보면 90도로 꺾어 돌아가도록 되어 있다. 수많은 승객들이 어둠을 뚫고 황급하게 대피하는 상황에서 또 다른 사고를 유발할 수 있는 디자인이다.

다. 또한 러시아워에는 몇 천 명의 승객들이 타고 내리는 상황을 면밀하게 주시하면서 문을 여닫고 안내하느라 바짝 긴장하게 된다. 아직 스크린 도어[4]가 설치되지 않은 역에서는 이따금 자살을 하려고 뛰어드는 사람[5]이나 승강장 끝에서 아슬아슬하게 서 있는 취객들이 운전자의 신경을 곤두서게 한다.

안전하고 편리한 지하철 공간을 만드는 것은 운전자뿐만 아니라 탑승객들의 책임이기도 하다. 그래서 수많은 사람들이 타고 내리는 지하철에는 갖가지 행동 수칙들이 끊임없이 방송된다. 열차가 들어오고 있으니 한걸음 물러서라, 멀리 가실 분은 안으로 들어가라, 화재 발생 시에 비상 장치로 출입문을 열고 신속하게 대피하라, 노약자에게 자리를 양보하라, 휴대폰을 진동으로 해놓아라, 주변에서 수상한 사람을 보면 신고하라, 옆 사람에게 '혐오감'을 주는 행위를 하지 마라, 출입문 옆에 기대서 있지 마라, 물건 사고파는 행위를 하지 마라, 승강장과 전차 사이의 간격이 넓으니 내릴 때 발을 조심하라…… 핵심을 간추리면 '안전,' 그리고

4 승강장 연단에 고정벽과 자동문을 설치하여 승강장과 선로부를 차단함으로써 승객의 안전을 도모하고 소음 공해를 차단해주는 시설로서 일명 PSD(Platform Screen Door)라고도 한다.

5 서울백병원 신경정신과 우종민 교수가 조사한 바에 따르면, 기관사의 60%가 투신 사고를 경험했고, 매년 5% 정도가 사고를 겪는다. 그리고 이 가운데 상당수는 '외상후스트레스장애(PTSD)'를 앓고 있다고 한다(대한불안장애학회, 『재난과 정신건강』, 지식공작소, 2004 참고).

'배려'이다. 그런데 승객들은 그런 안내 방송을 좀처럼 귀담아 듣지 않는다.

지하철에는 안내 방송 외에도 많은 정보가 쇄도한다. 승강장에서부터 차내에 이르기까지 갖가지 동영상과 포스터 광고물들이 승객들의 시선을 빨아들인다. 그리고 오전에 배포되는 무가지 신문들이 여러 승객들에 의해 윤독된다. 의자 위의 선반은 그것들을 주고받는 '공유 폴더'로 활용된다. 그 위에 가득 쌓여 있는 신문들은 도시인들이 게걸스럽게 소비한 정보의 배설물처럼 보인다. 승객들은 신문을 보지 않는다면 책에 몰입하거나, 이어폰을 꽂고 음악이나 영상에 빠져 있거나, 핸드폰으로 문자 메시지를 보내거나 게임을 하는데 열을 올리거나, 아니면 아예 눈을 감고 잠을 청한다. 창밖으로 아무런 풍경이 펼쳐지지 않기에 매우 지루한 것이다.

그 허전한 시선들이 뻗어가는 대상 가운데 하나는 바로 사람이다. 외부와 차단된 공간에서 수많은 사람들이 비좁게 붙어 있는 동안, 서로에 대해 무관심한 척하면서도 상대방에 대한 관심의 촉수가 예민하게 움직일 때가 있다. 빼곡히 서 있을 때 창문을 거울 삼아 옆 사람의 얼굴을 살짝 훔쳐보기도 하고, 앞에 앉아 있는 사람을 힐끗 쳐다보면서 여러 가지 상상의 나래를 펴기도 한다. 글 첫머리에 인용한 뮤지컬의 노래 한 구절은 바로 그런 상황에서 마음속으로 중얼거리는 말이다. 밀집된 상황에서 타인의 작은 몸짓이나 행동이 언짢은 감정을 유발할 때가 종종 있지만 여간해서는 그러한 감정을 잘 표현하지 않는다. 양 다리를 쫙 벌리고 앉아 옆 사람을 불편하게 하는 아저씨(이른바 '쩍벌남'), 큰 목소리로 휴대폰 통화를 하는 아줌마, 자리를 빨리 차지하기 위해 막무가내로 밀치고 들어오는 노인…….

그러나 애써 무관심한 척하다가도 어느 순간 상대방에게 노골적으로 다가가 개입하는 경우가 있는데, '개똥녀' 사건이 그 대표적인 사례이다. 2005년 6월 서울의 어느 지하철에서 어느 여성이 데리고 있던 애완견이 바닥에 배설하였고, 그것을 치우라는 주변 승객들의 요구를 거부하여 붙여진 이름이 개똥녀이다. 이 장면을 어느 승객이 촬영하여 자신의 블로그에 올리면서 네티즌들 사이에 순식간에 퍼져나갔고 결국 그 신원까지 추적되었는데, 이를 계기로 개인의 프라이버시와 사이버 폭력에 관한 논쟁이 불붙었다. 개똥녀는 어느덧 외국인들에게까지 알려지게 되었다. 위키피디아[6]에는 'Dog poop girl'이라는 단어로 번역되어 개똥녀 사건의 전말이 관련 자료와 함께 상세히 소개되어 있다.

그러나 무관심의 장벽은 그렇게 부정적인 상황에서만 허물어지는 것은 아니다. 나이 든 어른들은 옆에 앉은 이들과 금방 말문을 트기도 하고, 귀여워 보이는 아기가 있으면 '몇 살?' 하고 묻는다. 또한 우는 아이를 어르고 달래는 엄마 가운데는 옆에 앉은 남자에게 느닷없이 '아저씨, '이놈!' 해주세요'라는 당황스러운 부탁을 하는 사람도 있는데, 이렇듯 서슴없이 불쑥 말을 건네는 모습은 도시의 냉랭함과 사뭇 대조적이다.

또 한 가지 지하철에서 이루어지는 활발한 상호작용은 노인에 대한 자리 양보이다. 한국을 찾는 외국인들이 신기하게 바라보는 이 미풍양속이 건재하는 까닭은 무엇인가. 거기에는 노인을 공경한다는 의미도 있지만, 양보하지 않으면 받게 될 따가운 눈총도

6 네티즌들이 함께 만들어가는 온라인 무료 백과사전(www.wikipedia.org).

작용한다. 자신과 타인이 노약자인지 아닌지를 이토록 민감하게 식별하고 의식해야 하는 공간은 없다.

그런가 하면 경북대 사회학과 천선영 교수는 지하철에서 노약자의 함의에 대해서 흥미롭게 분석하고 있다. 그는 '노약자'라는 범주에 주목한다. 노약자의 구분은 필연적으로 비노약자라는 존재를 가정하고 있고, 그러한 상호 자기 규정과 경계 설정은 사회적 긴장을 수반한다고 진단한다. 그리고 그 구별은 노약자들을 배타적으로 분할하는데, 이는 노약자석의 배치에도 그대로 반영된다고 한다. 즉 노약자석이 객차 여기저기에 흩어져 배치되어 있는 유럽과 달리 한국에서는 양쪽 구석으로 몰아놓은 것이다.[7]

지하철에서는 이따금 감동적인 미담의 주인공들이 탄생하기도 한다. 승강장과 전차 사이에 어떤 승객의 발이 끼었을 때 수십 명이 달려들어 전차를 밀어 올렸던 장면은 온라인을 통해 널리 회람되었다. 그리고 2001년 일본 도쿄 신오쿠보(新大久保)역에서 술에 취해 선로에 떨어진 승객을 구하려다가 목숨을 잃은 이수현씨는 한일 교류의 듬직한 가교가 되었다.[8]

지하철의 그러한 '영웅'은 다른 나라에서도 종종 나타난다. 2007년 정초 뉴욕에서 50세의 흑인 건설 근로자 웨슬리 오트리는 어떤 청년이 선로에 떨어지자 뛰어내려 몸으로 덮어 목숨을 구하였다. 그는 '지하철 슈퍼맨'이라는 이름으로 언론에 대서특필되었고, 힐러리 클린턴 상원의원이 그의 용기를 기리는 결의안을 제출하기까지 했다. 또 각지에서 격려금이 들어왔다. 냉랭한 무관심으로 인간 소외의 극치를 보여주던 뉴욕에서 그런 인물이 나왔다는 것에 미국인들은 큰 위안을 얻었다고 한다.

7 천선영, 「노약자석을 통해서 읽는 공간의 문화정치」, 2004년도 한국사회학대회 발표.

8 일본국제교류기금Japan Foundation은 2002년부터 그를 기리는 뜻에서 매년 한국의 고등학생 20여 명을 일본으로 초빙하여 문화 교류 프로그램에 참여하게 하고 있다. 또 한국의 이삭필름과 일본의 키네마 모션 픽처스는 그의 일생을 담은 영화 「너를 잊지 않을 거야」를 공동으로 제작했다.

지하철은 무엇인가? 분주한 직장인들의 이동 경로/노인들과 실직자들의 부담 없는 처소, 전근대적인 무질서와 격의 없음이 잘 드러나는 점이 지대/안내 방송에서 영어 공용화가 자연스럽게 정착된 글로벌한(?) 공공장소, 서로에게 애써 무관심한 철저한 익명의 공간/'개똥녀' 같은 파렴치한 행동을 절대 간과하지 않는 삼엄한 감시망, 수백만 시민들의 안락한 교통수단/한순간 대형 참사가 일어날 수 있는 위험 시설, 동방예의지국 최후의 보루/성추행이 상습적으로 발생하는 구역…… 이렇듯 상반된 여러 얼굴을 하고 지하철은 도시의 땅 밑을 세차게 달리고 있다. 사람과 사람, 장소와 장소를 숨 가쁘게 잇고 있다.

❶ 지하철에서 구걸을 하는 이들은 각양각색이다. 그리고 사람들에게서 적선받는 금전의 액수도 천차만별이다. 그 차이는 무엇 때문에 발생하는가? 승객의 입장에서 돈을 한 푼 건네고 싶은 구걸과 그럴 마음이 전혀 생기지 않는 구걸 사이에는 어떤 차이가 있는가? 자신의 경험을 되돌아보면서 분석해보자.

❷ 지하철에서 물건을 파는 이른바 '잡상인'들을 유심히 살펴보자. 그들은 제한된 시간에 군더더기 없이 상품을 선전해야 한다. 수완이 좋은 이들은 매우 효과적으로 주의를 집중시키고 구매 욕구를 불러일으킨다. 그들이 구사하는 커뮤니케이션 양식을 멘트의 구성, 목소리, 표정, 몸짓, 그리고 승객들과의 일대일 상호작용 방식 등으로 나눠 분석해보자. 그리고 홈 쇼핑 방송에 등장하는 쇼 호스트들과 비교해보자.

❸ 한국에서는 65세 이상의 모든 노인들에게 지하철 탑승권을 무료로 제공한다. 이러한 예는 다른 나라에서 찾아보기 어렵다. 지하철의 재정을 압박하는 주요인으로 작용하는 경로 우대를 개선해야 한다는 목소리도 나온다. 이에 대해 그 제도를 그대로 유지해야 한다는 주장도 맞서고 있다. 그 외에도 다른 절충안이 있을 수 있을 것이다. 지하철 경로 우대제에 대해 입장을 달리하는 2~3인이 논쟁을 벌인다고 가정하고 그 토론 내용을 가상으로 작성해보자.

❹ 지하철을 통해 본 도시인의 일상을 15분짜리 영상 다큐로 제작한다고 가정하고 제목, 장면, 음향, 내레이션 등이 포함된 대본을 작성해보자.

아 · 저 · 씨, · 잠 · 깐 · 만 · 요

전차를 타고 가면서 보면 정류장마다 서 있던 군중들이 서로 먼저 타려고 애쓰는 양이
잘 보인다. 오래 서 있어서 지루하기도 하고, 시간이 바쁘기도 하고, 또 어설피 굴다가
는 빈번이 타지 못하는 경험이 있기에 그러하겠지만, 너무 지나치게 덤비는 것 같다.
[……] 이번 차에 꼭 타지 않으면 무슨 큰 낭패라도 있을 듯한, 모두 그러한 표정들이
다. 타고 내릴 때 붐비고 떠다밀고 하는 것보다도 전차가 가까이 갔을 때 창문을 향하
여 오는 그 표정들이 너무 심각하여 거의 필사적이라고 해야 할 지경이다. [……] 사소
한 일에 심각한 표정을 갖는 민족은 지극히 불행한 환경 속에 살아왔기 때문일 것이
고, 또 그러한 마음가짐 자체가 불행한 현재의 표상이며, 또 앞으로 불행을 빚어내는
기틀이 될 것이다.

——김성칠, 『역사 앞에서』 중에서

이것은 역사학자 김성칠 선생이 남긴 일기 가운데 1948년 어느
날의 기록이다. 해방 이후 정국이 계속 어수선하던 무렵 혼란스러
운 사회상이 함축된 일상의 한 풍경이다. 그로부터 반세기가 지난
지금, 혼란의 정도는 훨씬 덜하지만 그와 비슷한 상황을 종종 목
격할 수 있다. 버스 정류장에서 관찰해보자. 승객들은 멀리서 들
어오는 버스가 어디쯤 멈춰 문을 열 것인지를 가늠하느라 머리를
굴린다. 뛰어가서 탈까 아니면 기다리고 있을까 계산해야 하는 것

이다. 기껏 뛰어갔는데 버스가 전진하는 바람에 다시 뛰어 돌아와야 하는 경우도 흔하다. 종잡을 수 없는 정차 지점을 둘러싸고 승객들은 우왕좌왕한다.

승차 후에도 안심할 수 없다. 사람들이 모두 승강구에 올라서면 곧바로 문을 닫고 출발하기 때문이다. 승객들은 신속하게 교통 카드를 찍고 나서 손잡이를 번갈아 잡아가며 자리까지 도달해야 한다. 고도의 순발력과 평형감각이 요구되고 노약자들은 매우 힘겨워 한다. 내릴 때도 정신을 바짝 차려야 한다. 잠깐 방심하면 하차 정류장을 놓쳐버리기 때문이다. 벨을 누르는 것만으로는 부족하다. 미리 문 앞에 나와 서 있어야 한다. 만일 정차한 다음에 천천히 일어서서 나온다면? 기사의 싸늘한 눈초리에 승객들도 가세할 것이다. 민첩하게 움직이지 않는 승객들에게 어떤 운전사는 무언의 꾸지람을 한다. 군대의 훈련소에서 들을 법한 말이 불현듯 들려오는 듯하다. '동작 봐라, 동작 봐!'

기사들이 그렇게 서두르는 것은 운행 시간이 빠듯하기 때문이다. 특히 출퇴근 시간에는 조금만 밀려도 어느새 크게 지체되고 만다. 앞차와의 간격이 너무 벌어지면 회사로부터 눈총이나 질책을 받을 수 있다. 서울의 경우 2004년 7월, 버스 운영이 준공영제로 바뀌면서, 그런 압박은 많이 줄어들었다. 그러나 그런 압박이 없다 하더라도 너무 늦어지면 종점에 들어왔을 때 휴식을 취하거나 식사할 때 시간에 쪼들리게 된다. 그리고 또 한 가지 신경 쓰이는 것이 있는데, 바로 승객들의 짜증이다. 어쩌다가 극심한 교통 체증이나 사고 때문에 몇 십 분 지체된 채 운행할 경우, 정류장마다 손님들은 큰 무리를 짓고 있을 뿐만 아니라 험상궂은 표정으로

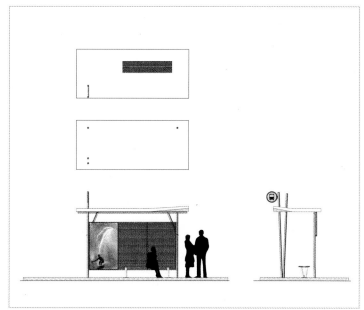

차에 오른다. 그들을 맞이하고 태우는 일이 적잖은 고역이고, 그렇게 계속 누적되어가는 승객들을 태우느라 시간이 더 걸리기 때문에 점점 늦어지는 악순환에 빠진다. 그렇게 쫓기다 보면 승객들이 다 내리지도 않았는데 서둘러 문을 닫는 등 불편을 끼치게 된다.

그런데 서두르는 것은 버스 기사뿐만이 아니다. 승객도 그 관성에 종종 빨려든다. 그래서 보행자의 입장에서는 난폭 운전을 하는 버스를 보면 화를 내면서도, 자기가 탄 버스가 신호를 무시하고 달려가면 고마워하는 경우가 많다. 차들이 많이 밀려 있는 도로에서는 심지어 차선을 위반해서라도 빠르게 주행해달라고 운전자에게 요구하는 승객도 있다. 그렇게 하다가 경찰에게 적발되면 그

불이익은 고스란히 기사 몫인데도 말이다. 특별히 바쁘지 않은데도 맹목적으로 서두르는 조급증, 일단 빨리 가고 보자는 강박이 도시인들의 심성에 만연해 있다. 속도 중독은 우리의 일상 의식과 사회 시스템 깊숙이 자리 잡고 있는 것이다. 그러한 스피드 숭배 속에서 사람은 수하물로 전락해버리기 일쑤이다. 짐짝처럼 취급받는다고 느끼는 승객들은 자가용의 온화한 승차감을 떠올리며 아쉬워한다.

승객들의 입장에서 버스 기사는 그 공간을 지배하는 권력자이다. 도로에 차들이 복잡하게 얽혀 있을 때 버스를 정류장에 세우지 않고, 중앙 차선에 정차해 문을 여는 경우가 종종 있다. 운전사의 편의를 위해 탑승객들은 다른 차들 사이를 비집고 버스가 서 있는 곳까지 위험을 무릅쓰고 가야 한다. 차 안에서 운전사는 자신의 취향에 따라 라디오 채널을 맞출 수 있고 냉난방 온도도 조절한다. 또한 차를 세워 놓고 화장실에 다녀오기도 하고 심지어 핸드폰으로 통화를 하기도 한다. 그리고 어쩌다 마주친 다른 버스 기사와 안면이 있는 사이일 때 차를 멈춰 창문을 열고 큰 소리로 이야기를 주고받는다. 그러면서 정작 행선지를 묻는 승객에게는 짜증스러운 낯빛으로 마지못해 대답하는 기사가 있다. 쌀쌀맞은 말투에 승객은 자기가 무슨 잘못이라도 한 듯 겸연쩍어 하기도 한다.

버스 기사들은 왜 좀더 친절하지 못할까? 거기에 대해 기사들은 나름대로 할 말이 있는 듯하다. 20년 동안 시내버스를 운전해온 안건모 씨는 『거꾸로 가는 시내버스』라는 책에서 그 사정을 밝히고 있다. 승객들과의 소통은 간단한 정보 전달의 수준이지만 매우 짜증이 날 때가 많다고 한다. "아저씨, 이 차 어디로 가요?"

버스 기사들이 가장 싫어하는 질문이란다. 모든 노선을 다 말해달라는 것이기 때문이다. 그 외에도 한 번 말해주었는데 계속 물어보는 승객, 하나를 가르쳐주면 거기에 꼬리를 물고 다른 것들을 끊임없이 물어오는 손님, 다른 생각을 하느라 대답을 잠시 머뭇거리면 벌컥 화를 내는 남자,[1] 자기가 잘못 타놓고 오히려 운전자에게 화를 내며 대드는 취객…… 그런 승객들을 여러 번 접하다 보면 아예 질문에 대답하지 않게 된다고 한다.

버스 기사들을 짜증나게 하는 상황은 그 외에도 많다. 입구 층계에 서서 교통 카드를 찾는 손님들을 가장 싫어한다. 잘못하여 뒤로 넘어질 수 있기 때문이다. 그리고 뒤에 사람들이 밀려 있는데 단말기 앞에서 지갑을 꺼내느라 시간을 지체하는 승객, 카드를 찍는 동시에 또는 그 다음에 '두 사람이요'라고 말하는 승객, 만 원짜리 지폐를 내밀며 거스름돈을 달라는 승객, 하차 신호 버튼을 누르지 않고 서 있다가 정류장을 그냥 지나치면 뒤늦게 내려달라고 소리 지르는 승객, 창문 밖으로 팔을 내놓고 있는 승객…….

버스 운전기사들은 하루에 수백 명의 승객들을 상대해야 한다. 반면에 승객들은 하루에 기껏 서너 명의 운전기사를 상대할 뿐이다. 거대하고 복잡하며 재빠르게 변모하는 도시에서 낯선 곳을 찾아가는 승객에게는 모든 것이 생소하고 어렵다. 그래서 엉뚱한 질문을 하기가 쉽고, 대답을 들어도 정확하게 이해하기 어렵다. 다른 한편 기사들은 늘 같은 길을 왕복한다. 승객들로부터 너무 뻔하고 비슷한 질문을 하루에도 수십 번 받으니 지겹고, 쉽게 설명해주었는데도 자꾸 되물으니 짜증이 난다. 운전자와 승객이 서로를 조금씩 더 배려한다면 소통이 한결 원활해질 수 있을 것이다.

[1] 승객의 질문에 대답이 바로 나오지 않는 데는 그럴 만한 사정이 있다고 저자는 다음과 같이 말한다. "우리 기사들은 운전할 때 몸 안에 있는 온갖 감각을 다 쓴다고 한다. 눈으로 보는 것 말고도 귀로 듣고, 냄새 맡고, 맛을 보고, 피부에 닿는, 그 오감 말고도 저절로 깨닫는 감각인 '육감'까지 전부 쓴다고 한다. [……] 차 밑에서 뭐가 새고 있을 때 그것이 물인지 부동액인지 기름인지 알아야 하고, 운전대가 흔들리는 게 어떻게 흔들리는지 그것이 피부에 와 닿는 감각으로 알아야 한다는 얘기다. 그런 육감을 다 쓰면서 손님이 물어보는 걸 금방 알아채고 대답을 할 수 있는 건 그렇게 쉬운 일이 아니다"(52~53쪽).

●● 버스 도착 시각을 예고
해주는 모니터(경기도 수원
시).

다른 한편으로 정보 시스템을 개선하고 확충하는 것이 중요하
다. 현재 가동되고 있는 것은 다음 정류장을 알려주는 안내 방송
과 각 정류장에 세워진 번호별 노선표 정도이다. 그러나 승객들이
필요로 하는 정보는 그것 말고도 더 있다. 예를 들어 자신이 기다
리는 버스가 어디쯤 달려오고 있는지를 알 수 있다면 어떨까. 경
기도에 가보면 그 정보를 제공하는 시스템이 마련되어 있다. 위의
사진에 나와 있듯이 모니터가 정류장마다 설치되어 있어서 거기에
정차하는 버스들이 몇 분 후에 도착하는지 자동적으로 표시된다.
승객들은 하염없이 기다리는 것보다 덜 답답하고, 다른 버스를 이
용하여 조금 걸어가는 것이 빠른 경우를 선택할 수도 있을 것이
다. 현대 도시에서는 그렇듯 '예측 가능성'이 높아질수록 시민들

의 생활이 쾌적하고 가뿐해진다.

2004년 7월 1일에 획기적으로 바뀐 서울의 대중교통 시스템은 서비스의 질을 한 차원 높여놓았다. 버스는 시민 생활의 중요한 일부를 담당하고 있지만 그동안 운영이 민간회사들에게 맡겨져 있었다. 그로 인해 빚어지는 낭비와 불편을 해소하기 위해 서울시가 대대적으로 시스템을 바꾼 것이다. 이른바 황금 노선으로 편중된 배치를 전면적으로 재구성하면서 요금체계를 통합하여 버스와 버스 그리고 버스와 지하철 사이의 환승을 촉진한 것, 그리고 중앙 전용차로를 확보하여 운행 속도를 높인 것이 그 핵심이다. 그 효과에 대한 평가는 대체로 긍정적이다. 교통의 흐름이 원활해졌고 편의성도 개선되어 대중교통 이용률이 높아졌다는 것이다. 그러나 아직도 중앙차선 곳곳에서 아스팔트 바닥이 파이는 등 부실공사들이 눈에 띄고 교통 카드 시스템이 가끔 착오를 일으킨다. 그리고 버스 정류장마다 붙어 있는 번호별 버스 노선표들이 아무런 체계 없이 나열되어 있어 승객들이 번거롭게 하나씩 찾아보아야 하는 점,[2] 영어로 된 노선표가 없어서 외국인이 불편을 겪는 점 등이 아쉬움으로 지적된다.

버스 체제 개편 이후 승객들을 깍듯하게 대하는 운전자들이 부쩍 늘어났다. 그렇게 변해가는 이유는 당국과 회사가 보다 엄격하게 근무 태도를 점검하고 있기 때문일 것이다.[3] 하지만 그것뿐일까? 형식이 내용을 좌우하고, 행위가 심정을 빚어내기도 한다. 규정에 따라서 형식적으로 인사를 건네지만 그를 통해 손님에 대한 존중감이 생겨날 수 있는 것이다. 승객들이 그 인사에 반갑게 화답해준다면 즐거움은 배가된다. 승객들의 안락한 이동이 자기의

2 예를 들어 일산 방면, 분당 방면, 광화문 방면 등으로 범주화하여 찾을 수 있다면 더욱 편리할 것이다.

3 운전사들은 와이셔츠를 입고 넥타이를 매도록 되어 있는데, 이러한 복장도 근무 자세에 크게 영향을 미칠 것이다.

손에 달려 있음에 뿌듯한 자부심을 가질 수 있다. 친절이라는 것도 바로 그러한 자기완성의 미학이 아닐까. 노인이나 장애인의 느린 동작을 기꺼이 기다려주고, 아주머니에게 행선지를 정성스레 설명해주는 버스 기사들을 종종 만난다. 출발할 때 '출발합니다. 손잡이 꼭 잡으세요.' 커브를 돌 때 '넘어지지 않게 조심하세요'라고 말을 건네는 기사도 있다. 그들을 바라보면서, 자기의 직업을 사랑하기 어려운 시대에 스스로 멋을 창출하는 지혜 한 수를 배운다. 마음의 동력으로 운행되는 버스를 타고 가면서 승객들은 자신의 존귀함을 새삼 체감하게 된다.

❶ 서울의 교통 시스템 개편을 앞두고 전문가들과 시민단체 그리고 언론에서는 여러 가지 효과와 문제점을 예상했다. 이를 다음의 세 가지로 나누어볼 수 있다.

(1) 사전에 적절하게 예상하고 있었고 실제 문제가 된 것.

(2) 사전에는 크게 우려했지만 실제로 시행에 들어가고 보니 별로 문제가 되지 않았던 것.

(3) 아무도 미처 예상하지 못했던 문제점들.

　　2004년 7월부터 3개월간 이루어진 매스컴의 보도를 살펴보고 위의 세 범주에 해당하는 내용들을 분류해보자.

❷ 휠체어를 탄 장애인들이 쉽게 타고 내릴 수 있는 버스들이 많이 등장했다. 그런데 실제로 장애인들이 이용하는 모습은 자주 볼 수 없다. 버스의 차체를 바꾸는 것만으로는 미흡한 점들이 있기 때문이다. 넓게는 도시의 전반적인 물리적 구조, 좁게는 교통 시스템 및 인프라가 함께 바뀌어야 한다. 어떤 점들을 지적할 수 있을까? 장애인의 입장에서 대중교통으로 시내 나들이를 한다고 가정하고 짚어보자.

❸ 버스 운전기사들 가운데 여성들이 서서히 늘어나고 있다. 이들은 대개 아줌마들이다. 오래전에 미국에서는 그레이하운드 고속버스 기사에 여성들이 많이 진출하면서 사고가 줄어들었다는 보고가 있었다. 한국에서도 과연 그런 변화가 있을까? 남성 기사들의 경우와 어떻게 다른지 비교해보자.

❹ 서울의 시내버스에는 안내 방송에 상업 광고가 섞여서 나오고 있다. 정류장 근처의 학원이나 병원, 또는 일반 여행사나 보험사 등의 회사를 홍보하는 내용들이다. 일부 지하철 구간에서도 그런 선전이 나온다. 이에 대해 시민들의 반발이 나오자 더 이상 확대하지는 못하고 있지만, 그렇다고 중단하지도 못하는 상태. 재정이 부족한 당국에서는 민간 기업이 자동 안내 방송 시스템을 설치하고 운영하도록 위탁하면서 상업 광고를 하여 수익을 얻을 수 있도록 했기 때문이다. 그러한 정책 결정에 대해 어떻게 평가해야 할까? 이에 대한 대안은 어떤 것들이 있을 수 있을까?

자 · 기 · 만 · 의 · 궁 · 전 , · 달 · 려 · 라 · !

1896년 8월 17일, 브리짓 드리스콜은 44살에 자동차에 치여 죽은 최초의 인물이 되었다. 자신의 딸과 함께 춤 공연을 보기 위해 런던에 온 드리스콜은 크리스털 팰리스 앞뜰에 서 있다가 대중에게 시범운행을 보이고 있던 자동차에 치였다. 차는 시속 6.5Km로 달리고 있었고, 그 충격은 치명적이었다. 검시관은 사고사라고 판결하면서 '다시는 이런 일이 일어나서는 안 된다'고 말했다. 하지만 사고는 계속되었다. 이후 2,500만 명이 교통사고로 목숨을 잃었다.

—제시카 윌리엄스, 『우리가 꼭 알아야 할,
그러나 잘 알지 못했던 세상의 몇 가지 사실들』 중에서

요즘 나오는 웬만한 승용차의 성능은 100 마력(馬力) 이상이다. 심지어 500마력이 넘는 것도 많다. 그러한 기동력을 조선 시대에 실현한다고 가정해보자. 예를 들면 몇 백 마리의 말이 끄는 마차들이 거리를 질주한다고 상상해보자. 도대체 도로가 얼마나 넓어야 할까. 공공장소나 각 가정에 마련되는 '주차 공간,' 그리고 그 말들을 먹이고 돌보는 일은 또한 어떨까. 역사상 어느 최고 권력자도 우리가 매일 사용하는 에너지를 향유하지 못했다. 수십 명 노예들의 시중을 받던 로마의 귀족들도 에너지라는 면에서는 지금의 보

통 사람들보다 빈궁했다. 산업 혁명은 지하자원을 대대적으로 발굴하면서 대중들의 삶에 엄청난 에너지 혁명을 일으킨 것이다.

한국에 자동차가 출현한 지도 100여 년, 이제 승용차 1000만 대[1]의 시대를 맞았다. 경제 성장과 함께 꾸준히 그 수가 증가해온 자동차는 이제 생계 수단, 일상 용무를 위한 것뿐만 아니라 순전한 레저용으로까지 그 쓰임새가 다양해지고 있다. 그리고 그에 따라 교통 정보는 날씨와 함께 방송의 필수적인 항목으로 자리 잡았다.

그렇듯 자동차가 생활속에 깊숙이 자리 잡게 된 배경에는 무엇이 있을까. 자동차의 매력은 언제 어디에서든 출발하여 최종 목적지에 도달할 수 있는(door to door) 섬세한 기동성에 있다. 사회가 복잡해지고 생활이 다양해지면서 자동차는 분신처럼 여겨진다. 그래서 '애마'라고 부르기도 한다. 좋은 자동차는 선망의 대상이다. 자동차 회사들은 끊임없이 새로운 제품으로 소비자들에게 손짓한다. 그들이 원하는 것은 무엇인가? 편리한 기능,[2] 튼튼한 차체, 확실한 안전장치, 경제적인 연비, 매끈한 가속, 쾌적한 승차감 등이다.

한편 자동차는 문화적인 측면이 매우 중요하다. 디자인과 모델명에서 이를 확인할 수 있다. 해마다 수많은 종류의 자동차들이 선을 보이는데, 그 하나하나에 고유한 이름들이 붙고 사회적으로 널리 공유된다(휴대폰도 계속 새로운 이름으로 모델이 나오지만 워낙 종류가 많아서인지 자동차처럼 널리 그 이름이 공유되지는 않는다). 이름이 그토록 중요하기에 자동차 회사마다 수백 개의 이름을 미리 등록해놓는다. 그 어원은 별이나 동물의 이름, 지명, 신화

1 일반 차량을 모두 합치면 1,500만 대(2005년 기준).

2 후방 주차 모니터, 부피가 자동으로 조절되는 쿠션, 목덜미를 받쳐주면서 안마까지 해주며 몸 쏠림 방지 기능까지 갖춘 좌석(dynamic comfort seat), 음료를 시원하게 보관하는 냉장 박스, 다리를 완전히 뻗을 수 있는 뒷좌석 전동 시트, 여성들을 위한 접이식 화장 거울이나 하이힐 전용 페달, 야간 주행에 도움을 주는 적외선 투시 장치, 자동으로 열리는 뒷문 등.

●● 상품이 소유자의 사회적 등급으로 이어진다는 것을 암시하는 광고의 문법은 자동차 광고에서 선명하게 드러난다.

더 큰 세상을 열어 갈 당신을 위해...

EQUUS

와 미술작품명이나 음악 용어 등이며, 대개 영어, 불어, 스페인어, 이탈리아어, 그리스어, 라틴어에서 나온 단어들이다. 간혹 한국어도 있었는데, '새나라' '누비라' '맵시,' 그리고 회사가 퇴출되면서 출시되지 못한 '야무진' 등이 그것이다. 그러나 낯설고 생소한 외래어가 훨씬 많고, '마티즈' '라노스' '레간자' '카렌스'처럼 어떤 의미를 지닌 음소들을 합성하고 변형한 것도 적지 않다. 예를 들어 레간자는 '엘레강스'와 '포르자'라는 스페인어의 합성어로서 '우아한 힘'이라는 뜻이 담겨 있다. 그러나 그 의미보다도 어감 자체가 더 중요할 것이다.[3]

자동차의 이름은 그 언어적 뉘앙스로 상품의 이미지를 채색한다. 중형차의 경우 '그랜저' '오피러스' '체어맨'처럼 남성적 중후함을 풍기는 반면, 소형으로 갈수록 '세라토' '클릭' '모닝'처럼 경쾌한 이름이 붙는다. 그리고 스포츠형 다목적 차량(SUV)의 이름들에는 '액티온' '스포티지' '윈스톰'처럼 역동적인 젊음의 뉘앙스가 강하게 깔린다.

소비자들이 자동차의 기능적 쓰임새만이 아니라 그 안에 담긴

3 이따금 작명자들이 외국어 지식이 짧아 마케팅에 낭패를 보는 경우도 있다. 예를 들어 포드사가 내놓았던 어떤 트럭의 이름은 '피에라(Fiera)'였는데, 이는 스페인어로 '늙고 흉측한 여자'라는 뜻이다. 그리고 칼리엔테(Caliente)라는 고급 차를 멕시코에 선보였는데, 알고 보니 거기에서 그말은 매춘부를 가리켰다. 한편 한국의 GM대우에서 내놓은 경승합차 '다마스'는 일본어로 '속이다'라는 단어와 정확하게 일치한다. 그런가 하면 일본에서는 '이세키'라는 트랙터가 출시된 적이 있다.

의미도 함께 추구한다는 것은 광고를 통해서 더욱 확연하게 드러난다. 문화평론가 오무석은 그 현상을 다음과 같이 정리하고 있다.

> 자동차는 다른 어떤 사물보다도 확고한 차이표시 기호이며, 아니 사물 중에서도 거의 유일하게 사회화되고 통념적으로 인정되고 있는 자기정체성 확인의 도구인 것이다. 1970년대나 80년대 초에는 자동차가 우리 사회의 특권층만이 소유할 수 있는 뚜렷한 신분표시 기호였지만, 지금은 자동차가 특권층의 신분상징물이 아니라 생활필수품으로 여겨진다. 그러나 아이러니컬하게도 자동차는 여전히 차이표시 기호로 남아 있으며, 아직도 우리는 어떤 사람이 소유한 자동차를 통해서 그 사람의 사회적 위치를 판단할 수 있다. 자동차가 보편화되면서 자동차 회사에서는 경소형 승용차에서 대형 고급승용차까지 제품을 다양화시키고 그에 따라 타겟을 세분하면서 점점 시장을 넓혀가고 있는 것이다.[4]

4 오무석, 「차이없는 차별화」, 『광고의 신화, 욕망, 이미지』, 현실문화연구, 1999.

오무석은 이에 착안하여 자동차 광고들을 분석하여 도표로 정리한 바 있다. 1990년대 초에 유행하던 승용차들을 대상으로 한 것이지만 그 기본 구도는 지금도 여전히 지속되고 있다고 보아도 무리가 없을 듯하다. 독자 여러분들은 다음 도표 1에 요즘 나오는 차의 이름들을 대입시켜보면 재미있을 것이다. 그리고 광고 모델이 지니고 있는 이미지를 상품과 어떻게 결합시키는지 '세피아'의 예를 통해서 도표 2와 같이 분석하고 있다.

소비사회의 상품 체계가 그러하듯 자동차 역시 사회적인 의미를 지닌다. 그래서 어떤 상품을 구매하고 소유하느냐에 따라 사람

도표 1 자동차 차별화 관계표

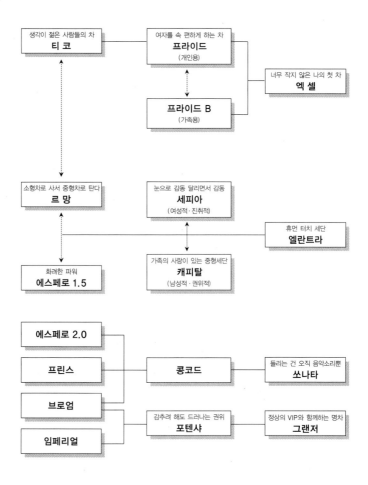

도표 2

의 급수가 매겨진다. 어느 광고를 보자. 어느 빌딩의 회전문에서 오랜만에 옛 연인과 우연히 마주친 중년 여성이 중형차를 타고 사라지는 상대방의 모습을 보면서 속으로 말한다. '많이 변한 당신, 멋지게 사셨군요.' 그에 이어서 "누리고 싶은 특별함"이라는 내레이션이 나온다. 그런 특별함을 소비자에게 실제로 제공하는 자동차 회사도 있다. 자사의 고급 승용차를 탄 고객에게 호텔에서 특별한 주차 서비스를 받을 수 있도록 하거나 공항에서 특급 의전 서비스를 베풀어주는 것이다. 이러한 상징 효과가 체면의식과 맞물려 자동차는 신분이나 위세를 과시하는 수단이 된다. 지방자치체의 빠듯한 살림에도 중형차를 고집하는 단체장들, 명절 때 큰 차를 몰고 고향에 가려고 무리하는 가장(家長)들(이른바 '금의환향 콤플렉스')에게서 그런 허세를 본다.

하지만 사람들이 자동차를 사는 것은 그런 허영심 때문만은 아니다. 다른 사람들의 시선과 관계없이 자동차 그 자체가 주는 만족감이 있다. 그것은 한마디로 자유가 아닐까 싶다. 마음대로 행선지를 정하고 속도를 조절하면서 시공간을 장악하는 쾌감 말이다. 출근 시간대에 도로를 점유한 차량의 70%나 되는 나 홀로 운전 차량들, 곳곳이 막히는데도 굳이 차를 끌고 나오는 이유가 거기에 있지 않을까. 복잡하고 치열한 세상에서 자신의 뜻대로 되는 것은 별로 없다. 그런데 운전대를 잡으면 뭔가 상황을 제어하는 듯하다. 그러한 통제감으로 자신의 존재를 확인할 수 있다. 그리고 온전히 혼자서 있을 수 있는 차내 공간 그 자체가 자족감을 준다. 직장이나 가정에서 겪는 참견이나 눈치에서 벗어나 마음껏 음악도 듣고 담배도 피울 수 있는 그곳은 오붓한 휴게실이다. 여성

5 통근 시간이 길어지고, 인터넷 접속에서 전자레인지 사용에 이르기까지 차 안에서 할 수 있는 일들이 많아지면서 자동차는 우리를 감싸고 있는 누에고치가 되어가고 있다. 카쿤이 소중한 이동 은신처가 되어가면서, 도시계획가들이 우리를 차 밖으로 끄집어내 대중교통을 이용하도록 하는 일은 더욱 어려워질 것이다(페이스 팝콘, 애덤 한프트, 『미래생활사전』, 을유문화사, 2003).

6 교통사고, 도로와 주차장 건설, 에너지 고갈, 대기 오염과 소음 공해, 폐차 처리, 만성적인 정체로 인한 시간 낭비와 피로, 운전자들 사이에 생겨나는 스트레스와 분쟁 등을 말한다.

들은 지하철에서 빈발하는 성추행에서 자유로워진다. 자동차의 왕 헨리 포드Henry Ford는 일찍이 자동차라는 '달리는 궁전'을 모든 집에 공급하겠다고 선언한 바 있다. 그처럼 외부와 단절된 밀실의 기능을 부각시켜서 '카쿤Carcoon'이라는 말이 생겨났는데, 'Car(자동차)'에 'cocoon(누에고치)'을 합성시켜 만든 말이다.[5]

하지만 그런 안락함과는 대조적으로 운전자의 마음은 날카로워질 때가 많다. 앞차가 조금만 지체해도 안달하고, 다른 운전자들의 사소한 실수에 신경질을 낸다. 평소에는 점잖은 사람이 운전대만 잡으면 험한 욕을 내뱉는 경우도 많다. 운전은 그만큼 많은 정신 에너지가 소모되는 노동이고, 대형 사고의 위험이 상존하기에 신경이 뾰족하게 곤두서는 것이다. 우리는 개인적 차원에서 자동차의 편리함과 즐거움을 추구하지만, 이제 자기 완결적 차원에서 누릴 수 있는 효용은 한계 곡선에 다다르고 있다. 사회적 차원에서 치르는 비효율과 심리적 엔트로피의 비용[6]이 점점 높아지기 때문이다. 그렇다면 우리가 생각해봐야 할 문제들은 다음과 같은 것들이 있을 수 있다. '스스로 움직이는〔自動〕' 신체의 기력, '주고받고 통하는〔交通〕' 마음의 회로망을 도로에 어떻게 병설할 것인가. 자동차라는 사유물을 도로라는 공유 공간에서 다루는 양식(樣式/良識)은 무엇인가. 몸과 기계, 두뇌와 시스템, 느린 것과 빠른 것, 불편함과 안락함, 개인과 사회 사이의 조화를 어떻게 꾀할 수 있을까.

"나는 미래를 기다린 적이 없다. 나는 언제나 그 시대의 미래였다(Always ahead)." 어느 중형차의 광고 문구다. 날로 고성능으로 무장하는 자동차와 함께 우리의 시간 감각은 '매우 빠르게(프레스토[7])' 모드로 변용되고 있다. 속도와 과시에 대한 중독은 점점 깊어진다. 그러나 이동 그 자체를 느긋하게 음미하는 여유가 도로에 깃든다면 그곳은 한결 유쾌한 교통 공간이 되지 않을까. 소형차 한 대로 10년 이상 버티는 운전자, 다른 차량들에 길을 내주며 흐뭇해하는 버스 기사, 대중교통과 자전거와 보행을 즐기는 많은 시민들이 그곳에 있다. 언젠가 거기에 '라르고(매우 느리게)'라는 이름의 승용차가 등장하는 것을 상상해본다.

7 음악에서 곡의 속도를 가리키는 용어로서 자동차의 이름으로도 붙여진 적이 있다.

❶ 한국에서 출시된 자동차 이름들을 시대 순으로 나열해놓고 그 경향을 밝혀보자. 이를 통해 소비자들의 감성 코드의 변화를 밝혀볼 수 있을 것이다. 특히 젊은이나 여성 운전자의 증가 등의 시장 변화가 어떻게 맞물리는지 분석해보자.

❷ 자동차 전시장에 가보면 섹시한 몸매의 여성 모델들이 자동차 곁에서 다양한 포즈를 취하고 있는 경우가 많다(오토바이 광고나 그것을 테마로 하는 달력 등에는 더욱 적나라하게 섹스 심볼이 도입된다). 거기에서 어떤 효과가 생기는가? 그것은 여성 소비자에게도 효력이 있을까? 효력이 없다면 여성 소비자를 위해서는 어떤 이미지가 대안이 될 수 있을까?

❸ 출근 시간대에 나홀로 승용차가 너무 많다. 정부에서는 교통 체증을 줄이고 에너지를 절감하기 위하여 카풀car pool을 적극 권장했다. 목적지가 비슷한 운전자들이 한 대의 승용차를 함께 타고 출근하는 것이다. 그런데 그다지 활성화되지 못했다. 무엇이 걸림돌인가? 그리고 카풀이 잘 이루어지기 위해서는 어떤 조건들이 갖춰져야 하는가?

❹ 자동차 주행 중 접촉 사고가 나서 운전자들끼리 잘잘못을 가릴 때 불필요하게 감정을 건드려 갈등이 증폭되는 경우가 많다. 구체적으로 어떤 말이 자주 오가면서 심기를 자극하는가? 그리고 왜 한국 사람들은 그렇게 심하게 다투는가? 그를 통해 우리의 언어문화를 성찰해보자.

❺ 기후 온난화가 초래하는 기상 이변은 이미 시작되었고, 몇 십 년 내에 닥칠 지구적 대재앙의 시나리오들이 계속 나오고 있다. 하지만 그 주범인 자동차는 계속 늘어난다. 그런데 어떤 당위성이나 의무감에만 호소하는 데는 한계가 있다. 자동차 없이 살아가는 생활의 즐거움이 문화로 정착되어야 한다. 자가용을 없앨까 말까 고민하는 사람에게 과감하게 자가용을 없애도록 설득한다고 생각하고, 자가용 없이 사는 생활의 좋은 점 일곱 가지를 써보자.

창 · 밖 · 을 · 보 · 지 · 않 · 는 · 여 · 행

시베리아를 지나는 데만 일주일이 걸렸다. 어떤 날은 종일 보리밭 사이를 달리다가도, 어떤 날은 호수를 끼고 한없이 달리기도 했다. 가는 도중 다른 열차와 만날 때마다 우리가 탄 기차는 역 구내에서 기다렸다가 달리곤 했다. 열차가 서 있는 동안 굳어진 몸도 풀 겸 우리는 가끔 철도를 따라 뛰어보곤 했다.

——KBS 특별 다큐멘터리 「이제 동북아시대다」 중에서(2003년 2월 방영)

　이것은 1936년 베를린 올림픽에서 금메달을 딴 손기정 선수가 독일로 가는 여정을 회고한 글이다. 당시 그는 배나 비행기가 아닌 기차로 유럽에 갔다. 서울역을 출발한 열차는 신의주, 하얼빈, 만주와 시베리아를 횡단하여 모스크바에 이르렀고, 거기에서 그는 베를린행 열차로 갈아탔다. 분단되기 전에 한국과 유라시아 대륙은 그렇듯 육로로 오갈 수 있도록 이어진 공간이었다. 그러니까 그때가 지금보다 더 '글로벌'했다고 할 수 있다. 하지만 분단으로 인해 우리는 대륙에 대한 상상력을 차단당했고, 한국은 섬나라가 아닌데도 육로를 통해 외국에 갈 수 없는 유일한 나라가 되었다. 모든 외국은 바다 건너에 있어, 섬나라 일본에서 만들어진 '해외'

라는 용어가 우리에게도 해당하는 말이 된 것이다.

북한으로 이어지는 철도를 복원하면서 중국 횡단 철도(TCR)와 시베리아 횡단 철도(TSR)를 연결해 유럽까지 운행하는 '철의 실크로드'의 구축을 한때 추진했던 적이 있다. 그것이 실현되어 만일 유럽에 배낭여행 가는 친구를 철도역에서 배웅할 수 있다면 '지구촌'이라는 말이 훨씬 실감나게 다가오지 않을까 싶다.

유럽에서 증기기관이 발명된 것은 18세기 중엽이었고 그것을 이용한 기차의 개발은 19세기 초에 이루어졌다. 그 이후 반세기 동안 급속하게 철도망이 확대되었다. 철도는 단순히 이동과 수송을 빠르게 한 것만이 아니다. 열차 시각 시스템이 정착되면서 생겨난 표준시는 지역마다 제각각이었던 시간들을 하나로 통합했다. 또한 기차는 사람들의 공간 지각에도 깊은 영향을 끼쳤는데, 이는 볼프강 쉬벨부쉬Wolfgang Schievelbusch의 『철도여행의 역사 *Geschichte der Eisenbahnreise*』에서 상세하게 분석되고 있다. 기차를 타고 가면 가까운 사물들은 빨리 스쳐 지나가고 오히려 먼 경치를 안정감 있게 바라볼 수 있게 된다. 기차가 등장하기 전, 사람들이 걸어가거나 마차를 타고 갈 때는 몸과 전경(前景)이 상호삼투적인 관계에 놓여 있었다. 그런데 이제 그 연계가 해체되고 신체와 완전히 떨어져 있는 원경(遠景)만이 마치 스크린 영상처럼 펼쳐지는데, 이를 '풍경의 파노라마적 지각'이라고 한다. 속도는 그렇듯 시각 체험의 구조를 바꿔놓았다. 그리고 철도망과 함께 전신망도 함께 구축되었는데, 안전 운행을 위해 각 구간별로 교통 상황을 수집하여 그 정보를 각 열차에 알려야 했기 때문이다.

그렇다면 한국에서는 어떠했을까. 20세기가 열리면서 깔리기 시작한 한국의 철도는 식민지 수탈의 아픔과 근대문명의 경이로움을 함께 싣고 달렸다. 최남선의 「경부철도가」에는 문명에 대한 예찬이 잘 나타난다. '우렁탸게/토하난/긔덕소리에/남대문을/등디고/떠나가서/빨리부난/바람의/형세갓흐니/날개가진/새라도/못따르겠네.' 당시 기차의 속도는 기껏 시속 20~30Km였지만, 새들을 추월하는 스피드에 처음 몸을 실으면서 신기한 기분에 사로잡힌 것이다. 그런데 그러한 철도와 기차는 더 이상 신문명의 상징이 아니다. 오히려 모종의 향수를 불러일으키는 대상이다. '기찻길 옆 오막살이 아기 아기 잘도 잔다'라는 동요는 멀리 흘러간 노래가 되어버렸다. 증기기관차의 '칙칙폭폭' 소리는 기성세대의 추억 속에만 아련히 남아 있다. 바야흐로 시속 300Km를 주

●● 현대사회의 속도 숭배가 잘 드러난 '북방급행' 포스터 (1927, 좌). 강렬한 직선의 이미지는 KTX 카드(우)에서도 재현되고 있다.

파하는 KTX 시대의 막이 오른 것이다. 100년 전 경부선 개통 당시 서울에서 부산까지 17시간이 걸렸는데, 이제 2시간 40분만에 도착한다. 고속전철로는 세계에서 다섯번째[1]이기는 하지만, 속도를 지극히 숭상하는 한국에서 고속철도가 2004년에야 비로소 개통된 것은 오히려 늦은 감이 있다.

KTX는 개통 이후 3년만인 2007년 4월에 1억 명의 승객을 돌파했다. 그동안 전국은 3~4시간 생활권으로 더욱 좁아졌다. '서울시 천안구' '서울시 대전구'라는 말이 나올 정도로 수도권은 충청도까지 확대되어가는 추세다. 예전에는 천안이나 대전에서 기숙하던 직장인과 학생들이 이제는 서울의 집에서 장거리 통근·통학을 하게 되었다. 그 파장은 중부권에 머물지 않는다. 대구에서 서울 강남의 입시학원을 다니는 학생들이 늘어나고, 부산에 사는 시민이 아침에 출발해 서울에서 친구를 만나 점심을 먹고 저녁 때 돌아간다. 또한 주말 부부가 KTX 통근 거리에 집을 마련해 평일 부부로 회귀하는 경우도 늘고 있다(일명 'KTX 부부').

1 각 나라별 고속철도 개통 연도.
일본 신칸센-1964년.
프랑스 TGV-1981년.
독일 ICE-1991년.
스페인 AVE-1992년.

그렇다면 경제적인 면에서 어떤 영향이 있었는가. 가장 타격을 받은 산업은 다른 운수업이다. 서울에서 대구와 부산을 오가는 승객들의 절반이 KTX를 이용하게 되면서, 그 구간의 비행기의 수송 분담률은 20%, 고속버스는 30% 정도가 줄어들었다. 다른 한편 천안이나 대전의 경우 장거리 통근 및 통학이 늘어나면서 원룸 등의 집세가 떨어졌고, 전국 어디든 당일로 다녀올 수 있게 되면서 지방의 숙박업 매출이 줄어들었다. 개통을 즈음해서 가장 우려했던 것은 지방의 소비 시장과 제반 자원이 서울로 흡수되는 '빨대 효과'[2]였다. 지방 도시 주민들이 쇼핑이나 치료를 위해 서울로 원정을 오게 되면서 지역의 백화점이나 병원이 타격을 입게 되리라고 전망한 것이다. 실제로 병원 이용객의 경우 서울의 대형 병원 쪽으로 점점 쏠리고 있다. 반면에 승객들 가운데 쇼핑을 목적으로 나선 이들은 1% 정도에 불과하고, 유명 브랜드의 쇼핑센터가 있는 지방으로 거꾸로 쇼핑을 가는 서울 시민도 적지 않은 것으로 나타났다.

이렇듯 모든 것이 서울로 집중되는 것만은 아니다. 접근성이 좋아진 천안 부근에는 대기업들이 공장을 건설할 계획을 세우고 있다. 다른 한편 서울 사람들이 신선한 회를 먹으러 부산까지 가는 등 일일 관광의 반경이 확대되면서 연계 상품도 다양하게 개발되고 있다. 목포도 KTX를 이용한 당일치기 관광상품을 개발해 서울을 찾아온 외국 관광객들을 끌어들이고 있다. 그런가 하면 대전은 전국 각지의 사람들이 모여 회의하기에 안성맞춤인 도시(이른바 '컨벤션 시티')로 각광을 받고 있다. 대전역은 기업의 지점장 회의나 민간단체들의 연합 모임을 간편하게 치를 수 있도록 회의실을

2 국토의 균형 발전을 위해 설립한 KTX가 오히려 빨대처럼 지방의 많은 기능과 자원들을 수도권에 더욱 집중시키는 현상을 말한다.

빌려주고 있다. 그 덕분에 이전에는 서울까지 멀리 오가느라 허비하던 시간이 줄어들어 회의를 충분하게 하고 그 이후의 뒤풀이까지 느긋하게 즐길 수 있게 되었다고 한다. 이렇듯 KTX는 이동의 속도를 높이면서 일상 공간의 부피를 늘리고 있다.

다른 한편 고속철도는 여행의 질감을 바꿔놓고 있다. KTX를 타고 가는 사람들은 더 이상 창밖을 바라보지 않는다. 이동 시간을 최대한 단축해야 하는 여정에서, 출발지와 목적지를 쾌속으로 잇는 직선 회로는 그 자체가 하나의 완결된 공간이다. 외부 세계와 단절된 열차는 우주선 같은 추상 공간이 되고, 그 속에서 방향 감각은 상실된다. 그 밀실에서 승객들은 잠을 자거나 사무를 보거나 책과 신문을 읽는다. 아니면 천정에 걸려 있는 텔레비전으로 무료함을 달랜다. 이제는 아예 영화를 상영해주는 차량도 나왔다. 열차 바깥으로 펼쳐지는 경치, 길과 마을과 산세가 어우러지는 그 풍광은 증발되어버렸다. 이제는 원경(遠景)마저도 시야에서 사라진 것이다. 승객들이 바깥을 바라보지 않는 데는 또 하나의 중요한 원인이 있다. 한국의 고속철도 노선에는 굴이 너무 많아 풍경의 파노라마가 툭툭 끊기기 때문이다. 유난히 산이 많은 지형에서 곧게 길을 뚫다 보니 엄청난 암흑지대를 통과해야 하는 것이다.

춘원 이광수는 1917년 발표한 장편소설 『무정』에서 철도를 가리켜 "문명개화의 목표를 향해 일로매진하는 직선적 질서의 상징"[3]이라고 칭한 바 있다. 한 세기 전 일본에 의해 건설된 철도는 한국인에게 문명을 가르치는 막강한 미디어였다. 직선은 문명과 효율의 표상으로 당시의 민중들 위에 위풍당당하게 군림하였을 것이다. 그런데 그때 깔린 철도는 지금의 기준으로 보면 상당 부분

3 박천홍, 『매혹의 질주, 근대의 횡단』(산처럼, 2006)에서 재인용.

완만한 곡선으로 이어진다. 그에 비해 KTX는 곡선이 가득한 한반도에 굵직한 직선을 탄환처럼 확실하게 관통시키는 대역사(大役事)이다. 단순히 물리적인 국토 개조만이 아니다. 그것은 한국인들의 생활과 업무의 리듬을 가파르게 정렬시키면서 공간을 대거 압축하는 시간 혁명이다. 디자인에서 몇 가지 문제가 지적되기는 했다. 역방향 좌석, 테이블의 구조, 의자 사이의 비좁은 간격, 충분하게 젖혀지지 않는 등받이, 위를 쳐다보면 선반의 유리를 통해 앞뒤 사람들의 모습이 비치는 구조(이는 곧 시정되었다) 등 이용객의 입장에서 세부 사항을 면밀하게 고려하지 않은 것이다. 그럼에도 KTX는 성장의 열매요 선진 한국의 긍지다. 속도는 생활의 효율과 편의를 증진시켜줄 것이다.

하지만 그 속도를 얻기 위해 치르는 대가도 적지 않다. 고속 열차가 등장하면서 많은 산비둘기들이 그 속도에 적응하지 못해 거기에 부딪혀 죽어간다. 공교롭게도 지금은 사라져버린 완행열차의 이름도 '비둘기호'였다. 느린 존재들은 점점 설 자리를 잃는 듯하다. 세상의 변화에 민첩하게 대응하지 못하는 사람들은 도태되고 낙오된다. 그러나 단기 승부의 순발력은 곳곳에서 한계를 드러내고 있다. 2002년 월드컵에 맞춰 완공하는 것을 목표로 급속하게 추진했던 고속철도가 예정보다 2년이나 늦게 개통된 것은 아이러니가 아닐 수 없다. 진정한 경쟁력은 오히려 주변을 찬찬히 살펴보면서 내실을 다지는 깊이에서 나온다. 빡빡한 출장길에서도 잠시 창밖을 무심하게 쳐다보는 여유에서 시대가 요구하는 창의성이 생겨난다. '빨리빨리'에 대한 강박 속에 상실한 풍경을 되찾는 눈길은 어디에 있을까. '기차가 서지 않는 간이역에 키 작은 소나

무 하나'(이규석 노래 「기차와 소나무」)를 넌지시 바라보는 시선이
그립다.

2004년 12월 경춘선의 신남역은 '김유정역'으로 이름을 바꿨
다. 문화재청은 2006년 말 12개 간이역을 문화재로 지정하여 보
존하기로 했다. 그 고장들 특유의 풍토와 문화유산을 관광 자원으
로 활성화하려는 시도이다. 고속 질주의 마법에 포섭되지 않은 마
을의 자취를 보존하면서 삶을 재생하려는 손길이 거기에 있다. 그
매력을 진정한 상품 가치로 빚어내기 위해서는 여행자들의 마음이
함께 어우러져야 한다. 천천히 가는 행보의 멋을 알고 아름다움에
머물러 음미하는 눈길에서 지역의 다양한 얼굴이 발견될 것이다.
산을 따라 강을 따라 느릿느릿 '구부러진 길'(이준관 시),[4] 'The
Long and Winding Road'(비틀스 노래) 위에 이따금 몸을 실어
보자. 직선의 유혹, 속도의 주술에서 한 발 물러서 있는 그 길을
따라 우리의 시야와 심경은 한결 넓어지고 깊어질 것이다.

4 나는 구부러진 길이 좋
다./구부러진 길을 가면/나
비의 밥그릇 같은 민들레를
만날 수 있고/감자를 심는
사람을 만날 수 있다./날이
저물면 울타리 너머로 밥 먹
으라고 부르는/어머니의 목
소리도 들을 수 있다. [……]
/그 구부러진 길처럼 살아온
사람이 나는 또한 좋다./반
듯한 길 쉽게 살아온 사람
보다/흙투성이 감자처럼 울
퉁불퉁 살아온 사람의/구불
구불 구부러진 삶이 좋다.

❶ 예전부터 기차역에는 부랑자나 노숙인들이 많이 머문다. 그런데 KTX역에는 예전의 기차역들에 비해 훨씬 그 수가 적다. 왜 그럴까?

❷ KTX를 타고 역방향으로 앉아 가면 왜 불쾌함을 느끼는 것일까? 그것은 몸 자체가 받는 영향일까, 아니면 단지 정보 처리의 관성 탓일까. 역방향으로 가면서 눈을 감 거나 책이나 텔레비전을 보고 있을 때도, 어지럼증을 느끼는지 비교해보자.

❸ KTX가 개통된 이후 3년이 지난 시점에서 대전 시민들이 그동안 그 도시에서 일어난 변화와 앞으로의 전망에 대해 토론을 한다고 가정하고 그 내용을 구성해보자(인원은 4명 정도로 하고 그 직업이나 신분은 자유롭게 설정하되 최대한 입장이 다른 사람 들로 배정할 것).

❹ 기차 여행이 다른 교통수단을 이용한 여행보다 매력적인 것이 있다면 무엇일까? 철 도청의 여행 상품 홍보를 대행한다고 가정하고 그 광고 문구를 써보자.

물리적으로 볼 때 공항은 빠져나갈 데 없는 완전한 환경을 이룬다. 대부분의 여행객들에게 공항은 객관적으로 존재하는 건물이라기보다는 그들을 둘러싸는 분위기 또는 대기와 같아 도대체 공항을 밖으로부터 보는 경우가 드물게 마련인데, 그것은 안으로부터 경험되는 수밖에 없다. 물론 출발하는 공항 또는 여행객이 그럴 만한 마음의 여유가 있는 사람이라고 한다면, 도착하는 공항의 출입구를 잠시간 바라볼 기회가 없는 것은 아니지만, 그러한 경우도 오늘날의 거대 공항, 특히 시카고나 동경이나 프랑크푸르트의 공항의 전체를 하나의 원근법 속에, 즉 한 사람의 적절한 시각으로부터 포착하는 것은 불가능하다.

—— 김우창, 「국제공항: 포스트모더니즘의 상황에 대한 명상」 중에서

'비행기 태워준다'는 말이 있다. 칭찬이나 아첨으로 상대방의 기분을 좋게 해준다는 뜻인데, 비슷한 말로 '띄워준다'가 있다. 또한 '들뜬다' '기분이 업up 된다' 등의 표현도 흥분과 희열 등의 감정을 가리킨다. 외국어에서도 비슷한 표현을 많이 찾아볼 수 있다. 위쪽으로 올라가는 동작과 즐거운 느낌은 쉽게 연상된다. 단순한 비유가 아니라 실제로 비행기를 타는 경험도 그러하다. 하늘 높이 솟구쳐 올라 멀리 날아갈 때 우리의 마음은 들뜬다. 애니메

이션 「스노우맨The Snowman」의 주제가 「Walking in the Air」에서 묘사되는 경쾌한 분위기에 사로잡힌다.

그런 분위기는 공항에 들어서는 순간부터 느껴진다. 국제 공항은 특히 더 그러하다. 항공망이 지구촌을 하나로 엮어내는 '월드 와이드 웹'이라면, 공항은 그 소통의 관문 곧 '포털 사이트'라고 할 수 있다. 국가와 국가 사이의 그 회색지대를 통과할 때 우리는 새삼 국적을 의식하며 이방인이 된다. 국제공항은 특정 국가의 영토에 속해 있으면서 동시에 그 바깥에 존재한다. 말하자면 국경과 국경 사이의 공백 지대이다. 「터미널The Terminal」이라는 영화는 그 본질을 잘 포착하고 있다. 어느 재즈 연주자의 사인을 받기 위해 미국에 온 주인공은 고국이 쿠데타로 인해 국가로 인정받지 못하게 되자 국제 미아가 된 채 공항에서 생활한다. 이 영화는 실화를 바탕으로 만든 것이지만, 실제로 그런 일은 거의 일어나지 않는다. 공항을 드나드는 사람들은 모두 국적과 행선지가 분명하다. 그들은 공항에서 국가의 구속에서 벗어나지만 국제 미아가 아닌 '국제인'이 된다. 한국을 벗어난다는 것 그리고 외국으로 나간다는 것은 가슴 설레는 일이다. 일상에서 벗어나는 해방감, 그리고 낯선 곳에 대한 기대감 때문이다. 출국 신고를 마치고 나면, 여객들은 묘연한 무중력 상태에 접어든다. 숨 가쁘게 달려가던 시간은 느긋하게 굴절된다. 탑승권을 지니고 있기에 서두를 필요가 없다.

어떤 사람들은 도착지의 시간으로 자신의 손목시계를 미리 조정해놓기도 한다. 승객들을 지배하는 시간은 행선지에 따라 제각각으로 분화된다. 특정한 시간이 적용되지 않는 국적 불명의 공간에서 많은 사람들은 업무와 인간관계 그리고 사회적인 책임 등의 굴레에서 벗어나는 듯하다. 승객들이 들고 있는 쇼핑백에는 'Duty Free¹'라는 글씨가 큼직하게 씌어져 있다. 국내에 얽힌 수많은 일들과 그 '의무'에서 자유로워질 수 있는 시공간으로 들어가는 것이다.

하지만 그 홀가분한 '해방구'에 들어가기 위해서는 매우 까다로운 절차를 거쳐야 한다. 승객들은 예외 없이 신발까지 벗어서 짐과 함께 엑스레이 카메라에 투과시켜야 하고, 몸 구석구석 검사를 받아야 한다. 모두가 잠재적 테러범으로 의심받는 것이다. 9·11 테러나 「다이하드 2」 같은 영화를 보면 공항과 비행기가 얼마나 위험한 공간인지 새삼 확인하게 된다. 더구나 그곳은 국가적으로

1 면세라는 뜻인데 'duty'에 '관세'와 '의무'라는 의미가 함께 들어 있음이 흥미롭다.

'중요한' 사람들 즉 표적이 되는 인물들이 많이 드나드는데 이들은 공격의 대상이 되기 쉽다. 그래서 언제나 삼엄한 경비를 하고 있다. 편리한 문명의 이기를 누리기 위해 치러야 하는 불편함을 여기에서도 새삼 확인하게 된다. 그러나 일상을 벗어나는 홀가분함 또는 낯선 곳으로 간다는 설렘 때문인지, 수속을 밟는 사람들은 그 불편함을 기꺼이 감수한다. 또한 출입국 심사, 세관 신고, 질병 검역 등의 번거로운 절차도 순순히 따른다.

TV 드라마나 영화를 보다 보면 공항을 배경으로 하는 장면이 종종 나온다. 사랑을 나누던 주인공 남녀 가운데 한 사람이 자신의 갈 길을 찾아서 멀리 떠날 때, 이별의 장소로 나오는 곳은 거의 항상 공항이다. 막 출국하려는 즈음 가까스로 도착한 연인이 뛰어와서 극적인 작별 인사를 나누는 장면을 종종 보게 된다. 「러브 액츄얼리Love Actually」라는 영화의 처음과 마지막 부분에서는 수많은 사람들이 공항에서 해후하는 모습을 연달아 보여주는데, 애정이 스스럼없이 표현되는 공간으로서의 공항을 인상적으로 묘사하고 있다.[2] 다른 한편, 뉴스에도 공항이 자주 등장하는데, 중요한 인물이 입국하거나 출국할 때 거기에서 인터뷰가 종종 이루어지기 때문이다. 외국에서 대단한 성취를 이룬 스포츠 선수 등 '거물급'이 입국할 때는 엄청난 취재 경쟁이 벌어진다. 거기에서 방송 카메라에 자주 찍히는 스타들은 자연스럽게 포즈를 취하고 기자들과 이야기를 나누는 데 아주 능숙하다.

국제공항은 그 안에서 웬만한 일상생활을 영위할 수 있을 만큼 다양한 시설을 갖추고 있다. 동북아시아의 주요 허브 공항[3]으로 자리 잡은 인천국제공항의 예를 보면, 어린이 놀이방, 유아 휴게

2 그러나 막상 공항에서 그런 모습을 보기는 쉽지 않다. 외국 여행이 늘어나면서 국제공항은 이제 별로 특별할 것 없는 일상 공간이 되는 듯하다. 예전에는 기차역으로도 마중이나 배웅을 많이 나갔지만, 이제는 국제공항조차도 그런 발길이 점점 줄어든다.

3 허브hub란 바퀴의 중심이라는 뜻으로, 허브 공항이란 그곳을 중심으로 바퀴살처럼 항공 노선이 방사선으로 뻗어나가면서 승객과 화물을 집결시키고 분산시키는 중계지 공항을 가리킨다. 허브 공항이 되기 위해서 갖춰야 할 요건으로는 교통량과 연계 수요, 지리적 위치에 따른 환승의 편의성과 다른 교통수단과의 연결성, 저렴한 항공료, 핵심 항공사의 존재 등을 들 수 있다.

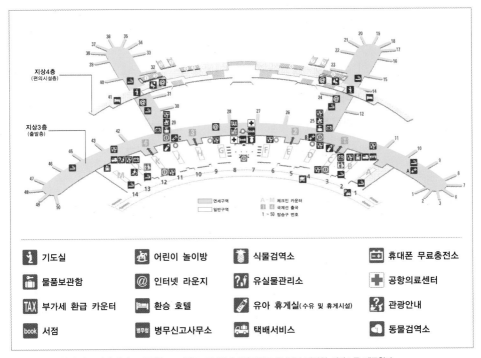

지상4층
(편의시설층)

지상3층
(출발층)

면세구역
일반구역

A ~ M 체크인 카운터
국제선 출국
1 ~ 50 탑승구 번호

🧎	기도실
🎠	어린이 놀이방
🍍	식물검역소
🔋	휴대폰 무료충전소
🧳	물품보관함
@	인터넷 라운지
❓	유실물관리소
✚	공항의료센터
TAX	부가세 환급 카운터
🛏	환승 호텔
🍼	유아 휴게실 (수유 및 휴게시설)
🧭	관광안내
book	서점
병무청	병무신고사무소
🚚	택배서비스
🐾	동물검역소

●●● 인천국제공항의 내부 시설 배치도. 공항은 그 자체로 도시의 축소판이라고 할 만큼 다양한 서비스를 제공한다.

실, 마사지실, 사우나, 환승 호텔, 약국, 의료센터, 서점, 기도실, 비즈니스 센터, 정보 통신 센터, 구두 닦는 가게 등이 있다. 이 별천지에 잡상인이나 노숙인들은 얼씬거리지 못할 뿐 아니라, 빈궁한 차림의 사람들도 찾아보기 어렵다. 화장실의 청결도는 최고 수준이고 미세 먼지나 소음 공해도 적은 편이다. 공항은 그렇듯 매우 위생적으로 관리된다. 또한 항공사 직원들의 친절함도 '글로벌 스탠더드'에 부합한다. 그리고 삼삼오오 지나가는 스튜어디스들의 이미지는 그 공간의 깔끔한 분위기와 잘 어울린다. 주변 사람들은 그들의 화사한 외모와 당당한 발걸음에 힐끗힐끗 눈길을 보낸다.

그 선망의 시선은 공항 바깥에서도 쏟아지는데, 그래서 그런지 유니폼 차림으로 출퇴근하면서 도시를 활보하는 유일한 직종이 스튜어디스이다. 그러나 아무리 외모가 뛰어난 스튜어디스도 승객들을 대할 때는 철저하게 겸손하고 공손해야 한다. 격조 있는 디자인에서 깍듯한 손님 대접에 이르기까지 극진한 정성이 가득 담겨 있어야 하는 곳이 바로 공항이기 때문이다. 승객들은 여기에 들어와 있다는 것만으로도 귀빈이 된 듯 느낀다.

그런데 승객들 가운데에도 몇 가지 부류가 있다. 짐을 잔뜩 가지고 두리번거리는 사람은 처음 출국을 하는 사람일 가능성이 크다. 반면에 단출한 가방을 메고 편안한 모습으로 수속을 밟는 사람은 여러 번의 해외 여행 경험이 있을 것이다. 이런 모습들은 여권에 찍힌 입출국 허가 도장의 개수와도 연관이 있을 것 같다. 또한 승객들의 사회적 지위나 경제적 수준의 차이는 좌석의 급수로 분명하게 나타난다. 비행기 좌석은 '이코노미' '비즈니스' '퍼스트'로 '클래스'가 정확하게 나뉜다. 이코노미석에서의 장거리 여정은 고역이다. 노약자들이 '이코노미석 증후군'이라는 신체 이상을 주의해야 할 정도로 좌석이 비좁기 때문이다. 그에 비해 비즈니스나 일등석은 널찍한 좌석에서 몸을 눕힐 수 있고, 승무원에게서 일류 호텔 수준의 서비스를 제공받는다. 뿐만 아니라 그 '귀빈'들에게는 탑승 전에 공항 라운지를 이용할 수 있는 '프레스티지 Prestige'[4]가 주어진다. 그들은 융숭한 대접을 받으면서 자신이 정말로 '매우 중요한 인물(VIP: Very Important Person)'임을 확인하게 된다.

하지만 외국에 도착하여 입국 수속을 밟는 과정에서는 그러한

4 각 항공사들은 상위 클래스 탑승객 및 밀리언 마일러 등 VIP 고객을 위해 '프레스티지 라운지'를 운영하는데, 거기에는 편안하게 쉴 수 있는 의자와 테이블이 있고 음료와 쿠키 등이 제공된다.

구별과 위신도 빛이 바래기 일쑤이다. 입국 심사대에서는 국적이 가장 중요하기 때문이다. 몇몇 선진국에서는 단지 한국인이라는 이유만으로 모멸적인 대우를 받기도 한다. 입국 심사 담당 직원이 방문 목적을 까다롭게 캐묻고 귀국 항공권을 보여달라면서 잠재적 불법 체류자로 취급하는 것이다. 하지만 생각해보면 한국 공항에서 더욱 굴욕스러운 대접을 받으며 설움을 겪는 외국인과 해외 거주 동포들이 훨씬 많다. 결국 공항은 국적별로 글로벌 위신의 급수를 확인받는 검열의 장치가 아닌가 한다.

비행기 좌석의 등급이나 소속 국가에 대한 국제적 평가는 사람의 값어치를 얼마만큼 반영하는 것일까. 국경을 넘나들면서 그 차이들을 사뿐하게 해탈하고 싶다. 비행기에서 마주치는 무변(無邊)의 창공, 서로의 존재가 투명해질 수 있는 그 바탕화면에서 '국민'으로 호명되지 않는 '나'를 클릭해보고 싶다. 우리는 집과 동네와 나라를 벗어나 세계로 나아가면서 오히려 자아를 깊숙하게 들여다보게 되는 경우가 많다. 제도로 규정되거나 어떤 범주로 환원되지 않는 인간 본연의 모습이 참으로 존귀한 인격으로 떠오르게 된다. 그렇게 빈 그릇으로 지구촌 시민들을 만날 수 있다면, 한 사람 한 사람 모두가 VIP로 다가올 것이다. 공항은 그렇듯 소탈한 마음들이 떠나고 돌아오는 빈[空] 항구[港]이다. 하늘로 비상하면서 우리는 허공 속에 묻어두었던 평심(平心)을 불러들이고 삶과 세상을 드넓은 여백으로 옮겨놓는다.

❶ 공항의 이름은 해당 국가나 도시의 이름을 따서 지은 경우가 대부분이다. 그런데 그와 달리 유명한 인물의 이름을 따서 지은 공항들이 있다. 간디, 드골, 케네디, 레이건, 호치민, 레오나르도 다빈치, 슈트라우스, 존 레논 등이 그것이다. 한국의 공항 이름을 그렇게 짓는다면 어떤 인물들의 이름을 따서 지으면 좋을까? 그 이름과 함께 추천 근거를 밝혀보자.

❷ 언론사나 컨설팅 회사에서 '세계 10대 공항'을 종종 선정한다. 그 평가 기준에는 이착륙하는 비행기의 수, 이용객 수, 화물 운송량, 청결도의 안전성, 수속 절차의 편리함, 각종 위락 및 편의시설, 서비스의 질, 환승객을 위한 쇼핑 및 관광지 등 여러 가지가 있다. 아시아의 허브 공항을 지향하는 인천국제공항의 경우, 위의 항목들 가운데 가장 높은 평가를 받는 것과 가장 낮은 평가를 받는 것은 무엇일까? 낮은 평가를 받은 부분들은 어떻게 개선해야 할까?

❸ 인천국제공항에 상주하는 직원은 무려 2만 7천여 명이다. 이들은 어떤 일에 종사하는 사람들로 구성되어 있을까? 본문에 실려 있는 내부 시설 배치도를 참고하여 추산해보자.

❹ 탑승권 발권, 짐 맡기기, 출입국 심사, 수하물 검사는 매우 번거로운 작업이고 승객이 많을 때는 오랜 시간이 소요된다. 그러나 정보 기술이 발달하면서 그 시스템은 더욱 효율적이 될 수 있다. 구체적으로 어떤 변화가 예상되는가?

제2부 유희와교류

노래방 · 찜질방 · 피시방 · 놀이공원 · 스타디움

온 · 국 · 민 · 이 · '카 · 수' · 왕 · !

요사히 웬만한 집이면 유성긔를 노치 안흔 집이 업스니 저녁때만 지나면 집집에서 유
성긔 소리에 맞추어 남녀 노유의 「기미고히시」라는 노래의 합창이 이러난다. 누구를
사랑하고 누구를 그리워한다는 말인지? 부모처자 모다 '기미고히시──'라니 여긔에는
오륜삼강을 찾지 안해도 조흘가?

──조선일보 1929년 9월 1일자 일요만화.

신명직, 『모던뽀이, 경성을 거닐다』에서 재인용

놀이와 노래는 언어적인 뿌리가 같다는 설이 있을 정도로 인간의 유희에서 노래의 비중은 매우 높다.

어느 문화에서나 음악은 중요하다. 사람들은 노래를 좋아한다.
한국인은 그 점에서 좀 유별나다. 다른 나라들의 경우 어릴 때는
노래를 많이 부르지만 나이가 들면 급격하게 그 빈도가 줄어드는
것이 일반적이다. 그런데 한국에서는 어른이 되어서도 노래를 자
주 부른다. 뒤풀이 자리 같은 사석에서 불쑥 노래시키기 일쑤이고
(특히 벌칙으로), 유원지나 관광버스에서도 쉽게 노래판을 벌이며,
종종 '고성방가'도 서슴지 않는다. 뿐만 아니라 축제에서 공식적인
행사로 노래자랑 대회가 종종 열린다. 텔레비전 방송사가 주최하
는 「전국노래자랑」은 장수 프로그램 가운데 하나인데, 지역 주민
들이 자발적으로 모이는 이벤트로서 참여율이 대단히 높은 편이다.

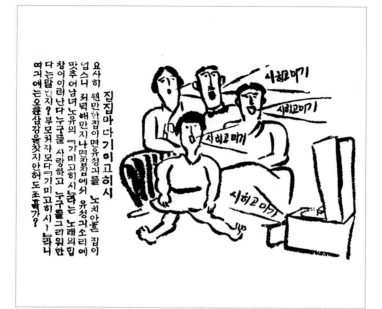

조선일보 1929년 9월 1일자에 실린 일요만화 '집집마다 기미고히시.' 축음기가 보급될 무렵의 풍속을 잘 보여주고 있다.

2 Boye Lafayette De Mente, *Korea's Business and Cultural Code Words* McGraw Hill, 2004, p. 274 참조.

3 이는 우리의 일상 언어에서도 확인되는데, 가령 아이들이 뭔가를 끈질기게 졸라댈 때 '노래를 해요. 노래를 ……'이라면서 비아냥거린다. 그 외에도 '장단을 맞춘다' '엇박자' '신세타령' 등 어떤 상황을 노래에 비유한 표현들이 있다.

4 다음의 글은 그 무렵의 풍속도를 잘 보여준다. "서양의 파티문화를 본뜬 가든파티가 한국에도 상륙한다. 돈 있는 화류계 인사들과 고관대작들은 연일 유성기에서 흘러나오는 노래 소리에 맞춰 자신의 성적 욕구를 배설하기에 바빴다. 기생의 창은 유성기 레코드가 대신했다. 1920년대 후반에 들어서면 사람들은 유성기 음반에 몸을 맡기고 흐느적거리는 춤을 추기 시작했다. 무도장이 암암리에 늘어났고 사교댄스를 추는 사람들은 에로틱한 분위기를 발산하며 음악을 즐겼다" (이승원, 「소리가 만들어낸 근대의 풍경」, 살림, 2005).

이런 배경 때문인지 몰라도 한국인들의 노래 실력은 대단히 뛰어난 듯하다. 한국에서 비즈니스를 하려는 외국인들을 위한 안내책자를 보면 한국인들과 어울리려면 사람들 앞에서 침착하게 노래해야 하는 '도전'을 각오해야 한다고 귀띔해주고 있다. 고대부터 이방인들에게 깊은 인상을 심어준 한국인들의 음주가무, 그 노래사랑의 문화유산은 오랜 역사 속에서 면면히 이어져온 듯하다. 앞에 인용한 글에서 알 수 있듯이, 1930년 무렵 비싼 유성기를 사 들여놓고 일본 노래를 따라 부르는 것이 당시 경성의 유행이었다고 한다. 가난한 집에서도 삼삼오오 모여앉아 늦은 밤까지 큰 소리로 노래를 불러댔다고 하니, 동네방네의 시끌벅적한 풍경이 어렴풋이 짐작된다.

유성기의 등장은 다른 나라의 음악사에서도 중요한 사건이었다. 유럽에서 애당초 그것은 공중 연설을 녹음하여 곳곳에서 틀어주는 데 사용되었지만, 곧 음반의 취입으로 이어졌다. 시공간의 제약을 받지 않고 음악을 들을 수 있게 되면서 실내에서의 회합이 더욱 다채롭게 활성화되었다. 그러나 한국처럼 그것을 틀어놓고 시도 때도 없이 노래를 불러대는 모습은 나타나지 않았다. 일본에서도 1970년대 초 가라오케가 등장하기 전에는 실내에서 돌아가면서 노래를 부르는 자리는 드물었다. 그에 비해 한국인의 유성기 수용은 애당초 노래방의 형태를 띠고 있었던 것이다. 그리고 그 열창의 에너지는 반세기를 지나 진짜 노래방의 폭발적인 성장으로 나타났다.

일본의 가라오케가 변형되어 1991년 부산에서 처음 출현한 노래방은 2005년 말 현재 전국에 3만 5천여 곳이 성업 중이다. 노래방은 식사와 술자리에 이어서 분위기가 무르익을 무렵 찾아가는 패키지 코스이다. 음주가무의 놀이세계에서 술과 춤을 이어주는 매개 고리로서 노래는 필수다. 그 놀이판에서 사람들은 지위의 높낮이에 상관없이 적당히 흐트러져주어야 한다. 딱딱한 공식 질서에서 이완되어 여흥의 정서로 일체감을 느끼는 시공간이기 때문이다. 직장인들의 여가 공간으로 출현한 노래방은 소비자 층이 서서히 확대되어 이제는 청소년들도 스트레스를 풀기 위해 즐겨 찾는다. 그리고 거기에서는 남녀가 부담 없이 어우러진다. 노래방은 성, 세대, 지역 그리고 계층의 차이를 아우르는 국민적 오락 공간인 셈이다.

노래방의 매력 포인트는 무엇인가. 그 필수 요건을 세 가지로 정리해볼 수 있다. 첫째, 방이라는 밀폐공간이다. 점원의 안내를 받아 방을 배정받으면 그 안에 들어서는 순간부터 다른 세계에 들어온 듯한 기분에 사로잡히게 된다. 놀이에 가장 걸림돌이 되는 것 가운데 하나가 다른 사람들의 눈치를 보는 것인데, 노래방 안에서는 아는 사람들끼리만 있기 때문에 타인의 시선을 의식하지 않고 마음껏 놀아젖힐 수 있다. 직장인들 사이에서는 동료들이 사무실에서는 보여주지 않았던 모습을 파격적으로 드러내 깜짝 놀라기도 한다. 몽롱한 술좌석과 비슷하게 거기에서는 다소 과장된 몸짓을 하고 실수를 하거나 스타일을 구겨도 너그럽게 이해된다. 그리고 노래방을 벗어나는 순간 그런 모습들을 기억에서 닫아둔다.

두번째로 중요한 요소는 음향이다. 우선 마이크가 중요하다. 아무리 노래방이 분위기 있게 잘 꾸며져 있다 해도 마이크가 없다면 노래할 맛이 나지 않을 것이다. 그리고 마이크가 있다 해도 에코 기능이 없다면 환상적인 분위기가 연출되기 어렵다. 젊은이들은 거기에 별로 연연해하지 않지만 나이 드신 분들이 트로트를 부를 때 에코 음향은 매우 중요할 수 있다. 노래 실력이 다소 서툴다 해도 소리가 메아리로 울려나기에 별로 티가 나지 않기 때문이다. 물론 그것으로 숨겨지지 않는 음치가 있을 수 있지만, 그러한 사람들을 위해 또 다른 음향 효과로서 곡에 따라 코러스가 가미된다. 이 효과는 특히 고음 부분의 힘겨운 발성을 보완해준다. 그렇듯 가창력을 증폭시켜주고 부족한 부분을 덮어주는 장치는 앞으로 노래방 기기가 발달하면서 계속 개발될 것으로 예상된다. 최근에는 노래 실력이 부족한 이들을 위해 특별히 제작된 반주 기기도 나왔다.

세번째는 영상이다. 노래방이 처음 나왔을 때 붙여진 이름은 '비디오케'였다. 최근에는 대형 텔레비전이 노래방 덕분에 특수(特需)를 누릴 정도로 영상은 중요해지고 있다. 실제로 대형 모니터로 바꾼 노래방에는 손님이 두 배 가까이 늘어났다고 한다. 초창기 노래방에서는 (그리고 지금도 구식 기기가 놓여 있는 노래방에서는) 동영상이 노래와 아무 관계가 없는 경우가 많았다.[5] 비 오는 달밤의 처량한 심경을 구슬프게 읊고 있는데, 영상에서는 대낮의 해변에서 비키니 차림의 여성들이 뛰어다닌다. 노래가 시작하고 끝나는 것과도 아무 관계없이 풍경은 이어지고 또한 끊어진다. 그러나 손님들은 거기에 개의치 않는다. 가사만 정확하게 나오면 된다. 그런데 가사를 잘 아는 노래를 부를 때도 우리는 화면을 보면서 노래를 한다. 왜 그럴까? 기억에서 가사를 떠올리는 데 들어가는 정신 에너지를 절약하여 발성에 집중하기 위해서이며 또 한 가지 이유는 시선 처리의 부담을 덜기 위해서이다. 아는 사람들끼리이지만 '청중'들에게 눈길을 보내면서 노래한다는 것은 왠지 쑥스럽기 때문이다.

노래방의 뿌리는 일본이지만 한국에서 화려하게 꽃피고 있다. 그 안에서 사람들이 노는 방식을 비교해보는 것도 흥미롭다. 일본의 '가라오케 박스'에서는 노래를 부르고 싶지 않은 사람은 편안하게 구경만 해도 상관이 없다. 그에 비해 한국의 노래방에서는 거의 모두 예외 없이 '무대'에 서야 한다. 그런데 정작 그렇게 주인공으로 세워 놓고도 팬들의 대접은 시원치 않은 경우가 많다. 각자 자기의 노래를 찾느라 부산하기 때문이다. 여기에서는 오로지 노래 실력만이 중요하다. '카수'는 환호를 받지만, 음치는 괴롭

● ● 고급 인테리어로 단장
한 노래방의 내부 모습.

다.[6] 노래가 서툴러서 회식 자리를 기피하는 이들도 있고, 그런 이
들을 겨냥해 '음치 클리닉'이라는 업종까지 등장했다. 그런가 하
면 노래방과 함께 이비인후과 환자도 늘어났다. 시끄러운 곳에서
고함치듯 대화를 하고, 고음으로 무리하게 노래를 많이 부르다가
성대에 탈이 나는 것이다.

6 부산의 노래방 가운데 '돼
지가 목청 따는 날'이라는 가
게가 있는데, 2006년 부산
114 상담원들이 가장 웃음
이 터져나오는 상호로 꼽은
바 있다.

노래방은 대체로 어른들의 놀이방이다. 첨단의 디지털 장비와 노래자랑의 문화가 융합된 유흥 공간이다. 애당초 노래방은 룸살롱으로 대표되던 '방/밤 문화'의 틈바구니에서 비교적 '건전한' 밀실로 출현하여 이후 다양한 방 문화가 생겨나는 기폭제가 되었다. 그러나 남성지배문화의 관성이 지속되면서 노래방 도우미라는 새로운 업종이 등장했다. 일부 노래방이 그런 퇴폐 공간으로 변하는 것은 과당 경쟁 속에서 음성적으로 도우미를 불러들여 흥을 돋우고 술을 판매하기 때문이다. 또 이따금 일행들 사이에서도 성희롱 시비가 붙기도 한다.

　　노래방을 찾는 손님들의 연령층은 초등학생에서 노인에 이르기까지 점점 다양해지고 있다. 최근에 젊은이들을 겨냥하여 등장하는 노래방들은 음습한 기운을 걷어내고 깔끔한 이미지를 내세운다. 호텔을 방불케 하는 화려한 실내 디자인, 쾌적한 호흡을 도와주는 산소 공급기, 가발과 선글라스 같은 이색적인 소품 대여 서비스, 출입구까지 따라나와 깍듯하게 배웅하는 종업원의 매너 등으로 눈길을 끈다. 그리고 자신이 노래하는 모습을 동영상으로 찍은 파일을 인터넷에 올릴 수 있도록 해주거나 버튼 하나만 눌러 자신의 메일로 보내 나중에 다시 들을 수 있도록 해준다. 또한 다른 방에 있는 친구들과 화상 채팅을 할 수 있도록 해주거나 자기 방의 모습을 화면에 비춰줌으로써 흥미를 유발하기도 한다. 그런 노래방들은 마치 자기 집 안방에서 노래하는 것처럼 편안한 분위기를 갖추고 있다. 현란한 건물 외양과 '럭셔리'한 감각으로 차별화를 시도하는 이러한 업소들을 선두로 노래방은 하나 둘씩 지하에서 지상으로 올라오고 있다.

우리는 왜 노래방을 찾는가. 축제가 실종된 사회에 살고 있기 때문이다. 유희 충동이 억눌려 있기 때문이다. 노래방은 모두가 오로지 유쾌한 기분으로 단장하고 그 에너지를 마음껏 분출하는 순수한 놀이공간이다. 소리의 즐거움〔音樂〕으로 가득 채워지는 그 시공간에서 우리는 체면이라는 가면을 벗고 호모루덴스(놀이 하는 인간)적인 본능에 충실할 수 있다. 외부와 차단된 그 오붓한 파티장에서는 서로의 마음을 편안하게 열어젖힐 수 있다. 매일 밤 그 수많은 밀실들에서는 단란하고도 화끈한 라이브 이벤트가 펼쳐 진다. 사람들은 각양각색의 나르시시스트가 되어 비좁은 연희(演 戲) 무대에서 열창하면서 고달픈 현실을 잊는다. 저마다 자신이 주인공이 되는 더 넓은 세상을 꿈꾸며.

① 노래방에는 직장 동료들이 어울려 오는 경우가 대단히 많다. 회식 이외에 일상적인 놀이 문화를 공유하지 못하는 구성원들에게 노래방은 대단히 유용한 유흥 공간을 제공해주기 때문이다. 그런 모임은 조직의 문화에 어떤 영향을 끼칠까? 가령 권위주의적인 상하관계가 이 놀이 상황에서 일시적으로 누그러지기도 하는가? 만일 그렇다면 그것이 사무실 안에서의 분위기를 조금씩 변화시키기도 할까?

② 노래방에서 친한 사람들끼리 어울려 놀다가 남녀 간에 불미스러운 성희롱 시비가 붙는 경우가 종종 있다. 그런데 성희롱이란 명백하게 선을 긋기가 어려울 때가 많다. 가령 평소에 사이가 좋았던 직장 상사나 선배가 약간의 술기운에 흥분한 감정으로 부하나 후배를 끌어안고 춤을 추려고 한다면, 어떻게 대처하는 것이 현명할까?

③ 노래방의 영향으로 많은 사람들이 가사를 보지 않고 외워 부를 수 있는 노래가 점점 줄어들고 있다(휴대폰이 일상화되면서 가까운 사람들의 전화번호도 외우지 않게 [또는 못하게] 되는 현상과 비슷한 것으로 이를 '디지털 치매'라고도 한다). 그만큼 노래방은 음악의 소비 문화에 큰 영향을 끼치고 있는 것이다. 그렇다면 이런 상황은 음악의 생산에도 영향을 끼치고 있을까? 즉 노래방 문화의 확산으로 인해 작곡이나 창법 그리고 녹음 등 대중 음악의 창출 과정이 변화한다면 어떤 방식으로 연결되는 것일까?

④ 「콘서트7080」이라는 텔레비전 프로그램이 있다. 1970년대와 80년대에 20대를 보낸 세대가 당시 유행했던 노래를 들으면서 추억을 음미하는 라이브 공연이다. 그 세대는 20여 년의 긴 시차에도 불구하고 함께 즐기는 노래가 많다. 그런데 '80 90'이라는 말은 없다. 노래방에서 그 세대가 함께 부를 수 있는 노래는 많지 않다. 왜 그렇게 되었을까? 1990년대에 20대를 보낸 세대와 지금 20대는 얼마나 음악을 공유하는가? 언젠가 '90 00콘서트' 같은 것이 생길 수 있을까?

프·라·이·버·시·로·부·터·자·유·로·워·지·기

내가 친구들과 함께 온천장에서 로마 시대의 대욕탕 같은 커다란 푸울 속에 타인과 함께 벌거벗고 들어간 것은 처음이었다. 물 위에 머리통만 내놓고 황홀한 표정을 짓는 주위 사람들의 모습은 경이롭기 그지없는 것이었다. 나는 황홀하기는커녕 물이 너무 뜨거워서 비명을 지를 지경이었다. 우리들 프랑스인은 적당히 따뜻한 물로 욕조를 채우고, 물속에 들어간 후에 더운 물을 추가하는 것이 보통이다. 그러니 섭씨 40도 정도의, 아니 때로는 그 이상의 뜨거운 물에도 유유히 앉아 있는 이 나라 사람들을 어찌 존경하지 않을 수 있겠는가?

—— 장 폴 마티스, 『프랑스인이 본 한국, 한국인』 중에서

인간은 유난히 물을 좋아한다. 영장류 가운데 사람만큼 목욕을 즐기는 동물은 없다. 우리는 왜 몸을 씻는가. 단지 생리적인 이유 때문만은 아니다. 원시 시대 때부터 인간은 물에 뭔가 신령한 힘이 깃들어 있다고 믿어왔다. 많은 종교에서 제사를 지내거나 신성한 일을 하기 전에 목욕재계(沐浴齋戒)라는 것을 해왔는데, 이는 몸을 닦으면서 마음을 정화하는 중요한 의례 절차이다. 개신교의 일부 교파에서는 물속에 온몸을 담가 세례를 치르는 침례(浸禮)를 행한다. 다른 한편 목욕을 일상의 여가로 정착시킨 것은 그리스·로

마 문명이었다. 서양사학자 설혜심의 『온천의 문화사』에 따르면 로마의 상류사회에서 매일 오후에 목욕을 하는 것은 문명화된 로마인이라는 정체성을 부여하는 일종의 사회적 코드였다. 그래서 공중목욕탕은 원형경기장과 함께 로마 문화의 대표적인 상징물이 되었다.[1]

1 이 책에서 중점적으로 다루는 내용은 영국에서 온천이 발달한 과정이다. 종교개혁의 여파 속에서 많은 성천(聖泉)이 폐쇄되고 그것이 가지고 있던 성스럽고 마술적이며 기적적인 후광 또한 씻겨나가게 된다. 그와 함께 스포츠에서 향락에 이르기까지 물을 매개로 한 다양한 레저 욕구가 생겨났고 그것을 적극적으로 상업화시켜가는 과정에서 온천이 탄생한 것이다.

동양에서 목욕탕을 가장 잘 발달시킨 나라는 일본이다. 일본에서는 화산이 많은 지리적 조건으로 인해 온천이 많이 개발되어왔는데, 특히 에도(江戶) 시대 이후 서민들이 치료 목적으로 온천을 많이 이용하였고 거기에 숙박시설들이 들어섰다. 지금 일본에는 2천 개 이상의 온천장이 공식 등록되어 있고 국내 여행객 가운데 2할이 온천욕을 즐긴다. 일반 주택지의 경우에도 에도 시대부터 센토(錢湯)라는 공중목욕탕이 들어서 도시인들의 사교장이자 쉼터로 기능했고, 집에서도 목욕하는 습관이 일찍이 정착되어 있었다. 뜨거운 물에 몸을 데우는 것은 일본인들이 즐기는 레저이다. 그런데 그런 일본인들이 '때밀이 관광'을 위해 한국을 찾는다. '이태리 타올'로 피부를 박박 문지르는 행위는 목욕탕 바닥에서 맨몸으로 누워 잠을 자는 모습 등과 함께 한국 목욕탕의 진기한 풍경을 이룬다.

그 목욕탕이 진화하여 새로운 업태로 선풍을 일으킨 것이 바로 찜질방이다. 이는 기존 목욕탕의 범주에 딱 맞아떨어지지 않는 신종 업태였던 만큼, 처음에는 행정 규제의 사각지대에 있다가 뒤늦게 관련 법규가 마련되었다. IMF 위기 때 창업의 열기 속에서 등장한 찜질방은 2004년 5월, 전국에 1600개를 넘어섰다. 점점 대형화되는 추세 속에서 건평 1만 평짜리 찜질방도 등장했다. 역사상 이렇게 큰 '방'은 어디에도 없었을 것이다. 이제 영화나 텔레비전 드라마에서 배경 공간으로 종종 등장할 정도로 찜질방은 우리에게 매우 익숙하고 친밀한 장소가 되었다.

'찜질'의 말뜻을 사전에서 찾아보면 '온천 또는 뜨거운 모래나 물 따위에 몸을 담가 땀을 흘려 병을 고치는 일'이라고 나와 있다.[2] 영어에서는 'fomentation'이라는 어려운 용어가 여기에 대응한다. 서양인들에게 찜질은 그만큼 특수한 행위라고 할 수 있다. 그런데 한국인에게 그것은 생활의 자연스러운 일부가 되었다. 생각해보면 그 말이 범상치 않다. 몸을 찌다니! 섬뜩하기까지 하다. '불가마'는 더욱 적나라하지 않은가. 어느 주간지에서 수도권 인근의 숯가마 찜질 명소들을 소개하는 기사를 실었는데, 그 제목이 '뜨끈뜨끈 몸 지지고 오순도순 정 나누고'라고 되어 있다. 그리고 그 기사 중에 이런 대목도 있다. '찜질하는 시간은 길어도 30분을 넘지 않도록 한다. 그래야 질식과 화상 등 숯가마 안전사고를 방지할 수 있다.'[3] 우리는 그렇듯 끔찍한 사고의 위험을 무릅쓰고 불가마에 몸을 맡기는 것이다.

그와 관련한 우스갯소리가 있다. 어떤 사람이 지옥에 떨어져 유황불에 고통받을 것을 생각하며 두려움에 떨고 있는데, 웬일인지 전혀 뜨겁지 않더라는 것. 사정을 알아보니 지옥에 온 한국인들이 웬만큼 뜨거운 유황불엔 꿈쩍도 하지 않아 지옥의 시설을 수리하느라 잠시 휴업 중이었다고 한다. 그만큼 한국인들은 뜨끈뜨끈한 것을 유난히 좋아한다. 심지어는 워터 파크에도 찜질방이 있다. 더위를 피해 찾아간 곳에서 일부러 땀을 흘리는 사람들은 한국인밖에 없지 않을까. 뜨거움에 대한 열망은 펄펄 끓어야 맛이 있는

2 '질'이라는 접미사는 삽질, 걸레질, 딸꾹질처럼 되풀이되는 동작이나 행동임을 나타내는데, 찜질은 그만큼 빈번하게 이루어지는 것이다. 그리고 도둑질, 목수질, 선생질처럼 어떤 일을 비하하는 뉘앙스를 자아내는 단어에도 붙는데, 찜질에 대해서도 그런 느낌이 있는 것이 아닌가 싶다.

3 『주간동아』 2007년 2월 27일자.

● ● ● 일본인의 눈에 비친 한국의 낯선 풍경들을 기록한 『새댁 요코쨩의 한국살이』(타가미 요코 지음, 작은씨앗, 2004)에 실린 삽화 '때밀이.'

찌개나 탕, 온돌 등에서도 잘 나타난다. 'ondol'은 'kimchi' 'Taekwondo' 등과 함께 영어로 정착된 한국어이다. 찜질방의 정수는 널찍하고 따뜻한 방바닥인데, 이는 온돌 문화와 밀접한 연관이 있다고 볼 수 있다.

찜질방의 가장 가까운 원조는 사우나일 것이다. 사우나는 기존의 대중탕에서 진화한 것으로 새로운 휴식 가능 공간을 추가하면서 정착되어왔다. 이에 대해 어느 문화연구자의 설명을 들어보자.

대부분의 도시 공간들이 자본 축적의 논리에 지배되면서 휴식을 취할 수 있는 공적인 장소들은 드물어졌다. 그 중의 예외적인 공간은 1970년대 후반과 1980년대 초반에 복잡한 사거리와 동네에 등

장한 사우나들이었다. 일본 제국주의 시대부터 존재했고 집에 목
욕탕이 없던 사람들이 목욕을 할 수 있었던 소박한 대중목욕탕과는
달리, 1970년대 후반부터 생겨난 사우나들은 훨씬 더 크고 수면실
도 지니고 있었다. [4]

그런데 찜질방은 기존의 목욕탕, 온천, 사우나, 한증막 등과도
구별되는 공간이다. 아니, 그 모든 것을 아우르면서 확장된 돌연
변이라고 해야 할 것이다. 그 핵심은 그 안에 수많은 '방'들을 내
포하고 있다는 점이다. 우선 목욕과 관련해서 동굴방, 산림욕방,
참숯방, 황토방, 소금방, 얼음방, 자수정방 등이 있다. 그래서 여
러 환경에 몸을 노출시키면서 땀을 뺄 수 있다. 뿐만 아니라 욕탕
이외에 찜질방이 제공하는 서비스는 실로 다양하다. 식당, 헬스클
럽, 요가, 에어로빅, 안마, 피부 관리, 수면방, 놀이방, 노래방,
PC방, 영화방, 소연회장, 기도방, 서예나 노래강습, 야외 폭포 정
원, 연예인들의 공연이 이루어지는 중앙 광장[5]…… 바야흐로 찜
질방은 복합 레저타운을 지향하면서, 그동안 왕성하게 증식해온
방들을 총집결시키는 소우주와도 같은 공간이 되었다. 그래서 '건
강 랜드'라는 이름이 등장하기도 했다.

이 별천지에서 사람들은 간단하게 변신한다. 소비자들은 목욕
재계로 몸을 정결하게 한 다음 유니폼(?)으로 갈아입음으로써 이
희한한 영토의 일원으로 거듭나게 된다. 잠옷처럼 헐렁헐렁한 그
옷을 입으면 편안해진다. 게다가 온돌이라는 공간의 구조가 마치
집에 와서 혼자서 또는 가족들끼리 부담없이 눌러앉는 분위기와
흡사한 마음가짐이 되도록 하는 듯하다. 거기에서는 부와 지위,

4 조성배, 「게이 남성의 소
비 공간과 몸의 정치학」, 연
세대학교 대학원: 문화학협
동과정 석사학위논문, 2003.
8. 78쪽.

5 5인조 남성 댄스 그룹 '동
방신기'는 데뷔를 며칠 앞두
고 찜질방에서 리허설을 했
다고 한다. 수많은 사람들이
지켜보는 가운데 춤추고 노
래하는 담력을 테스트받은
것이다.

●● 매주 연예인 초청공연이
나 이용객들의 노래자랑 대
회를 개최하는 어느 대형 찜
질방의 모습. 찜질방은 복합
레저공간이다.

세대 그리고 남녀의 구분이 사라진다. 그리고 자연스러운 몸의 현
상이 숨김없이 드러난다. 찜통에서 땀을 뻘뻘 흘리는 모습을 서로
바라보는 것은 각별한 느낌이다. 특히 남자와 여자가 마주앉아 분
비물을 노출하는 것은 특이하다. 화장을 열심히 하는 젊은 여성들
도 많은 사람들 앞에 맨 얼굴을 편안하게 드러낸다. 과연 그곳은
체면의 굴레에서 벗어나는 해방구가 아닐까.

　그런 생각은 사람들이 잠자는 모습에서 더욱 확연해진다. 찜질
방의 진국을 맛보려면 하룻밤을 지내보아야 한다. 그 넓은 마루에
낯선 사람들이 엉클어져 집단 취침을 하는 광경은 마치 피난민 수
용소를 방불케 한다. 여기저기 들리는 코 고는 소리, 대책 없이
벌린 팔과 다리 그리고 입, 밀실에서나 취할 연인들의 포즈[6] ……

6 보건복지부는 2004년 7월,
찜질방이 풍기 문란의 한 요
인이 된다고 보고 공중위생
관리법 시행령을 마련, 남성
과 여성이 찜질방을 따로 이
용하도록 하는 방안을 검토한
바 있다. 물론 시행되지는 않
았다.

잠이란 지극히 사적인 행위인데, 완전히 남남끼리 그것도 성의 장벽을 넘어 이토록 스스럼없이 침실을 공유한다는 것은 얼핏 기괴하게까지 느껴진다. 그런데 바로 그 '부담 없음,' 사적 영역의 경계가 홀연히 사라지면서 경험되는 묘연한 일체감이 찜질방의 매력이리라.

말하자면 이 공간에서 사람들은 타인의 시선으로부터 상당히 자유로워지는 것이다. 이것을 '몸의 사회성'이라는 차원에서 생각해 볼 수 있다. 예를 들어 우리는 보통 다른 사람들 앞에서 코를 후비거나 트림을 하거나 방귀를 내뿜지 않는다. 공공 장소에서 꾸벅꾸벅 졸거나 심하게는 침까지 흘리는 모습을 보이면 매우 부끄럽게 생각한다. 설혹 어디선가 혼자서 자다가 일어나서도 팔을 베었던 자국이 얼굴에 빨갛게 남으면 감추고 싶어 한다. 그 모두가 생리적인 현상이 그대로 노출되는 '자연스러운 몸natural body'이기 때문이다. 우리는 타인을 만날 때 그런 흔적을 지우고, 몸가짐과 얼굴, 그리고 옷매무새를 일정하게 꾸민다. 멋진 옷을 입거나 화장을 정성스레 함으로써 '사회적 몸social body'을 연출하는 것이다. 그런데 찜질방은 그 거추장스러운 허울에 크게 구애받지 않을 수 있는 공간이다.

찜질방을 찾는 사람들의 동반자 가운데는 가족도 적지 않다.[7] 온천 같은 곳에 가족 단위로 들어가는 경우가 종종 있는데, 여성들은 남성보다 목욕 시간이 길기 때문에 서로 시간을 맞추느라 서둘러야 한다. 그에 비해 찜질방에서는 여자들이 목욕을 아무리 오래 하더라도 아무 문제가 없다. 남자들은 일찍 끝내고 나와서 잠을 자거나 텔레비전을 보면 된다. 그리고 어른과 아이들이 오랜

7 2003년 한국 갤럽이 조사한 바에 따르면 당시 찜질방에 동행하는 사람으로 친구(약 50%)가 가장 많았고, 그 다음으로 자녀(18%), 배우자(11%), 형제 자매(11%), 부모(7%), 혼자, 애인, 직장 동료(각 약 5%) 순이었다.

시간을 함께 있어도 각자 취향에 맞는 방식으로 휴식이나 놀이를 즐길 수 있도록 다양한 공간과 시설이 제공된다. 부모는 아이들을 챙길 필요가 없고, 아이들은 부모의 간섭에서 자유로워진다. 그런 점에서 찜질방은 세대 차에 구애받지 않고 가족들이 함께 여가를 보낼 수 있는 공간이 되어주는 셈이다.

동서고금을 통해 목욕탕은 휴식, 치료, 위생, 사교, 오락 등의 기능을 담아왔다. 찜질방은 그러한 전통을 집약적으로 갖추고 있으면서 저렴한 숙소로도 애용된다. 출장 온 직장인, 귀가를 포기한 취객, 외국인 노동자, 가출한 청소년 등이 고단한 몸과 마음을 의지하는 여인숙이다. 물론 여럿이 함께 온 손님들이 훨씬 많은데, 그들은 여기에서 나른하고도 농밀한 만남을 즐긴다. 가족 이외에도 회사 동료, 연인, 동네 계모임, 그리고 청소년들의 또래 집단에 이르기까지 다양한 단위들이 모여들어 어우러지는 찜질방은 21세기의 동네 사랑방인 듯하다. 실제로 지방 소도시에서는 그곳이 공회당 같은 역할을 하기도 한다.

찜질방은 땀을 흘리는 공간이다. 땀은 단순한 분비물이 아니다. 뭔가를 이루기 위해서 온 힘을 다해 노력을 할 때 그 모습을 가리켜 '땀을 흘린다'라고 표현한다.[8] 인간은 오랜 역사에서 주로 일을 하느라 땀을 흘렸다. 그런데 언제부터인가 인간은 노동이 아닌 스포츠와 휴식을 통해서 더 많은 땀을 흘리기 시작했다. 이제 사람들이 헬스클럽과 목욕탕에서 쏟아내는 땀은 공장에서 흘리는 땀과 비교가 되지 않을 정도로 엄청날 것으로 짐작된다. 그 양은 앞으로 점점 많아질 것이다. 발한(發汗)을 통해 관계도 그만큼 끈끈해지는 것일까. 우리가 심신의 이완과 양생에 이토록 집착하는 것은

8 그렇듯 상징적인 의미를 많이 담고 있는 또 다른 분비물은 피와 눈물이다. 영국의 윈스턴 처칠 경은 1940년 'Blood, Sweat and Tears'라는 제목으로 유명한 연설을 역사에 남긴 바 있고, 그 제목을 그대로 딴 팝 그룹과 책도 나왔다.

삶이 워낙 사납고 가파른 긴장에 휩싸여 있기 때문이리라. 로마의 공중목욕탕이 이따금 황제도 함께 벌거벗은 몸으로 납시던 친밀한 사교 공간이었듯이, 한국의 찜질방도 만인의 평등함을 확인하며 혼연일체가 되는 장소인지 모른다. 신성한 제의를 앞두고 목욕재계하듯, 험난한 세파에 지친 몸과 찢기고 얼룩진 마음을 정화하는 전당일 수도 있다.

❶ 찜질방은 계절의 영향을 많이 받는 업종이다. 가장 손님이 많은 시기와 가장 적은 시기는 각각 몇 월부터 몇 월까지일까? 그리고 찜질방의 확산으로 타격을 받은 업소는 기존의 목욕탕이나 사우나 이외에 무엇이 있을까? 그리고 찜질방 덕분에 더욱 활성화된 업종이 있다면 무엇일까?

❷ 찜질방에는 여러 대의 텔레비전이 있다. 그런데 텔레비전마다 방영되는 채널이 조금씩 다르다. 남성 탈의실, 여성 탈의실, 남녀 공용 휴게실의 텔레비전 채널은 대개 각각 몇 번으로 고정되어 있고, 거기에서는 대개 어떤 프로그램이 방영되는지 조사해 보자.

❸ 찜질방을 운영하는 주인이나 관리를 책임지는 종업원이 가장 신경 쓰는 것은 무엇일까? 그들을 골치 아프게 하는 손님 또는 사태에는 어떤 유형들이 있으며, 관리자들은 이에 어떤 식으로 대응하는가? 인터뷰를 통해 알아보자.

❹ 독일에도 한국인이 경영하는 찜질방이 진출했다. 우선은 거기에 사는 교포 및 동양인들을 겨냥한 것이지만, 독일인들도 오게 할 수 있으면 더욱 좋은 일이다. 그렇게 되기 위해서는 한국의 찜질방과 달리 어떤 점에 신경을 써야 할까? 그리고 홍보는 어떤 식으로 해야 할까? 또 영어로는 찜질방을 어떻게 이름 붙이는 것이 좋을까?

방　•　속　•　의　•　방　•　들

한국은 짧은 시간에 전 세계에서 인터넷이 가장 널리 보급된 나라가 되었다. 정치, 오
락, 섹스, 매스 미디어, 범죄, 상업이 온라인에서도 오프라인과 똑같이 구현되고 있다.
[……] 언제 어디서든 값싸고 빠르게 인터넷에 접속할 수 있는 환경은 한국 사회를 극
적이고도 의외의 방식으로 뒤집어놓았다. 한국인들은 그것을 어떻게 경험하는가? 누
구에게 묻느냐에 따라 그것은 대중들에게 광대역 통신망을 보급하기 위해 달려가는
다른 나라들에 대한 경고일 수도 있고, 또는 성공담이 될 수도 있다. 한국인들의 결혼
은 배우자들이 영상 채팅으로 서로를 속이는 가운데 점점 마모되고 있다. 온라인 중독
에 빠진 수많은 환자들이 정신과 의사들에게 몰려들고 있다. 심지어 지난해에는 어떤
남자가 며칠 동안 인터넷 게임에서 전쟁을 치르다가 스트레스를 받아 심장마비로 사
망한 일까지 있었다.

—「한국은 불가사의한 인터넷 세상

Korea's Weird Wired World」, 『포브스 *Forbes*』 2004년 7월 21일자 중에서

「접속」이라는 영화가 있다. 1997년 개봉되어 크게 히트한[1] 작
품이다. 서로의 얼굴도 음성도 모르는 채 피시 통신으로만 오랜
만남을 이어가며 애정을 키우던 주인공 남녀가 우여곡절 끝에 가
까스로 직접 만나게 되는 이야기였다. 영화를 본 사람들이라면 기
억할 것이다. 어두운 방에 켜진 모니터 위에 상대방의 메시지가

1 서울 개봉관 관객이 70만
명 정도였는데, 당시로서는
대단히 높은 흥행 기록이었
다. 그해 「편지」라는 영화에
이어 두번째로 흥행한 작품
이다.

언젠가 만날것 같은 사람!

접속

한 줄씩 떠오르는 장면들을. 반짝이는 문자는 말소리보다 더 생생하고 간절하게 주인공들의 가슴에 사무치는 듯 묘사된다. 많은 관객들이 자신의 통신 경험을 반추하면서 영화의 장면들에 빠져들었을 것이다. 당시 이미 '하이텔' '천리안' '나우누리' 등을 통해 피시 통신은 널리 유행하고 있었고,² 각종 동호회가 활발하게 움직였다. 붉은악마도 그런 동호회를 모태로 결성된 조직이다. 피시 통신은 인터넷처럼 영상이 있는 것도 아니었고 방대한 정보가 떠 있는 것도 아니었으며 속도도 아주 느렸다. 그러나 그것은 네티즌 문화의 발상지였음에 틀림없다. 「접속」이라는 영화는 그렇듯 당시에 한창 꽃피워가던 온라인 세계를 배경으로 탄생한 작품이다.

그런데 1997년 말 들이닥친 IMF 구제금융 사태를 계기로 사이버 환경은 비약적으로 도약하였다. 김대중 정부는 경제 위기를 타개하기 위한 돌파구로서 벤처 산업을 대대적으로 육성하였는데, 그 가운데 상당수가 인터넷 관련 기업이었다. 나중에 거품의 후유증을 앓기는 했지만, 당시 코스닥에 상장된 주식의 가격이 하늘 높은 줄 모르고 치솟으면서 한국의 경제는 새로운 성장 동력을 찾는 듯했다. 벤처 기업과 함께 인터넷 산업 발전의 또 다른 축을 이루면서 급속하게 번창한 것이 바로 피시방이다. 당시 많은 기업들

2 1992년 출범한 하이텔의 경우 90년대 후반 회원수가 350만 명을 넘어서기도 했으나 2000년대 들어 인터넷에 밀리기 시작하다가 2007년 서비스가 중단되었다.

이 인원을 감축하면서 실업자가 늘어나게 되었는데 이들 가운데 많은 이들이 피시방을 개업하면서 그 수가 갑자기 늘어났고 이것이 인터넷 문화를 크게 활성화하였다. 벤처 기업과 마찬가지로 피시방의 번창에도 정부의 지원과 유도가 뒷받침되고 있었다.

한국에서 노래방에 이어 '방' 문화의 제2막을 열면서 피시방이 처음 등장한 것은 1994년 무렵이다. 퍼스널 컴퓨터는 서양에서 만들어졌지만 피시방은 한국의 독특한 공간이다. 그래서 영어로도 그냥 'PC Bang'이라고 표기한다. 다른 나라에도 '인터넷 카페'라는 것이 있기는 하다. 그런데 거기에서는 카페 공간이 주를 이루면서 인터넷 접속이 부가 서비스로 제공되는 데 비해, 피시방은 컴퓨터 그 자체가 핵심으로 자리 잡고 있다. 초창기 피시방은 아직 컴퓨터가 널리 보급되지 않은 상황에서 하드웨어 자체로 수익을 올릴 수 있었다. 집에 컴퓨터나 프린터가 없는 대학생들이 리포트 작성을 위해 많이 이용했고, '하늘사랑'이니 '세이클럽' 같은 채팅 사이트에 접속하러 찾아오는 손님들도 적지 않았다. 특히 이성과의 채팅은 미팅보다 더 간편하게, 그리고 닉네임으로 얼굴과 신분을 감추고 부담 없이 상대를 만날 수 있다는 점에서 인기를 끌었다.

그런데 1998년 무렵부터 몇 년 사이에 피시방은 앞에서 언급한 몇몇 요인들이 맞물려 비약적으로 늘어났다. 1999년 전국에 500여 개에 불과하던 피시방은 2년여 만에 2만 5천여 개로 증가하였다.[3] 그 태풍의 눈에는 온라인 게임이 있었다. 아직 가정에 초고속 통신망이 충분히 보급되지 않은 상황에서 인터넷 게임을 즐기려면 피시방을 찾아야 했던 것이다. 때마침 '스타크래프트'라는 멀티플

3 그 뒤 조금씩 줄어들어 2007년 현재 약 2만 개의 피시방이 있는 것으로 추정된다.

4 안희찬, 「온라인게임 10년
사」(2005) 참조.

5 1999년, 소프트웨어 최초
로 스타크래프트가 국내에서
100만 장 판매를 기록했는
데, 그 무렵 전 세계에서 팔
린 스타크래프트 3장 가운데
1장이 한국에서 팔렸다.

6 경제학자 허준석은 온라인
게임과 피시방의 공생관계의
원형을 아케이드 업소에서
찾는다. 기계를 매개로 사람
들이 상호작용하는 최초의
계기를 마련해준 아케이드
업소가 피시방에서 재림했다
는 것이다. 그에 따르면 피
시방은 아케이드 업소의 장
소적 구체성과 지속성, 온라
인 게임이라는 콘텐츠를 통
한 랜파티의 확장성과 규모
를 동시에 체현하고 있다.
그곳은 온라인 게임의 서비
스를 통해 무한히 확장된 멀
티플레이를 구체적으로 실현
시키는 안정된 공간이자, 커
뮤니티 플랫폼을 보다 생생
하게 느끼도록 만드는 강력
한 장치이다(허준석, 『재미
의 비즈니스』, 책세상, 2006,
142~44쪽).

레이형 게임의 열풍이 불었고, 피시방들은 치열한 경쟁 속에 하드웨어를 높은 사양으로 업그레이드하면서 게임 산업 성장의 견인차가 되었다.[4] 그전까지 소프트웨어 불법 복제로 악명이 높았던 한국이 스타크래프트의 충실한 정품 구매자가 된 것도 바로 피시방 때문이었던 것이다.[5] 그리고 『포브스』지의 기사에서 묘사한 것처럼 한국이 인터넷 접속의 천국이 된 데도 피시방의 역할이 컸다고 할 수 있다. 피시방 덕분에 도시 어디에서든 컴퓨터를 쉽게 이용할 수 있다. 고속 통신망을 1시간 동안 사용하는 데 천 원~천 오백 원 정도만 내면 된다. 이렇게 저렴하고 간편하게 온라인에 접속할 수 있는 나라는 세계 어디에도 없다.

피시방은 노래방이나 찜질방과는 달리 내부 시설이 각 컴퓨터를 중심으로 하여 개인별로 구획화되어 있다. 말 그대로 '퍼스널'한 공간으로서 도서실을 닮아 있다. 그러면서도 도서실과 다른 점은 옆 사람들을 별로 배려하지 않는다는 것이다. 소리를 내면서 컵라면을 먹는가 하면 담배를 마구 피워대기도 한다. 그리고 여럿이 몰려와서 함께 게임을 하는 아이들은 자기들의 안방인 양 소리를 질러대거나 한 팀으로 뭉쳐서 게임을 하면서 신호를 주고받거나 다른 친구들의 게임 장면을 보면서 추임새를 넣는다.[6] 화상 채팅에 매달리는 젊은이들이 여럿이 함께 하면서 소란을 피우는 경우도 있다. 그런 풍경을 보면 한국의 피시방은 '퍼스널'한 공간이 아닌 듯하다. 하지만 주변 사람들은 이런 상황에 별로 신경을 쓰지 않는다. 자기만의 사이버 공간에 온전히 몰입하고 있기 때문이다. 저마다 마음의 골방에 갇혀 외부 세계와 절연되어 있다고 할까.

컴퓨터와 고속 인터넷망이 집에 설치되어 있는데도 굳이 피시

서울시 강동구 지역 성인PC방 분포(매경 조사)

● ● 2006년 7월 서울시 강동구 지역 피시방 분포도(매일경제신문 2006년 7월 24일자).

방을 찾는 청소년들이 많다. 위에서 언급한 대로 여럿이 함께 게임이나 채팅을 하기 위해서, 그리고 부모의 감시를 벗어나 마음껏 놀기 위해서이다. 가출한 청소년들은 피시방에서 아르바이트를 하면서 임시로 머물기도 한다. 그곳은 또한 백수들의 안식처이기도 하다. 피시방은 대학까지 졸업해놓고도 취직하지 못해 집에서 눈치를 보아야 하는 바늘방석을 피해 현실을 잠시 잊어버리기에 안성맞춤이다. 그런가 하면 고달픈 노동에 종사하면서 삶의 낙을 찾지 못하는 어른들이 게임에 빠져들면서 위로를 받고, 마땅히 갈 곳이 없는 퇴직자들이 바둑과 고스톱을 즐기는 곳이기도 하다. 만원 정도면 하루 종일 있으면서 게임이든 서핑이든 채팅이든 마음껏 즐길 수 있는 피시방은 그렇게 사람들을 블랙홀처럼 빨아들였다. '디지털 네이티브' 세대로서 신체 운동 대신 'e-sports'에 골몰하는 동안 청소년 비만은 늘어간다. 지하실처럼 어두컴컴한 분위기에서 밤과 낮의 구별을 잊고 며칠 동안 게임에 몰두하다가 사망한 사람도 있다.

피시방은 2001년을 정점으로 감소하기 시작했다. 한편으로 집집마다 고속 통신망이 연결되고, 다른 한편으로 피시방 자체의 공급이 넘쳐나면서 생존경쟁이 치열해졌기 때문이다. 그런 가운데 출현한 것이 대형화된 프랜차이즈 피시방이다. 이들의 공통된 특징은 탁 트이고 밝은 시야, 매우 깔끔하고 우아한 실내 디자인이다. 그리고 스티커 사진기와 플레이스테이션, 잡지, 만화 등을 이용할 수 있는 복합 문화 공간이자 스낵과 커피도 즐기는 카페형 피시방을 지향한다. 이른바 디지털 편의점으로 진화하는 것이다. 더 고급화된 곳에서는 산소 발생기를 설치하거나 아로마 향을 발산시켜 편안한 휴식을 유도하고 커플 전용룸도 제공한다. 담배 연기로 자욱하고 우중충한 피시방과는 확실하게 차별화되는 것이다. 그리고 게임의 종류도 아케이드 게임, 롤 플레잉 게임 등으로 다양하게 확충하는데, 특히 여성들이 선호하는 게임과 커뮤니티를 제공하기도 한다.

다른 한편 그러한 흐름과 대조를 이루는 또 다른 갈래의 피시방이 2005년 무렵부터 번성하였다. 이들은 '성인 전용'이라는 이름 아래 사행성 도박을 일삼는 오락실들이다. 원래 성인들이 음란물을 보는 피시방이 있었지만 은밀하고 국지적인 편이었다. 그에 비해 도박 게임을 하는 성인오락실의 경우 도시와 농촌을 가리지 않고 순식간에 번창해 방방곡곡에 버젓이 간판을 내걸었다. 그 이름도 유명한 '바다 이야기'를 위시해 '오션 파라다이스' '황금성' 등이 바로 이러한 성인 오락실이다. "보물성을 찾아 떠나는 백만장

자의 꿈" 어느 성인 오락실 간판에 붙어 있던 문구이다. 생존의 막바지에 몰려 더 이상 잃을 것이 없으니 인생역전의 요행에나 희망을 걸어볼까 하는 충동을 업자들은 집요하게 파고들었다. 실제로 가난한 동네에 이러한 오락실이 유난히 많이 들어섰는데, 많은 서민들이 엄청난 빚을 얻어가면서 거기에 빠져들었다. 심지어 정부로부터 지급받은 생활 보조금을 고스란히 도박장에서 날려버린 경우도 적지 않다. '돈독'의 바이러스가 삽시간에 전국을 집어삼키도록 권력자들과 관할 당국이 사태를 방조한 것은 거국적인 스캔들로 역사에 기록될 것이다.

초고속으로 내달려온 정보화의 절정에서 파산 선고를 받은 성인 문화는 재생 가능한가. 게임은 놀이 정신을 회복할 수 있을까. 패자부활전의 기회가 너무 비좁은 한국사회, 인터넷 게임처럼 인생을 리셋Reset하고 싶은 이들이 오늘도 피시방에 모여들어 가냘픈 호흡을 이어가고 있다. 전 지구로 무한하게 열려 있는 사이버 공간이 정반대로 고립과 퇴행의 음습한 지대를 낳은 것은 아이러니이다. 그 그늘에 서식하는 폐인(閉人)들이 다시금 사회로 로그인할 수 있는 출구는 어디에 있는가. 기나긴 채팅이 멋진 만남으로 이어지는 영화 「접속」처럼, 외로운 마음들은 서로에게 편안하게 접속하고 싶다. 분주하게 주고받는 통신들이 뜻 깊은 스토리와 인연을 빚어낼 수 있다면, 가상현실이 또다른 삶을 상상하는 놀이공간이 될 수 있다면, 온라인은 매력적인 문화 발전소로 자리매김 될 것이다. 컴퓨터를 켰을 때 첫 화면에서 뜨는 '새로운 시작'이라는 글귀가 오늘따라 새삼 반짝인다. 산뜻한 화두가 되어 일상을 격려한다.

❶ 피시방 주인이 업소를 잘 운영하기 위해서는 어떤 능력이 필요할까? 우선순위로 5
가지만 꼽아보자. 그리고 그 가운데 고객들과의 상호작용은 얼마만큼 중요하며, 주
로 어떤 소통이 이루어지는가?

❷ 당신이 생각하는 게임 중독의 기준은 무엇인가? 게임이 삶을 파괴하지 않도록 하기
위해 어떤 생활환경이 조성되어야 할까? 심각한 중독에 빠진 청소년들을 위해 여러
사회단체가 제공하는 다양한 프로그램들을 알아보고 그 효과를 따져보자.

❸ 성인오락실이 번창했을 때 그 주변 식당들의 손님이 줄었다고 한다. 그 이유는 무엇
이었을까?

❹ 피시방이 결핵 전염의 온상이 되고 있다는 견해가 나오고 있다. 아래 글은 어느 인
터넷 게시판에 올라온 글이다. 이에 대한 논평을 써보자.

> 담배 연기 자욱하고, 환기 안 시키고, 습하고 어두컴컴한 피시방을 개선해야 한다. 게임
> 만 하다가 죽어나가는 사람이 한두 사람이 아니다. 무리해서 게임을 하는 경우도 있지만
> 잘 살펴보면 그건 바로 환경 때문이다. 잘 먹지도 않고 그렇게 습하고 담배 연기 자욱한
> 곳에서 며칠 동안 게임을 하면 폐가 남아나겠는가? 국민 가운데 어른들의 상당수가 결핵
> 균을 보유하고 있다고 한다. 몸의 면역체계가 무너지면 결핵균은 활동을 하는 것이다. 면
> 역체계를 무너트리기에 딱 좋은 곳이 피시방이다.

과·학·과·마·술·의·경·계·를·따·라

영화의 마술사 월트 디즈니는 훌륭한 감성과 경험을 테마 파크를 만드는 데 유감없이 발휘하였다. '메인스트리트 USA'는 그가 소년시절을 보냈던 미주리 주 마셀린을 모델로 하였다고 하고 있지만 풍경의 이미지는 미국의 어떤 도시에도 있는 공통된 것으로 많은 손님에게 향수를 느끼게 하는 디자인이다. 왠지 모르게 안심시켜서 별천지로 끌어들이는 정말로 훌륭한 연출이다. [……] 바야흐로 '꿈의 세계' '지상에서 가장 행복한 장소'의 공간 디자인으로서 멋진 경관의 세계를 연출한 세계 최초의 것이다. 영화는 2차원의 세계이나 테마 파크는 3차원을 표현하여 실제 체험할 수 있는 세계이다. 테마 파크는 영화의 기법을 100% 활용한 월트 디즈니에 의한 새로운 세계의 창조이고 동시에 새로운 문화의 창조이기도 하였다.

──이토 마사미, 「테마 파크의 비밀」 중에서

'세모시 옥색 치마 금박 물린 저 댕기가/창공을 차고 나가 구름 속에 나부낀다/제비도 놀란 양 나래 쉬고 보더라/한 번 구르니 나무 끝에 아련하고/두 번을 거듭 차니 사바가 발아래라/마음의 일만 근심은 바람이 실어가네.' 가곡 「그네」의 가사이다. 기성세대는 이 노래에서 어린 시절 긴 그네를 굴렀던 기억이 떠오를 것이다. 그런데 요즘은 어른이든 아이든 그네를 거의 타지 않는다. 동

네 놀이터의 그네는 꼬마들에게조차 별 인기가 없다. 왜 그렇게 되었을까?

그네의 재미는 짜릿함이다. 대기와 몸이 세차게 스치면서 느껴지는 전율이다. 그런데 그 느낌을 몇 배로 제공하는 놀이기구들이 유원지에 계속 등장한다. 이제 힘들이지 않아도 그네보다 훨씬 신나는 체험을 할 수 있다. 어느 놀이공원의 광고 문구를 보자. '업그레이드된 스릴과 짜릿함을 안겨드립니다. 40여 명이 둘러앉은 거대한 회전기구가 시계추처럼 움직여 회오리바람에 날려가는 듯한 새로운 공포를 느낄 수 있습니다(자이로스윙)' '하늘과 닿을 듯한 곳에서 시작하는 순간 낙하의 아찔함. 숨이 멎을 것 같은 낙하 순간을 즐기세요. 2초 동안 숨 막히는 공포의 무중력을 체험하게 됩니다(자이로드롭).'

이러한 체험의 강도는 점점 세지고 있다. 최근 미국에서는 270m 높이의 '회전 그네'가 등장했다. 라스베이거스 스트라토스피어 호텔 타워의 19층 꼭대기에 설치된 '인세니티Insanity'라는 이 기구는 한번에 10명을 태우는데 타워의 벽면과 20m 이상 거리를 두고 시속 70km의 속도로 회전한다. 이름 그대로 '미친 짓'이라고 해야겠다. 하지만 그런 광기는 놀이 충동의 중요한 본질을 이룬다. 로제 카이와Roger Caillois는 『놀이와 인간*Les jeux et les hommes*』이라는 책에서 'illinx'라는 개념으로 그 정체를 파헤치고 있다. 이를 한국어판에서는 '현기증'으로 옮기고 있지만, 맥락에 따라서는 '아찔함'이 더 적절한 번역어가 될 수도 있는 개념이다. 인간은 어릴 때부터 아찔한 모험을 즐긴다. 어른들은 가끔 갓난아기를 공중에 살짝 던졌다가 받아주곤 하는데, 이때 아이는 깔깔대고 웃으며 좋아한다. 강아지를 그렇게 해보라. 만일 꼬리를 흔들면서 좋아한다면? 그 개는 분명 정상이 아니다.

근대에 들어와 각종 기술이 발전하면서 놀이 문화도 달라지기 시작했다. 19세기 말 구미에서 탄생한 각종 유원지는 그 첫 결실이었다. 당시 인기를 끌었던 것은 탑, 관람차, 기구(氣球), 수족관 등이었다. 높은 곳에서, 또는 물속에서 조망하는 파노라마는 매우 경이로운 것이었다. 지금도 거대한 관람차는 유원지의 대표적인 풍경이다. 그러나 교통수단과 미디어가 발달하고 대중화하면서 그러한 체험의 신선함은 줄어들게 되었다. 그에 따라 더욱 짜릿한 자극과 흥분을 제공하는 놀이기구들이 계속 출현하면서 청룡열차에서 롤러코스터로, 자이로드롭, 번지 점프로 진화했다. 그 핵심 요소는 '속도'와 '회전'의 스릴이다. 나선형으로 꼬이면서 질주하는 열차, 예고 없이 급강하하는 의자에서 사람들은 잠시 넋을 잃는다. 급기야 그러한 중력과 가속에 의해 느껴지는 감각은 물속에서도 체험할 수 있게 되었다. 피서객들을 겨냥한 워터 파크에는 예전에 생각할 수 없었던 기구들이 손님들을 맞이한다. 인공 파도, 폭포처럼 급낙하하는 물줄기(레인 트리), 서핑, 워터 봅슬레이, 급류타기(워터 슬라이드, 튜브 라이드, 토렌트 리버, 익스트림 리버), 양동이로 쏟아지는 물벼락(워터 버킷), 물 마사지 시설(바데풀)······.

그런데 유원지가 제공하는 또 하나의 즐거움이 있다. 바로 '환상'이다. 이 역시 로제 카이와가 'mimicry(모의: 模擬)'라는 개념으로 통찰한 놀이의 핵심 요소에 해당한다.[1] 50년 전 출현한 디즈니랜드는 월트 디즈니가 창출해온 만화 세계의 환상을 오프라인에서 다채롭게 구현하였다. 그리고 지금 모든 유원지는 그 패러다임을 충실하게 따르고 있다. 모험, 미래, 꿈, 판타지, 프런티어 등의 영역 구분이 그러하고, 그 안에 성(城), 밀림, 무인도, 활엽수, 난파선, 동물, 해골, 악당, 유령, 마법사, 요정, 카우보이, 오즈, 피터팬, 백설공주, 피노키오 등이 등장하는 것도 그러하다. 아이맥스나 3차원 입체 특수 영상, 화면을 따라 진동하는 의자 등의 장치가 환상의 현실감을 더해준다.

특수한 장치가 마련된 실내 공간에서만이 아니다. 야외 거리에는 피에로, 마술 쇼, 삼바 춤이나 인형들의 퍼레이드가 펼쳐지고, 야간에 불꽃놀이와 레이저 쇼가 이어지면서 환상적인 분위기는 계속된다. 놀이공원 근처에 도달했을 때 대개 가장 먼저 눈에 들어오는 것은 동화나 만화에서 보던 원색의 뾰족 지붕들이다. 그 광경에 아이들은 물론 어른들도 가슴 설렌다. 관람객들은 문을 통과하면서 모두 어린아이가 되고, 동화의 세계 속에 빨려 들어간다. 미국 디즈니랜드의 여자 화장실에는 거울이 없다는데, 이는 자기의 얼굴을 보고 현실로 돌아와버리지 않도록 하는 배려라고 한다.

이렇듯 환상이 고부가가치 상품으로 부상하면서 그것을 전문적

[1] 다른 두 가지 요소는 argon(경쟁), alea(운수)이다. argon은 스포츠나 바둑 같은 것으로 규칙도 있고 의지가 반영되는 영역이다. mimicry는 소꿉장난이나 연극으로 규칙은 없지만 의지를 반영한다. alea는 주사위나 복권 같은 것으로 규칙은 있지만 의지가 반영되지 않는다. 마지막으로 앞서 언급한 illinx는 번지 점프 같은 것으로 규칙도 없고 의지도 반영되지 않는 영역이다.

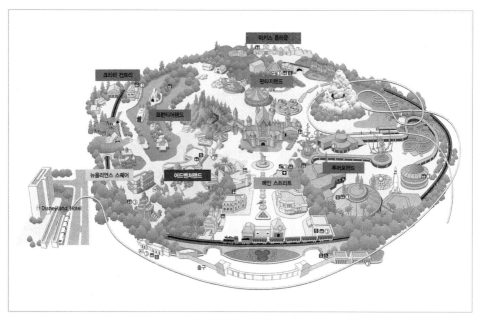

으로 연출하는 '이매지니어imgineer'라는 직업이 생겨난다. 이 말은, 'image'와 'engineer'를 합성한 신조어이다. 그 뜻을 풀이 하자면 공학을 이용해 이미지를 만드는 사람이라고 할 수 있다. 날로 혁신되는 각 분야의 테크놀로지를 끌어들이고 결합시켜서 새 로운 세계를 연출하거나 진기한 공간-신체 감각을 체험하게 하는 것이 그들의 임무다. 사실 컴퓨터 그래픽 기술이 발전하면서 예전 에는 막연한 공상으로 그치던 것을 매우 구체적으로 가시화할 수 있게 되었다. 또한 유희에 대한 획기적인 상상이 기술적인 가능성 을 전혀 새로운 방향으로 확대하기도 한다. 인류의 오랜 역사 속 에서 기술과 예술이 원래 한 뿌리였음을 상기할 때, 이러한 상승 효과는 자연스러운 것이라고 할 수 있다. 21세기의 첨단을 개척하는 '창조적 계급'은 문명의 거대한 유산을 자유자재로 편집하면서 사람들을 미지의 세계로 안내한다.

거대한 테마 파크들의 구조에는 공통점이 하나 있다. 바로 출입구가 하나뿐이라는 것이다. 이것은 애당초 월트 디즈니가 당시 유원지업자들의 반대를 무릅쓰고 구현해낸 디자인으로서 이후 모든 유원지의 모델이 되었다. 그 의도는? 모든 손님들이 동일한 문으로 들어왔다가 나감으로써 디즈니 왕국에서의 하루를 완결했다는 느낌을 주기 위함이었다. 또한 이 왕국에 한 번 들어오면 바깥 세계가 보이지 않는다. 이 차단된 영토 안의 모든 자연은 인공으로 조성되어 있다. 그러니까 이곳은 만화적 공상의 원체험을 완벽하게 재현하는 자기 완결적 무대장치이다. 거기에서 그 입구는 영화의 도입부라고 할 수 있고, 들어가자마자 마주치는 거대한 미키마우스는 영화 시작 전에 뜨는 영화사 마크와 같은 것이다.

놀이공원에서 사람들은 마음이 바쁘다. 특히, 자유이용권을 구입한 경우 본전을 뽑아야 한다는 생각에 하나라도 더 타기 위해 분주한 것이다. 회전목마에 앉아 있지만 다음번 코스를 생각하느라 승마를 즐기지 못한다. 상황을 면밀하게 파악하여 민첩하게 움직이지 않으면 기다리는 데만 긴 시간을 낭비하기 십상이기 때문이다. 실제로 성수기나 주말에는 인기 있는 코너에 손님들이 장사진을 이루고 있다. 그들은 순서가 되면 차례대로 놀이기구에 오르거나 특수 관람실에 들어간다. 그리고 일정한 시간이 지나면 출구로 쏟아져 나온다. 그 시간은 대량생산 시스템의 벨트컨베이어나 톱니바퀴만큼 정확하다. 사람이 노는 것인지 아니면 기계에 의해서 놀아지는 것인지. 우리는 놀이에 관한 한 아직 「모던 타임즈」[2]

2 찰리 채플린이 주연한 영화로서 기계화된 노동을 탁월하게 묘사하고 있다.

를 벗어나지 못한 것이 아닌가.

그런데 이제 그렇게 거대한 시설물에 의존하지 않고서도 도심 한복판 쇼핑몰 같은 곳에서 비슷한 환상 체험을 할 수 있는 날이 멀지 않은 듯하다. 서울대 기계항공공학부 김종원 교수 연구팀은 2006년 매우 성능이 뛰어난 '모션 시뮬레이터(Motion Simulator)'를 개발했다. 인간의 감각기관을 속여 가상현실을 체험하게 해주는 그 장치는 100여 년의 역사를 가지고 있지만, 지금까지 나온 것들은 직선 운동은 완벽하지만 회전 운동은 불완전했다고 한다. 그에 비해 그 연구팀이 개발한 '이클립스(Eclips)-II'라는 장치는 상하·좌우·전후 직선 운동 3가지에 회전 운동 3가지를 결합하여 실제로 놀이기구를 탔을 때 느끼는 다양한 움직임을 똑같이 구현한다는 것이다. [3] 첨단의 과학은 날로 새로운 기법으로 우리의 심신을 헹가래 친다. 형형색색 판타지에 몸과 마음을 맡기고 만끽하는 별천지의 시공간, 그 유희는 마술과 과학의 경계를 따라 행진하는 동심의 순례다. 디즈니랜드의 신화를 이어가는 갖가지 놀이공원과 테크놀로지들은 내일 우리에게 또 어떤 꿈을 선사해줄까.

3 「짜릿짜릿 이 기분 안 타고
도 느낀다」, 조선일보, 2006년
7월 26일자.

❶ '유니버설 스튜디오'라는 곳에 가보면 할리우드에서 크게 히트한 영화들을 소재로 여러 가지 구경거리와 체험 코스를 마련해놓았다. 그렇다면 한류의 한 가지 물줄기 인 한국 영화를 소재로 테마 파크를 만들 수 있을까? 또한 거기에서 전통을 활용할 수 있는 가능성은 어떤 것이 있을까? 예를 들어 영화 「왕의 남자」를 계기로 민속극, 마당놀이, 줄타기 등에 관심이 높아지면서 이와 관련된 공연장을 찾는 젊은이들이 늘어났다. 전통 문화나 놀이를 활용한 캐릭터나 놀이기구를 제작하여 테마 파크로 만드는 방안에 대해 구상해보자.

❷ 한국에서 뛰어난 이매지니어imagineer가 배출될 수 있을까? 그럴 가능성이 있다면 그 근거는 무엇인가? 반대로 그에 대해 회의적이라면 어떤 이유에서인가? 그리고 그 제약 조건들을 개선하는 방안으로는 어떤 것들이 있을 수 있을까?

❸ 놀이공원에서는 이따금 안전사고가 발생한다. 다음의 세 가지 문제에 대해 알아보자.
(1) 안전사고에는 어떤 유형들이 있고, 그 원인은 무엇인가?
(2) 업주와 소비자의 책임 범위는 어떻게 정해져 있는가?
(3) 소비자들이 억울하게 피해를 보지 않기 위해서는 무엇을 알고 있어야 하는가?

❹ 건설교통부와 몇몇 지자체는 디즈니랜드 또는 그 정도 규모의 세계적인 테마 파크를 건설하겠다는 발표를 내놓은 바 있다. 이 사업 계획의 타당성은 얼마나 있다고 보는 가? 그런 시설이 흑자 운영을 하기 위해서는 어떤 조건이 갖춰져야 할까? 참고로 일본에는 도쿄의 디즈니랜드, 오사카의 유니버설 스튜디오, 나가사키의 하우스텐보 스가 있는데, 하우스텐보스는 2003년에 부도가 나기도 했다. 그리고 홍콩에 디즈니 랜드가 세워졌고, 상하이와 베이징에도 대규모 테마 파크가 들어선다. 이런 상황에 서 한국에 그와 비슷한 유원지가 들어선다면 외국인 관광객을 끌어들이기는 어려울 뿐 아니라, 한국인 관람객이 이웃 나라 테마 파크로 가지 않도록 붙드는 경쟁을 해 야 한다.

그래서 사람들은, 정치보다는 야구를 사랑한다. 60년 동안 정치를 지켜봐온 늙은이
도, 바로 어젯밤부터 정치를 알게 된 중학생도 마찬가지가 아닐 수 없다. 예컨대 원칙
과 룰이 있는 쪽을 더 선호하는 것이다. 그것은 당연하고, 아름다운 일이다. 세상에는
별처럼 무수한 야구 팀들이 원칙과 룰을 지키며 존재하고 있고, 우리는 그 반짝임 속
에서 결국 자신의 별을 발견하고, 응원하게 된다. 즉, 저 별은 나의 별이다.

　　　　　　　　　　　—— 박민규, 『삼미슈퍼스타즈의 마지막 팬클럽』 중에서

　우리의 생활 속에서 스포츠의 자리는 각별하다. 스포츠 신문들
은 선정적인 머릿기사와 사진으로 눈길을 끌고, 텔레비전의 스포
츠 뉴스는 현란한 명장면들을 쏟아낸다. 큰 시합이 벌어진 다음
날 사람들은 그 경기의 내용과 선수들에 대한 평가로 이야기꽃을
피운다. 스포츠가 우리를 매료시키는 것은 그 대결이 정해진 규칙
을 따라 이루어지고, 과정과 결과가 비교적 투명하기 때문일 것이
다. 사람들은 현실 세계에서 찾기 어려운 순수함과 공정함을 스포
츠에서 만나고 싶은 것이다. 위에 인용한 글에 그 갈망이 잘 묘사
되어 있다. 소설에서 주인공은 한국의 프로야구가 출범했던 1982
년부터 3년 6개월 동안 삼미 슈퍼스타즈 팀에 바쳤던 자신의 순정

● ● 터키의 페르게에 있는 그리스 로마 시대의 원형경기장 유적. 그 바깥으로 가게들이 들어서 있었던 공간이 그대로 남아 있다. 현대의 스타디움에 들어서 있는 쇼핑몰들을 연상케 한다.

을 애틋하게 회상하고 있다.

스포츠의 진수를 맛보려면 역시 경기장에 가보아야 한다. 스타디움은 현대인들에게 일상의 시공간에서 벗어난 또 하나의 멋진 세계를 선사한다. 수많은 관중들의 흥분과 긴장된 시선 속에서 벌어지는 힘겨루기, 그 스릴과 박진감을 생생하게 느낄 수 있기에 사람들은 경기장을 찾는다. 살아 있는 영웅들이 연출하는 짜릿한 드라마, 예상을 뒤엎는 통쾌한 반전, 인간의 한계를 돌파하는 신들린 몸짓 등은 신화가 되어 길이 전승된다. '그림 같은 슛' '창조적 게임 감각' '아트 사커' 등과 같은 표현처럼, 플레이의 절묘함은 예술의 경지에 버금간다. 팬들은 그 탁월한 스펙터클에 감동하면서 자신이 응원하는 팀과 일체가 되고, 이를 공유하면서 느끼는 감정은 자기 초월과 집단 숭배로 장엄하게 고양된다. 스타디움은 그러한 대중심리를 끓여내는 도가니이다.

지난 20년 동안 한국에는 많은 스타디움이 세워졌다. 1986년 아시안 게임과 1988년 올림픽을 즈음하여 탄생한 잠실종합운동장은 번영한 코리아를 만방에 알린 발신 기지였다. 2002년 월드컵 대회를 위해서는 무려 10개 도시에 스타디움이 신축되었는데, 그 각각에는 도시마다의 특색이 가미되었다. '방패연과 황포돛배 등의 전통미를 구현(서울)' '항구도시답게 배의 돛과 마스트(MAST)를 승화(인천)' '세계로 비상하는 날개와 호(戶)를 표현(전주)' '분화구와 오름을 형상화(서귀포)'······ 말하자면 스타디움이 하나의 작품으로 여겨진 것이다. 그렇듯 스타디움은 단순한 물리적 시설이 아니라 상징적 기호로도 기능한다. 2006년 월드컵 개최지 독일도 뮌헨 슈타디온 경기장에 4천 2백억 원을 투자하면서 '마술적인 아우라'가 느껴지는 웅장한 디자인을 구현하였다. 향후 세계 축구의 새로운 신전이 되겠다는 야심이 거기에 깔려 있었다.

그런데 스타디움은 건설비뿐 아니라 보수 및 유지비도 엄청나게 들어가는 시설이다. 2002년 월드컵 대회 개최의 부담이 가중되고 있는 것도 그 때문이다. 대회를 유치하기 위해 한국은 10개의 스타디움을 신축하였다(FIFA가 요구하는 경기장의 수는 8~12개인데, 2002년에는 한국과 일본이 공동으로 개최했기 때문에 그 절반이면 충분했다). 이것은 월드컵의 역사에서 유례가 없는 일이다. 참고로 1998년 개최국 프랑스는 1개 경기장만을 신축하고 나머지 9개는 증축하였고 2002년 공동 개최국 일본은 7개를 신축하고 3개를 증축하였다. 한국이 신축한 10개 가운데 축구 전용 구장은 7개, 종합 경기장이 3개이다. 일본의 경우 신축 및 증축한 10개 가운데 종합 경기장이 8개이고 축구 전용 구장이 2개이다. 그리고 10개의 경기장 가운데 프랑스와 일본은 6만 석 이상의 경기장이 각각 2개인 반면, 한국은 절반 정도가 5~6만 석 규모였다. 용도나 규모 면에서 투자에 비해 활용도가 떨어지는 건설이었음이 분명하다.[1] 10개 경기장 건설비가 총 1조 원 정도(부지 매입 비용을 포함하면 약 2조 원)에, 2003년 한 해에 든 경기장 관리 및 운영비가 총 253억 원인 반면 수입은 130억 원에 못 미치는 실정이다. 그 부담은 고스란히 각 지방자치단체들이 안고 있다.[2] 계획 당시에 이미 명백한 과잉투자로 판명되었는데도 무리하게 밀어붙인 대형 공사의 후유증은 앞으로 각 지방자치단체의 재정을 계속 압박할 것이다.

그렇다면 다른 나라들의 사정은 어떤가. 1998년 월드컵을 개최

[1] 북한 대표팀 출신으로 K리그에서 뛰고 있는 안영학 선수가 스타디움의 규모에 대해 지적한 것은 정곡을 찌른다. 월드컵과 국가대표 팀에는 열광하면서 K-리그는 외면하는 국내 축구문화에 대해 어떻게 생각하는지에 대한 질문에 그는 이렇게 답을 하였다. "많은 이유가 있겠지만 경기장이 너무 큰 것도 문제입니다. 사람들은 꽉 찬 경기장에서 함성을 지르면서 보는 걸 좋아합니다. 5~6만 명을 수용하는 관중석에는 1만 명이 와도 썰렁한 느낌이 듭니다. 좀 아담한 구장이 있으면 좋겠습니다"(중앙일보 2006년 8월 10일자).

[2] 신재휴, 박영옥, 『지역발전과 스포츠 비즈니스』, 국민체육진흥공단, 2003, 102쪽.

했던 프랑스의 경우 월드컵 주 경기장인 생 드니 경기장을 세울 때 세 회사가 컨소시엄을 구성하여 참여하면서 공사비의 30%만 부담하고 나머지는 국고 보조를 받았다. 이 회사들은 대회 이후의 수익을 확보하기 위해 국가와 계약 과정에서 유럽컵 프로 축구 대회 8강전 이상 10게임 유치, 성악가 파바로티와 같은 대형 스타들이 참여하는 빅 이벤트를 연간 일정 횟수 유치, 국내 프로 축구 대회 4강전 이상 일정 횟수 유치 등과 같은 여러 가지 조건을 제시하였다. 일본의 경우에도 각 지방자치단체가 유치 경쟁 단계에서부터 충분히 검토하였고, J리그 프로 축구 팀이 없는 곳은 월드컵 대회 후 아예 시민들의 문화예술 공간으로 활용한다는 계획을 세우고 건설을 추진했다.[3] 한국에서도 그러한 사례들을 참고하면서

3 앞의 책, 103~4쪽.

스타디움을 복합 문화 공간 및 상업 시설로 활용하여 수익을 극대화하기 위해 몸부림치고 있지만 너무 외딴곳에 위치해 있거나 도시의 규모가 너무 작은 것 등 입지 조건 때문에 근원적인 한계에 봉착하는 경우가 많다.

그런 가운데 가장 모범적으로 흑자 운영을 하고 있는 곳은 서울의 상암 경기장이다. 우선 서울시와 축구협회 그리고 시민들의 지원으로 프로축구단을 창립해 연고 구장으로 활용하면서 입장료와 임대료로 수입을 올리고 있으며 세계적인 수준의 대형 뮤지컬을 유치하여 상연한 바도 있다. 그리고 스타디움 주변에 만남과 축제의 광장, 생태 공원 등을 조성함으로써 사람들의 발길을 끌고 있다. 특히 난지도 쓰레기 매립지를 친환경 공간으로 재생하면서 시민들을 위한 녹지를 확보한 것이 좋은 반응을 불러일으키고 있다. 반면 그동안 운영을 해오면서 주민들의 생활에 폐를 끼친 일도 있었다. 대형 음악 공연을 치르면서 한 달 동안 소음을 너무 심하게 발생시켜 마포구청은 인근 주민들의 원성과 민원에 시달려야 했다. 그러므로 수익성과 공익성을 조화시키는 것이 스타디움 운영에서도 어렵고도 중요한 과제로 대두된다.

스타디움은 의외의 상황에서 공익성을 담보한다. 그 거대한 공터는 유사시에 긴요하게 사용된다. 1995년 일본에서 한신대지진이 일어났을 때 고베의 스타디움은 피난소가 되었고 재건에 필요한 건축 자재들을 쌓아두는 장소로 활용되었다. 그리고 2005년 미국에 허리케인 카트리나가 몰아닥쳐 재해가 일어났을 때 이재민들은 수퍼 돔으로 대피하였다. 도시 안에 수만 명의 사람들을 한꺼번에 수용할 수 있는 단일 공간으로서 스타디움만 한 곳은 없다.

4 '한신(阪神)'이란 오사카(大阪)와 고베(神戸) 지방을 함께 지칭하는 약자이다.

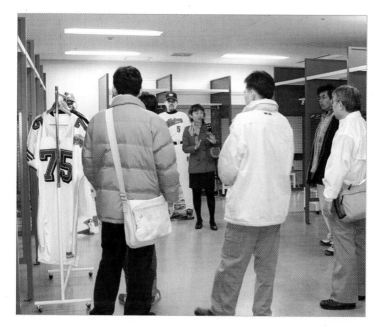

그러나 스타디움의 핵심은 역시 스포츠이다. 시민들이 그 시설을 매개로 해서 스포츠의 즐거움을 만끽할 수 있어야 한다. 스타디움을 시민의 공간으로 탈바꿈시키는 디자인도 중요하고 팬들이 스포츠를 더욱 가깝게 느낄 수 있는 인터페이스를 다양하게 개발하는 창의성이 요구된다. 한국에는 스타디움 견학 프로그램이 아직 부족한 실정이지만 외국의 유명한 스타디움에 가보면 방문객들이 경기장만 둘러보는 시스템이 잘 갖춰져 있고 이를 전문적으로 안내하는 요원도 상주하고 있다. 단순히 눈으로 구경하는 것뿐만 아니라 선수들의 라커 룸에 들어가보거나 더그아웃에 앉아본다든지, 투구 스피드 측정이나 미니 게임 등을 해보는 체험 코스를 갖춘 사례 등은 참고할 만하다. 몇 해 전 필자는 일본 오사카 돔구장의 불펜에서 볼을 던지면서 잠시 투수의 심정이 되어본 적이 있는데, 스타디움과 시민이 이렇게도 만날 수 있구나 하고 감흥을 받았다.

스타디움은 숱한 감동의 기억들을 보관하는 하드웨어이다. 그 공간은 도시민의 여가 문화를 빚는 소프트웨어의 매체가 될 수 있다. 지금까지 애국심의 응집 장치 또는 기업의 홍보 수단 쪽에 많이 치우쳐 있었던 스포츠를 지역 생활 쪽으로 밀착시켜가는 과정에서 스타디움은 거점 기능을 하게 될 것이다. 어릴 때 스포츠를 놀이로 즐기다가 소질이 발견되면 서서히 프로로 옮아가는 시스템, 시민과 구단이 명실상부하게 한 몸을 이루는 유럽의 클럽 제도는 좋은 모델이 된다. 이영표·박지성 선수를 통해 우리에게 암스테르담보다 더 친숙해진 아인트호벤의 경우도 그런 사례 가운데 하나이다.[5] 인구 20만 명의 소도시이지만 스타디움과 축구 팀으로 도시를 세계에 알리면서 지역의 정체성을 만들어가는 이면에는 축구를 자기 삶의 일부로 깊숙하게 정착시켜온 문화가 숨어 있다. 월드컵 개최가 당시의 짜릿한 감동을 넘어서 역사적인 의미를 갖기 위해서는 축구가 생활의 즐거움으로 녹아들어가는 경로를 마련해야 하지 않을까. 조기축구회에 가입한 청소년들이 동네 아저씨들과 섞여 잔디구장에서 경기를 벌일 수 있다면, 모처럼 확보된 스타디움들은 2002년 거리 응원의 감동 이상의 추억과 전설을 자아내는 '꿈의 구장'[6]이 될 것이다.

5 축구 선수 박지성은 유럽에서 목격하고 생각한 것을 다음과 같이 적고 있다. "유럽 클럽에서 직접 생활하면서 느낀 것은 그들이 유소년 클럽 시스템에 얼마나 많은 공을 들이고 있는가 하는 것이다. 유럽의 클럽들은 유소년 클럽을 미래에 대한 투자로 여기고 아낌없이 투자한다. (……) 어린 나이에 오로지 대회에 나가 좋은 성적을 거두기 위한 훈련과 경기만 한다면 축구를 즐기며 기량을 향상시킬 수 있는 기회를 잃게 된다. 축구를 즐긴다는 것, 자신이 하고 있는 일이 즐겁다는 것을 어린 나이에 깨닫는 것은 매우 중요한 듯하다"(『멈추지 않는 도전』, 랜덤하우스코리아, 2006).

6 1991년에 제작된 케빈 코스트너 주연의 영화 제목(원제는 「Field Of Dreams」). 옥수수밭을 가꾸며 살아가던 주인공이 어느 날 계시의 목소리를 듣고 자신의 밭에 야구장을 만들게 되고, 그 과정에서 전설적인 야구선수들을 상봉하게 된다는 줄거리이다.

❶ 2002년 월드컵 대회에서 한국 대표 팀은 한국인뿐만 아니라 외국의 축구 팬들도 잊을 수 없는 드라마들을 많이 연출하였다. 스타디움은 그 기억을 생생하게 간직해주는 장소이다. 이를 관광 자원으로 살려내는 방안은 없을까? 8강전과 4강전이 열린 대전과 광주구장을 예로 들어 스타디움을 찾아오는 방문객들이 그 감동을 다시금 맛볼 수 있는 장치나 프로그램을 구상해보자.

❷ 언제나 관중석이 꽉 채워진 유럽의 스타디움은 그들의 축구 사랑을 잘 보여준다. 탄탄하고 두터운 서포터들의 존재가 각 팀들을 지탱하는 기반이다. 한국에서도 각 구단별로 팬들과의 유대를 강화하기 위해 고심하고 있는데, 이를 위해 홈그라운드의 스타디움은 어떤 지렛대 역할을 할 수 있을까? 스타디움의 어떤 공간을 어떻게 활용하면 구단과 서포터 간의 커뮤니케이션이 더욱 촉진될 수 있을까?

❸ 월드컵 대회를 주관하는 국제축구연맹(FIFA)은 개최국의 선정 및 대회 준비 과정에서 스타디움을 매우 면밀하게 점검한다. 그 평가 항목에는 어떤 내용들이 들어가 있을까? 특히 텔레비전 중계가 중요해지면서 스타디움의 공간 설계에는 어떤 점들이 요구될까?

제3부 유통과 서비스

편의점 · 식당 · 커피숍 · 백화점 · 시장

욕·망·을·검·색·하·는·도·시·의·야·경·꾼

지금도 한국 곳곳엔 도시의 성좌처럼 편의점이 총총 들어서고 있다. 그것은 고대의 별자리가 그랬듯 현대 인간에게 어떤 위치와 방향을 가리켜주고 있는 듯하다. 그 성좌 아래서 나는 꾸준히 요구르트를 사고, 쓰레기봉투를 사고, 생리대를 산다. 그것이 주는 대수로운 영향들이나 별자리의 운세가 어떤 것일지는 모르겠지만, 당분간 나는 그 쾌적함과 편리함을 좋아할 듯하다. 그리고 그렇게 계속 땅 위에 내려앉은 빛 주위를 기웃거리다 보면, 어느 날 문득 아이스크림이 든 봉지를 들고 멍하니 서서 '무섭다'고 느껴지는 날이 올 것도 같다.

─ 김애란, 「편의점, 도시의 성좌」(『보그 Vogue』 2006년 5월호) 중에서

'구멍가게'라는 것이 있었다. 예전에 동네 어귀마다 들어서 있던 그 가게는 기성세대에게 매우 친숙한 풍경이다. 그 공간은 단순히 물건을 사고파는 장소가 아니라 사람들 사이에 사귐이 이루어지고 이런저런 소식이나 소문들이 모여들고 퍼져나가는 '허브'였다. 그런데 언제부터인가 구멍가게가 자취를 감추기 시작했다. 슈퍼마켓이 그 자리에 들어서 규모와 가격으로 세를 확장했고, 그 슈퍼마켓마저 얼마 전부터는 대형 할인 마트에 밀려나고 있다. 슈퍼마켓은 더 이상 '슈퍼'하지 않다. 하기야 아예 '미니 슈퍼'라는

기묘한 합성어가 일찌감치 등장하지 않았던가.

구멍가게와 슈퍼마켓이 대형 할인 마트에 위협당하는 가운데 동네마다 속속 들어선 소형 매장이 있으니 바로 24시간 편의점 convenience store이다. 70년 전 미국에서 생겨나 1989년 한국에 첫 선을 보인 편의점은 그동안 그 규모가 급속하게 신장하여 2006년 전국의 편의점 수는 1만 개를 돌파하였고 2007년에는 1만 4천 개가 될 것으로 예상된다. 그리고 전체 매출액은 4조 6천억 원으로 매년 10% 이상씩 늘어났다. 이렇듯 놀라운 성장의 비결은 무엇인가?

그 경쟁력은 우선 '24시간'이라는 영업 시간에서 비롯된다. 매출이 가장 높은 시간대가 밤 8시에서 자정까지라는 통계에서 알 수 있듯이 편의점의 성장은 도시인들의 생활양식의 변화와 밀접하게 맞물려 있다. 귀가 시간이 점점 늦어질 뿐 아니라, 집에 와서도 밤늦게까지 이런저런 일을 하거나 텔레비전을 본다. 특히 최근에는 인터넷 때문에 잠자는 시간이 더 줄어든다. 이러한 생활의 변화는 편의점의 신장과 관련된다. 편의점에서 가장 많이 팔리는 품목이 우유, 삼각 김밥, 소주(비식품류 중에서 가장 많이 팔린 상품은 일회용 라이터이다)라는 통계에서 알 수 있듯이 우리는 심야에 출출할 때 간단하게 요기할 음식이나 일상에서 소소하게 필요한 것들을 거기에서 '간편convenience하게' 조달할 수 있다.

편의점은 주로 인구가 밀집한 지역에 자리 잡고 있다. 매장의 넓이가 보통 25평 정도밖에 되지 않지만, 그 안에 진열된 물건은 무려 1천 2백~2천여 종에 이른다. 물건뿐만 아니라 공공요금 수납, 택배, 휴대전화 충전, 팩스, 꽃배달 주문, 공연 티켓 예매 발

●● 생활에 필요한 물품의 상당 부분을 편의점에서 조달할 수 있다.

권, DVD 대여, 보험상품 판매, 우편 대행, 디지털 사진 인화 등 다양한 서비스도 제공한다. 또한 그 안에서 컵라면을 먹을 수 있도록 테이블과 끓는 물이 마련되어 있는데, 이는 한국의 편의점에서만 볼 수 있는 특징이다. 이렇듯 편의점은 집 근처에서 그때그때 필요한 재화나 서비스를 당장 충족시킬 수 있는 매장으로서 백화점, 대형 마트 등의 영향력이 미치지 못하는 틈새시장을 잘 개척해온 것이다.

큰 창고가 없는 편의점에 그렇게 많은 물건을 구비할 수 있는 비결은 무엇일까. 판매와 재고를 실시간으로 파악할 수 있는 POS(판매 정보 통합 관리) 시스템,[1] 그리고 그 자료에 근거해 하루에 1~2번씩 순회하면서 각 가맹점마다 '볼펜 몇 자루, 라면 몇 개' 하는 식으로 완전히 맞춤형으로 공급해주는 배송 시스템이 존재하기 때문이다. 말하자면 전국 체인점을 관리하는 본사가 상품을 일괄 구매하여 유통하는 규모의 경제, 그리고 각 동네에 깊숙하게 파고들어 주민들의 생활에 필요한 물품을 섬세하고도 신속하게 제공해주는 유연화 전략이 맞물린 시스템이라고 할 수 있다. 기존의 구멍가게나 슈퍼마켓, 백화점, 대형 할인 마트, 그리고 홈 쇼핑과도 겨룰 수 있는 경쟁력의 원천은 바로 거기에 있다.

편의점의 또 한 가지 차별성은 매장의 디자인에서도 찾을 수 있다. 우선 조명이 환하다. 천장을 잘 보라. 형광등이 빼곡하게 걸려 있고 대낮에도 환하게 켜져 있어 그 어느 공간보다도 밝다. 밤이 되면 그 밝음은 일종의 화려함으로도 느껴진다. 우리는 편의점에 들어설 때 다소 신선하고 활기찬 시공간을 경험한다. 이렇게 명도(明度)를 높이는 것은 소비 욕구를 자극하는 고전적인 수법으

1 Point of Sales의 약어로 '판매 시점 관리'를 뜻한다. 즉, POS 시스템이란 업장(매장)에서 발생하는 판매 시점의 모든 정보를 실시간으로 신속 정확하게 수집, 처리하여 각 부문별 정보들을 종합분석, 평가할 수 있도록 도와주는 시스템을 가리킨다.

로서 백화점의 쇼윈도에서 그 극치를 이루지만, 편의점은 그러한 비일상성을 일상 가까이에 끌어들인 것이라고 할 수 있다. 물건을 진열하는 데도 불빛이 어떤 각도로 반사되어야 소비자에게 부담이 되지 않으면서 구매 욕구를 불러일으킬지를 면밀하게 계산하여 조명과 선반의 위치를 규격화해놓고 있다.

그렇듯 밝은 실내 분위기는 진열된 상품들을 빛나게 할 뿐 아니라, 드나드는 이들을 안심시키는 효과도 갖는다. 여성들도 심야에 아무런 망설임 없이 편의점에 들어갈 수 있고, 낯선 손님들이 옆에 있어도 신경을 쓰지 않는 것은 구석구석을 환하게 비추는 불빛 덕분이다. 그리고 투명 유리를 통해 바깥에서 내부를 훤히 들여다볼 수 있어 더욱 안심이 된다. 또한 도난 방지용으로 설치된 볼록거울을 통해 계산대 직원의 시선이 점내에 두루 미칠 수 있는 구조도 고객을 안심시킨다. 흥미로운 것은 그 밝은 불빛이 매장 바깥으로도 뻗어나가 어두운 도시에 오아시스 같은 역할을 한다는 점이다. 이는 지역의 치안에 도움이 된다. 실제로 일본의 어떤 편의점에는 '아이들과 여성의 110번(한국의 112번) 점포'라는 안내문이 창문에 붙어 있고 천장이나 간판 옆에 경광등을 설치하여 비상시에 사이렌을 울린다. 위험한 상황에 처하거나 다급한 일이 있을 때 누구든지 편의점에 도움을 청할 수 있어 말하자면 파출소의 역할까지 겸하는 셈이다.

편의점은 도시 문화의 산물이다. 도시인, 특히 젊은이들의 인간관계 감각과 잘 맞아떨어진다. 구멍가게의 경우 주인이 늘 지키고 앉아 있다가 들어오는 손님들을 예외 없이 '맞이'한다. 따라서 무엇을 살 것인지 확실하게 정하고 들어가야 한다. 그러나 편의점의 경우 점원은 출입할 때 간단한 인사만 건넬 뿐 손님이 말을 걸기 전에는 입을 열지도 않을뿐더러 시선도 건네지 않는다.[2] 그 '무관심'의 배려가 손님의 기분을 홀가분하게 만들어준다. 그래서 특별히 살 물건이 없어도 부담 없이 들어가 둘러볼 수도 있다. 그런 점에서 인간관계의 번거로움을 꺼려하는 도회인들에게 잘 어울리는 상업공간이다(대형 할인 마트가 백화점보다 매력적인 것 가운데 하나도 점원이 '귀찮게' 굴지 않는다는 점이 아닐까). 그러므로 '익명'의 고객들이 대거 드나드는 편의점에 단골이 생기기는 매우 어려울 것이다.

편의점은 24시간 열어놓고 있어야 하기에 주인들은 자기가 계산대를 지키기보다는 아르바이트 점원을 세우는 경우가 훨씬 많다. 그런데 흥미로운 점은 그 점원들이 고객을 대하는 태도나 방식이 어느 편의점이든 똑같고 유니폼처럼 표준화되어 있다는 것이다. 이는 편의점뿐 아니라 패스트푸드점의 경우도 마찬가지로서, 사회학자 조지 리처 George Ritzer는 그의 저서 『맥도날드 그리고 맥도날드화 The Mcdonaldization Society』에서 '각본에 의한 고객과의 상호 작용' '예측 가능한 종업원의 행동' 등의 개념으로 분석하고 있다. 저자는 햄버거 가게에서 종업원들

2 어느 편의점의 경우 아르바이트생의 근무 수칙으로 다음과 같은 것들을 제시한다. '고객을 정면으로 응시하지 말 것/다른 행동을 하고 있더라도 고객에게 인사할 것/쇼핑은 전적으로 고객의 자유에 맡길 것/모든 상품은 정해진 곳에 정해진 수량대로 정렬할 것.'

●● 편의점의 계산기 버튼. 점원은 계산하면서 손님을 분류하여 입력한다.

이 고객을 대하는 규칙이 매우 세밀하게 짜여 있고, 그 편안한 의례와 각본 때문에 손님들이 매료된다고 보고 있다. 종업원이 누구든 그 외모, 말씨, 감정 등이 예측 가능하기에 고객들은 편안하게 주문하고 구매할 수 있다. '쿨'한 인간관계 그 자체다. 그리고 그러한 효율적인 소통이 짧은 시간에 많은 손님들을 접대할 수 있도록 해주는 것이다. 패스트푸드점의 그러한 속성을 편의점도 거의 그대로 지니고 있다.

그런데 주인과 고객 사이에 인간관계가 형성되지 않는 편의점은 역설적으로 고객에 대한 정보를 매우 상세하게 입수한다. 소비자들은 잘 모르지만 일부 편의점에서 점원들은 물건값을 계산할 때마다 구매자의 성별과 연령대를 계산기에 붙어 있는 버튼으로 입력한다. 그 정보는 곧바로 본사로 송출된다. 또 한 가지로 편의점 천장에 붙어 있는 CCTV가 있는데 그 용도는 도난 방지만이 아니다. 연령대와 성별에 따라서 어느 제품 코너에 오래 머물러 있는지를 모니터링하려는 목적도 있다. 녹화된 화면은 주기적으로 본사로 보내져 분석된다. 어떤 편의점에서는 삼각김밥 진열대에 초소형 카메라를 설치해 손님들의 구매 행태를 기록한다. 먼저 종류를 정한 뒤에 선택하는지, 이것저것 들어보며 살펴가면서 고르는지, 유통기간까지 확인하는지, 평균 한 번에 몇 개를 구입하는지 등을 통계 처리하는 것이다. 그렇듯 정교하게 파악된 자료는 본사의 영업 전략에 활용된다. 편의점이 급성장해온 이면에는 치밀한 정보 시스템이 가동되고 있는 것이다.

그러나 그러한 성장이 편의점 주인들의 수익 확대로 이어지는 것은 아니다. 한때 편의점은 잘 나가는 사업 아이템으로서 한 달에 3백만 원 이상의 수입이 넉넉히 보장되던 시절이 있었다. 그러나 최근에 들어와서는 사정이 완전히 달라졌다. 조기 퇴직자, 부업으로 편의점을 경영하려는 사람들이 늘면서 가맹 희망자들이 줄을 이었고, 본사들은 예상 매출액을 부풀려 개업을 적극 권장했다. 그 결과 가까운 거리에 많은 편의점들이 들어서 제 살 깎기를 하고 있는 실정이다. 적자를 보는 가게들도 적지 않다. 그러나 쉽게 그만둘 수도 없는 것이 기간 만료 전에 계약을 해지하면 엄청난 손실금을 물어야 하기 때문이다. 본사가 가맹점들과 매우 불공정한 조건으로 계약을 맺었기 때문에 울며 겨자 먹기로 장사를 계속하는 이들도 있다. 급기야 일부 점주들은 최근 계약 조건이 일방적이고 불합리하다며, 본사의 '편의'대로 작성된 약관을 시정하기 위해 연대 행동에 들어갔다. 그에 대해 2006년 공정거래위원회가 편의점 약관에 대한 심사를 하여 몇몇 조항들을 시정하였지만, 상당 부분을 그대로 유효하다고 판정해 가맹점 업주들과 시민단체 경실련의 반발을 샀다. 기업 간 경쟁이 가속화되면서 그 압박은 계속 개별 가맹점에 전가될 것으로 보인다.

주인 못지않게 힘겨운 것이 아르바이트 점원들의 신세이다. 그들은 비정규직으로서 가맹점에 공통으로 제공되는 유니폼을 입고 시급 3천 원 정도의 저임금을 받으며 하루 10시간 정도 노동을 한다. 물건이 들어올 때마다 검수하고 옮기는 일, 창고를 정리하고 상품을 진열하는 일, 가게 안팎을 청소하는 일, 인수인계 때마다 판매된 전체 물품과 계산된 총액의 일치 여부를 꼼꼼히 확인하는 일 등 여러 가지 업무를 수행한다. 특히 밤을 꼬박 새우는 것이 매우 피곤한데 밤중에 술 취한 손님이 들어와 행패를 부리면 난감하

● ● 편의점의 하루 일과(훼미리마트 홈 페이지에서).

 06:00
매장 밖 청소

 19:00
상온 센터 검수

 09:00
레지 접객

 22:00
레지 접객

 13:00
저온 센터 2편 검수

 01:00
저온 센터 1편 검수

 17:00
매장 내 청소 및 보충 진열

 03:00
창고 정리 및 상품 진열

● ● 접객 6대 용어(훼미리마트 홈 페이지에서).

○ 어서오세요, 훼미리마트입니다.

○ 합계 ○○입니다.

○ 거스름돈 ○○입니다.

○ SKT 카드나 OK캐쉬백 카드가 있습니까?

○ ○○받았습니다. 소득공제영수증을 발급해드릴까요?

○ 감사합니다. 안녕히 가십시오.

기 짝이 없다. 낮에도 가장 고역스러운 일은 까다로운 손님을 상
대하는 것이다. 없는 물건을 막무가내로 내놓으라는 손님, 돈이
모자라는데 봐달라며 떼를 쓰는 손님, 슈퍼보다 가격이 비싸다고
항의하는 손님, 커피를 타 달라는 손님 등을 만나면 지극히 곤혹
스럽다. 나이가 어리고 손님에게 늘 친절하게 대해야 하는 입장을
악용하여 함부로 대하는 것이다. 그리고 여자 점원의 경우 가끔
주인을 잘못 만나면 굴욕적인 일을 겪기도 한다.

'편리함'을 뜻하는 영어 단어 'convenience'는 '함께 있음'이라
는 뜻의 라틴어에서 왔다. 편의점은 이제 일상의 자연스러운 일부

분으로 자리 잡았다. 사람들은 그 깔끔하고 환한 공간을 자기의 방만큼이나 친밀하게 느낀다. 고독하고 힘겹게 살아가는 사람들에게 편의점은 '도시의 성좌처럼' 안위를 준다. 늦은 밤 온라인을 배회하다가 출출한 배를 채우고 싶을 때 언제나 찾아갈 수 있는 곳이 편의점이다. 수많은 물품을 진열하고 24시간 연중무휴로 열려 있는 것이 너무 고맙다. 그러나 그곳을 드나드는 소비자들의 욕망은 체계적으로 검색되고 관리된다. 그리고 그 주인과 점원의 업무도 주어진 매뉴얼 속에서 기계적으로 영위된다. 일상의 편리함은 거저 얻어지는 것이 아니다. 고객의 편의를 위해 엄청난 불편을 감내해야 하는 이들이 있다. 구멍가게와 슈퍼마켓을 밀어내고 촘촘히 들어서는 편의점은 문명의 외롭고 고달픈 속살을 드러내고 있다. 우리의 습관을 알뜰하게 빚어내는 그 거대한 시스템은 도시인의 미래를 어떻게 구상하고 있을까.

❶ 편의점 내부의 물건들은 어떤 방식으로 분류되어 진열되어 있는가? 그 범주와 위치 사이에는 일정한 상관관계가 있는가? 예를 들어 어느 편의점이나 일회용 라이터, 오뎅이나 호빵 등은 계산대 위에, 과자는 가운데에, 음료수는 안쪽에 놓여 있다. 그렇다면 다른 품목들은 어떤가? 대표적인 편의점 몇 군데를 골라서 비교해보고, 그렇게 배치한 이유에 대해 생각해보자.

❷ 도시를 구성하는 인구 가운데 편의점을 가장 많이 이용하는 층과 가장 이용하지 않는 층을 조사해보자. 남녀, 세대, 직업, 지역 등의 요소로 분석한다면 그 분포는 어떤 스펙트럼으로 나타날까?

❸ 편의점에서 아르바이트하는 사람들이 가장 어려워하는 일은 무엇일까? 또 이들은 하루 중 어느 근무 시간대를 선호하는가? 그리고 가장 상대하기 힘든 손님은 누구일까? 편의점 아르바이트 경험이 있는 이들을 대상으로 조사해보자.

❹ 최근 일본의 일부 편의점에서는 노인들을 위해 특별한 서비스를 시작했다. 거동이 불편한 노인들로부터 전화로 주문을 받아 물품을 집으로 배달해주는 서비스인데, 점원들은 집을 방문한 김에 노인들이 혼자 살면서 해결하기 어려운 가사를 도와준다. 그리고 잠시 이런저런 이야기를 나누면서 말벗이 되어주기도 한다. 그만큼 점원들의 노동 시간이 길어지기 때문에 운영 비용이 늘어나지만 고령화 시대에 새로운 고객을 확보하기 위한 고육지책이다. 젊은이를 주로 겨냥해온 편의점이 크게 달라지고 있는 것이다. 이러한 변화가 한국에서도 일어날까? 한국의 편의점들이 고령자들을 위한 서비스를 개발하여 시장을 확대할 수 있는 가능성에 대해 논해보자.

밥 · 맛 · 은 · 살 · 맛 · 이 · 다

정보 사회에서 '미각'은 디지털화할 수 없는 최후의 아날로그적 감각과 그 가치를 상
징하는 존재가 된다. 그래서 지금까지 생물적이나 경제적인 시각에서 보아왔던 식 문
제를 컴퓨터가 할 수 없는 정보 미디어로서 평가하게 된다. 무엇보다도 먹는 음식을
예부터 의식[醫食同源]으로 생각해왔던 한국인에게는 선식(仙食)의 경우처럼 신선(神
仙)의 종교적 의미까지 지니게 된다. 「겨울연가」의 영상미로 물꼬를 튼 한류에 「대장
금」의 음식문화가 결정타를 '먹인' 것은 결코 우연한 일이 아니다. 의식동원의 전통이
한류 문화를 타고 문식동원(文食同源)으로 변하고 있는 것이다.

—이어령, 『디지로그』 중에서

'식사하셨어요?' 이는 한국에서 통용되는 독특한 인사말이다.
한국인에게 먹는다는 것은 각별히 중요한데 언어에서 이를 구체적
으로 확인할 수 있다. 한국말에서 '먹다'라는 동사의 쓰임새는 엄
청나게 다양하다. '먹다'의 목적어로 들어올 수 있는 명사들을 나
열해보자. 음식 이외에 많은 것이 먹는 대상이 된다. 나이, 욕, 마
음, 뇌물, 감동, 챔피언, 우승, 골goal, 화장, (도화지에) 물
감……… 그 외에도 '시간을 잡아먹다' '말이 잘 먹힌다' '잊어먹
다' '좀먹다' '물먹었다' 등의 용례가 있고, 겁 없이 덤비는 상대

●●도시의 풍경을 난삽하게
채우는 간판의 상당 부분은
식당에서 내건 것들이다.

에게 보내는 '너 맛 좀 볼래?'라는 경고도 있다. '밥맛 떨어지는'
사람을 만나면 기분이 '떨떠름'하고 때로 '꿀밤'이라도 한 대 먹이
고 싶다. 그런 사람이 너무 많은 세상은 '살맛'이 안 난다. 물론
그도 저도 아닌 '싱거운' 사람, '맹탕'들도 많이 있지만 말이다.
이쯤 되면 '먹다'에 상응하는 외국어는 좀처럼 없을 것 같다. 또한
여러 가지 행동들을 먹는 행위에 빗대어서 '밥그릇 싸움'이니, '철
밥통'이니, '시계에 밥을 준다'느니, '라디오에 약이 떨어졌다'느
니, 수입이 '짭짤하다'느니, 문자나 이메일을 씹는다느니 한다.
무엇보다도 압권은 '@'를 '골뱅이'로 부르는 것이다.¹ 하고많은
사물 가운데 먹을 것을 떠올려 이름 붙이는 상상력은 기발하다고
해야 할까, 아니면 단순하다고 해야 할까.

한국인에게 먹는 것이 특별히 중요하다는 사실은 음식점의 숫자로도 입증된다. 곳곳에 지천으로 널려 있으면서도 계속 늘어나는 식당, 그 난삽한 간판들은 한국인도 적응하기 어려운 경관이다. 대도시에서 지방 소도시 그리고 깊은 산속 유원지에 이르기까지 식당들이 빼곡하다.[2] 그것도 모자라 점심시간이면 배달 오토바이들이 곳곳을 누빈다. 그뿐인가. 노점상은 그 자체로 거대한 경제권을 이루는데 그 가운데 상당수가 음식을 취급한다. 지난 몇 년 동안 경제난 속에 자영업의 비중이 급격히 커졌는데(경제 활동 인구의 35% 정도로 세계 최고이다), 이 역시 식당이 가장 큰 비중을 차지한다. 자본력이나 기술 그리고 물품 조달이나 고객 확보 등에서 진입 장벽이 아주 낮다고 여겨지면서 너도나도 뛰어든 결과이다. 이러한 공급 과잉 속에서 야무진 꿈을 가지고 창업을 했다가 몇 달도 버티지 못하고 문을 닫는 식당이 부지기수이다. 음식점이란 결코 만만하게 덤벼들 수 있는 업종이 아니다.

식당이 이렇게 늘어난 것은 한국인들의 외식 습관과 깊은 관련이 있다. 공적 모임과 사적인 만남 그리고 '반(半)공식적인' 회합의 자리들이 사람들의 일상을 가득 채우는데 이들 모임은 거의 다 식사를 수반하며 그에 이어지는 뒤풀이는 단순한 여흥이나 사교의 자리 이상의 의미와 기능을 갖는다. 이 자리에서 중요한 정보가 유통되고 연(緣)이 맺어진다. 하지만 이런 모임이 아니라도 한국인들은 바깥에서 식사를 많이 한다. 이는 음식 문화와도 연관이 있는데, 보통 집에서 한 끼 식사를 제대로 요리해서 챙겨 먹고 설거지까지 마치는 데 너무나 품이 많이 들기 때문이다. 그러므로 이런저런 약속을 잡아 사람들과 어울려 식사를 하고(한국인들은 혼자서 식당에 들어가는 것을 매우 어색해 한다), 밤늦게 귀가한다. 그런가 하면 평일에 식사 한 끼 제대로 함께하지 못했던 가족들이 모처럼 함께하는 주말 프로그램으로 또다시 외식 자리가 마련되기도 한다.

음식의 맛은 고도의 수련을 거친 일류 요리사에게서도 나오지만 나이 드신 아주머니나 할머니들에게서도 나온다. 허름한 음식점에 손님이 장사진을 이루고, 그러한 손맛의 정통성을 둘러싸고 '원조'니 '진짜 원조'니 하는 경쟁이 종종 벌어진다. 그런데 아쉽게도 우리는 식사가 이루어지는 환경과 분위기에 대해서는 무심하다. 그 결과 음식은 꽤 정갈하게 요리했는데, 그것을 먹는 기분이 영 흐뭇하지 못할 때가 있다. 이에 대해서는 특히 외국인들이 매우 민감한데, 가장 자주 지적되는 것은 앞 손님이 먹고 남긴 음식을 치워갈 때 그릇들을 마구잡이로 포개 가져가는 버릇이다. 음식이란 희한해서 먹기 전에는 아무리 깨끗하던 것도 남은 찌꺼기는 대단히 불결하게 보인다. 더구나 다른 사람이 먹고 남긴 것은 더 말할 것도 없다. 그것을 아무렇게나 섞어서 치워 갈 때 더욱 지저분하게 느껴진다. 화장실 냄새와 음식 쓰레기 악취, 주방 옆의 대걸레. 식탁 위의 두루마리 화장지…… 이 모든 것이 밥맛을 뚝 떨어지게 만든다. 불쾌함을 자아내는 것은 시각적인 것뿐만이 아니다. 종업원들이 음식을 상 위에 내려놓을 때 탕탕 부딪치는 소리, 음식을 치워 갈 때 그릇들을 챙기면서 내는 소음, 주방에서 설거지할 때 한꺼번에 그릇들을 부딪치는 굉음 같은 것도 꽤나 정신을 사납게 한다.

여기에서 '더러움'이라는 것에 대해서 새삼 생각해볼 필요가 있다. 무언가가 더럽다는 것은 어떤 상태를 뜻하는가? 참으로 싱거

운 질문이다. 그냥 더러운 게 더러운 것 아닌가? 그러나 그렇게
간단하지 않다. 더러움이란 대상 자체의 본질적인 속성이 아니라
문화적인 체계 속에서 발생되는 의미이다. 이 점에 대해 인류학자
메리 더글러스Mary Douglas는 상세하게 논구한 바 있다. 그는
다음과 같이 말한다.

　　이는 상대적인 개념이다. 신발은 그 자체로 더럽지 않다. 그러나
　　식탁 위에 놓여 있으면 더럽다. 즉, 음식은 그 자체로 더럽지 않으
　　나 침실에 조리 도구들이 놓여 있다거나, 옷에 음식이 튀면 더럽
　　다. 〔……〕 요약하자면 오염이라고 명명하는 우리의 행위는, 우리
　　가 소중하게 여기는 분류체계에 반하거나 그 체계에 혼란을 가져올

3 *Purity and Danger: An Analysis of the Concepts of Pollution and Taboo*, New York: Pantheon Books, 1963, p. 48.

것으로 보이는 사물이나 생각을 비난하는 반응이다.[3]

이는 문화를 이해하는 데 매우 중요한 통찰이다. 우리는 아무리 김치를 좋아한다 해도 옷에 묻은 국물을 보고 입맛 다시지는 않는다. 심지어 자기 입속에 들어갔다가 나온 음식물도 더럽게 느낀다. 사람은 어떤 대상을 언제나 그 맥락 속에서 인지하기 때문이다. 바로 그 점이 인간이 다른 동물과 구별되는 특징이기도 하다. 인간의 감각은 마음의 지배를 많이 받고, 그 마음은 관념의 질서 속에서 작동하는 것이다. 따라서 음식이 아무리 맛있어도 식당이 지저분하다면 밥맛을 즐기기가 어려울 것이다.

우리는 흔히 '살기 위해 먹는 것이지, 먹기 위해서 사는 것은 아니다'라고 말한다. 그러나 과연 그럴까? 우리의 식사는 생활과 연명을 위한 수단일 뿐인가? 만일 그렇다면 매우 불행한 일이라고 할 수 있다. 사람에게 밥을 먹는다는 것은 단순히 허기를 채우거나 영양분을 흡수하는 생리적 행위가 아니기 때문이다. 미각은 그 자체로 기쁨의 원천이다. 밥맛을 잃으면 살맛도 나지 않는다. 식사 그 자체가 가져다주는 즐거움은 인간의 삶에서 빼놓을 수 없는 행복의 요소이다. 그 즐거움이란 음식의 맛, 함께 식사하는 사람과의 대화, 그 공간의 분위기 같은 것에 의해서 만들어진다. 격조 있는 식사는 몸 전체에 신선한 기운을 솟구치게 한다. 허겁지겁 뱃속에 음식물을 채워 넣기에 바쁜 궁색함을 벗고, 비록 조촐한 음식이지만 적절한 품위를 갖추고 즐길 수 있을 때 작은 데서부터 삶의 보람을 찾을 수 있다.

그러므로 식당은 단순히 음식만 파는 곳이 아니다. 식사의 즐거움은 단순히 미각의 차원만이 아니라 청각, 후각, 시각 등 총체적인 감각이 함께 어우러지는 데서 비롯된다. 거기에서 더 나아가 문화 콘텐츠로 손님을 끄는 식당도 있다. 홍콩의 어느 레스토랑은 음식 맛이 그다지 탁월하지 않은데도 손님들이 북적댄다고 한다. 그 비결은 엉뚱하게도 메뉴판에 있다. 거기에는 매우 흥미진진한 연재만화가 매주 실리는데, 그 식당에서만 볼 수 있는 이야기에 빠져든 고객들은 일주일에 한 번씩 찾아오게 된다. 또 다른 사례가 있다. 서울 종로 2가에 있는 어느 중국 음식점에서 일하는 한 배달원은 음식과 함께 시 한 편을 함께 서비스하는 것으로 한때 유명했다. 단골들은 오늘은 무슨 시를 읽을 수 있을까 하는 기대감으로 음식을 주문했고, 그 배달부는 주인보다도 인기가 있었다.

우리는 대도시에서 식사의 즐거움을 점점 잃어가고 있다. 정성 들인 손맛 대신 조미료가 가득한 음식에 대해 새삼 말할 필요는 없다. 식당의 환경과 서비스가 매우 열악하다. 너무나 영세한 가게 형편 그리고 거기에서 일하는 종업원들의 생존 조건을 생각하면 그러한 열악함도 납득이 간다. 퇴직금에 빚까지 얻어 겨우 차린 가게가 위태로워 밤잠을 설치는 주인, 실직한 남편을 대신해 벌이에 나섰거나 연변에 가족을 두고 이역만리에서 고달픈 하루하루를 이어가는 아주머니들에게서 품위 있는 서비스를 기대하는 것은 사치일지 모른다. 피곤하고 우울한 기분으로 즐거운 식사를 제공하기는 어려울 것이기 때문이다. 그러나 손님에게 정성으로 대접할 때 솟아오르는 기쁨은 식당이 생산하는 부가가치의 원천이다. 고단할수록 경쾌한 마음으로 우려내는 맛깔을 담아내는 음식점은 삶의 원기를 북돋아주는 건강 충전소로서 손님들을 불러 모을 것이다.

❶ 독신 가구가 급격하게 증가하고 있다. 이러한 변화는 음식점에 어떤 영향을 미칠까? 독신자들을 겨냥하는 식당이 생긴다면 어디에 주안점을 둘까?

❷ 많은 음식점들이 생기고 또한 없어진다. 식당의 성패를 좌우하는 요인은 우선 음식 의 맛이지만, 그 외에 주인과 종업원의 서비스도 매우 중요한 변수가 된다. 자주 드 나드는 지역에 새로 생긴 식당들에 들어가 그들의 일하는 태도와 접객 매너를 살펴 보자. 그 식당이 앞으로 얼마나 영업을 얼마나 잘할지 예상해보고 몇 달 간격으로 방문하여 그 추이를 살펴보면서 자신의 예상과 비교해보자.

❸ 패밀리 레스토랑은 외식(外食) 시장의 확대와 맞물려 성장하고 있다. 그들은 한결같 이 체인점 형태를 띠고 있어서 음식의 재료를 일괄적으로 공급하는 시스템을 취하고 있다. 이러한 시스템을 갖춘 패밀리 레스토랑들은 어떤 점에서 기존의 식당과 차별 화되는가? 소비자들이 그곳에서 다소 비싼 음식을 먹으면서도 만족해하는 까닭은 무엇인가? 이 책의 다른 장에서 커피숍과 편의점에 대해 논의하는 내용과 비교해 살펴보자.

❹ 타이어 회사 미쉐린이 제공하는 식당 평가는 매우 권위를 지닌다. 또 『워싱턴타임 즈』는 일년에 2억 원의 예산을 들여 4명의 기자들이 식당들만 탐방하면서 비평 기 사를 쓴다고 한다. 이처럼 외국에는 식당과 음식에 대해 공신력 있는 평가를 내리는 기관이나 회사들이 많이 있다. 그들이 식당을 평가하는 기준과 항목은 어떤 식으로 구성되어 있을까?

혼·자·있·어·도·외·롭·지·않·은·곳

유럽인들이 커피에 중독되기 전까지 유럽인들은 커피에 대해 경멸적인 태도를 취했
다. 그들이 경멸하는 미개국의 음료라고 본 것이다. 예컨대, 1610년 터키를 여행했던
영국인 조지 샌디스는 커피에 대해 '맷국물처럼 시커먼'이라는 표현을 썼다. 〔……〕
조선에 들어온 커피는 미개국이 아니라 개명국의 상징이었다. 〔……〕 그건 오히려, 보
통 사람들이 근접하기 어려운 전통 한방의 보약 색깔이었다.

──강준만·오두진, 『고종 스타벅스에 가다』 중에서

현대 서구 문명은 이슬람 문화에게 큰 빚을 지고 있다. 의학·수
학·천문학·지리학·항해술 등에서만이 아니다. 일상생활에서
필수품이 되어버린 커피도 이슬람 문화권을 통해 널리 보급된 음
료이다. '커피'나 '카페'라는 말도 '까흐와'라는 아랍어에서 유래
하였다. 원래 에티오피아 지역에서는 오래전부터 커피 원두 가루
를 민간요법의 처방에 사용하고 있었는데, 15세기 중반 예멘의 어
느 수도사가 그 지방을 여행하다가 열병으로 앓아누웠을 때 원주
민들이 그것으로 치료를 해줌으로써 이슬람 세계에 알려지게 되었
다고 한다. 수도사들이 설교를 듣거나 명상을 할 때 졸음을 쫓기
위해 즐겨 마시던 커피는 메카'에서 판매되기 시작했고, 성지순

1 사우디아라비아 남서부에
있는, 홍해 연안의 도시. 이
슬람교의 창시자인 마호메트
가 태어난 곳으로 이슬람교
최고의 성지이다. 로마 시대
부터 중요한 교역지이며, 종
교 유적이 많아 세계 각처에
서 찾아온 이슬람교도의 순
례가 끊이지 않는다.

●● 술을 금하는 이슬람 문화에서는 커피가 음료로 애용되어왔다.

2 이희수·이원삼 외, 『이슬람』, 청아출판사, 2004, 130~34쪽.

3 오스만 튀르크가 비엔나를 침공했을 때 오스만 튀르크의 지배하에 있었던 아르메니아인들이 오스트리아에 군사 정보를 제공하여 승리에 결정적인 역할을 하였고, 그에 대한 대가로 아르메니아인들은 비엔나에서 커피점을 열 수 있는 특권을 얻을 수 있었다(위의 책).

4 W. Scott Haine, The World of the Paris Cafe: Sociability Among the French Working Class, 1789~1914, Johns Hopkins Univ., 1996.

례자들에 의해 중동 지역 일대로 퍼져나갔다. 음주를 금하는 이슬람 세계에서 커피는 술을 대신한 음료였고, 당시 중동의 도시들에 성행한 커피점들은 선술집과 같은 사교 장소가 되었다.[2]

유럽에서 커피가 널리 보급되기까지 유럽인들은 커피를 부정적으로 생각하고 있었다. 그러나 오스트리아 빈의 커피점[3]을 효시로 유럽에도 커피가 급속하게 퍼져나가기 시작했다. 유럽에서도 커피점은 중요한 사교 장소로 정착해갔다. 17세기 영국에서는 커피점을 'penny university'라고 불렀다. 커피 값만 치르면 신문과 잡지를 볼 수 있었고, 벽에 붙은 게시판에서 많은 정보를 얻을 수 있었기 때문이었다. 더욱 중요한 것은 거기에서 다양한 사람들이 정치에서 문학에 이르기까지 다양한 주제를 가지고 토론을 벌일 수 있었다는 점이다. 그래서 커피점은 사회 경제적인 변화의 중요한 모태가 되었다. 영국만이 아니었다. 19세기 중엽 프랑스 파리에는 4만 개가 넘는 카페가 있었는데, 거기에서 노동자들은 사교와 문화 창조의 기회를 얻을 수 있었다.[4] 또한 그곳은 지식인과 예술인들이 네트워크를 형성하면서 다양한 문화를 발흥시킨 거점이 되었다.

한국에서는 어떠했을까. 앞에서 인용한 책은 지난 100여 년 동안 한국에서 커피를 둘러싸고 벌어진 사회의 변화를 소상하게 추적하고 있다. 100여 년 전 한국인들은 수많은 박래품(舶來品)[5]들과 함께 도입된 커피를 서양문명에 대한 경외심으로 대했다. 우연히 한약과 비슷한 색깔을 띤 것도 기이한 인연이라고 할 수 있을 것이다. 커피와 함께 출현한 것이 다방이었다. 낯선 사람들 사이의 만남이 빈번해지는 근대 도시에서, 집 바깥에서 차를 마시는 공간은 자연스럽게 형성되기 마련이다. 그러나 다방의 본격적인 번성은 해방 이후라고 저자들은 증언한다. 외국에서 독립 운동을 하다가 돌아온 지사들, 경찰에 쫓겨 다니던 사람들, 염세주의에 갇혀 집 안에 처박혀 있던 이들이 한꺼번에 거리로 쏟아져 나오면서 그들을 위한 만남의 장소가 더욱 필요해졌다는 것이다. 명동, 충무로, 소공동, 종로 등 서울의 번화가가 그 중심이었다.

해방 이후 다방은 지식인 실업자(룸펜)들의 아지트이면서 새로운 문화가 움트는 산실이었다. 1950~60년대에 명동 일대의 몇몇 다방들에는 많은 문인들이 모여들어 한국 문학사에서 중요한 만남과 토론을 이어갔다. 충무로가 영화 산업의 1번지가 된 것도 전화가 귀했던 시절 영화인들이 그 일대의 다방들을 사무실로 사용한 데서 연유한다. 당시의 다방에서는 마담이라 불리는 여주인이 단골손님들을 일일이 맞이하고 대화의 상대도 되어주는 역할을 했다. 1970년대 대학을 중심으로 청년 문화가 발흥할 무렵 다방은 음악 감상실과 함께 세련된 대중문화를 향유하는 공간이었다. 다방 한 쪽에 뮤직 박스가 있고, 그 안에서 DJ가 감미로운 목소리로 음악과 사연을 소개하던 모습은 50대 이상의 기성세대에게 아련한 추억이다.

5 다른 나라에서 들어온 물품.

1980년대에 접어들어 대학가에서는 다방이 하나 둘씩 '커피숍'으로 대체되었다. 이제 다방은 대도시의 변두리나 지방의 소도시나 농어촌에 가야만 볼 수 있는데, 몇 가지 공통점이 있다. 음악이 흐르지 않고 텔레비전이 켜져 있다는 것, 그리고 나이 드신 아저씨들이 주된 손님들이라는 것이다. 그리고 마담이 단골 고객을 직접 맞이하면서 옆에 앉아 차를 함께 마심으로써 매상을 올리는 다방도 있다. 커피숍에 다방이 밀려나게 되면서 이른바 티켓 다방[6]이 빠르게 확산되었다. 이제 '다방' 하면 '아가씨'가 연상될 정도다. 어느 인터넷 포털 사이트에서는 '다방'을 검색하면 19세 미만은 접근할 수 없도록 하고 있다. 다도(茶道)라는 전통과 사뭇 대조를 이루는 다(茶)문화의 현실이다.

다른 한편 커피숍은 젊은이들의 공간으로 꾸준하게 변용되어 왔다. 1980년대에 꾸준하게 늘어난 커피숍은 다방보다 세련된 인테리어와 보다 안락한 의자 등으로 손님을 끌어들인다. 푹신한 소파에 몸을 맡기고 한없이 수다를 떨 수 있는 공간이 한국처럼 도시 곳곳에 널려 있는 나라도 많지 않다. 고급스러운 레스토랑과 상당 부분 흡사한 그 공간들은 보다 서구적이고 귀족적인 디자인으로 젊은이들의 감각에 호소한다. 한편 커피숍과 전혀 다른 성격을 띠고 파격적으로 등장한 것이 '록카페'다. 지금은 사라졌지만 1990년대 초에 서울의 신촌을 위시한 일부 지역에서 번성했던 록카페는 성인의 출입을 금지하고 '물이 좋은' 젊은이끼리만 즐기는 배타적 유흥 공간이었다. 디스코텍이나 나이트클럽보다 훨씬 좁은 그 카페 안에 춤출 수 있는 공간이 있어 젊은이들이 마음껏 몸을 흔들 수 있었다. 록카페는 몇 년 지나지 않아 자취를 감추었

6 커피를 배달하는 여성들이 암암리에 성매매를 겸하는 다방.

지만, 그 문화의 에너지는 홍대 앞의 클럽들로 옮겨갔다.

최근 커피숍들은 소비자의 취향에 따라 오랜 전통의 북 카페와 사주 카페 이외에도, 갤러리형 카페, 족욕 카페, 산소 카페, 마사지 카페 등으로 다양해지고 있다. 누구와 함

께 가느냐에 따라 카페 선택이 달라지는데 연인끼리는 다소 후미진 구석이 있고 테이블끼리 멀리 떨어져 있으며 소파가 있는 곳(나란히 앉아 오래 있어야 하니까)으로 주로 간다. 그에 비해 동성 친구들끼리는 좀더 환하고 개방적이고 모던한 공간을 선호하고, 여자들끼리는 남성들의 시선에서 자유로운 여성 전용 카페를 찾기도 한다.

지금 커피숍의 대세를 이루는 것은 커피 전문 브랜드들이다. 이 회사들은 '전문점'답게 다양한 종류의 커피맛을 개발하여 마니아들을 사로잡았다. 매체 광고 대신 입소문을 내고 도시 중심가를 선점하는 전략으로 브랜드 인지도에서 맥도널드를 제친 스타벅스[7]('별 다방'이라고도 불린다)가 한국에서 가장 먼저 생긴 곳은 이화여대 앞이었다. 유행에 가장 민감한 장소를 선택하여 여대생들

7 '스타벅스'라는 이름은 허먼 멜빌의 소설 「모비 딕(배경)」에 나오는 커피 잘 마시는 일등항해사 '스타벅'에서 따온 것이다. 세 명의 공동 창업자는 스타벅스라는 이름에 포함된 두개의 자음 'st'의 발음이 사람들의 마음을 끌어당겨 오랫동안 기억될 것으로 믿었다고 한다. 그리고 스타벅스의 로고에 들어가 있는 인어는 '세이렌'(비상벨을 의미하는 사이렌이라는 단어도 여기에서 유래했다)인데, 이들은 신화 속에서 노래로 항해사들을 유혹해 배를 난파시켰다. 스타벅스의 창업자들은 커피맛으로 소비자를 유혹하겠다는 뜻을 담아 세이렌을 로고로 채택했다고 한다.

을 겨냥한 마케팅 전략은 나름대로 성공을 거두었고 스타벅스의 성공으로 비슷한 형태의 커피숍들이 속속 출현하였다. 커피빈('콩다방'이라는 별명이 있다), 파스쿠찌, 로즈버드, 할리스…… 커피 전문점이라고 하지만 거기에서는 커피 말고도 주스나 쿠키 등 다양한 메뉴를 구비하고 있다. 그리고 한결같이 손님이 직접 음식을 나르는 셀프 서비스 시스템으로 운영된다. 그래서 이런 곳에서는 나이 어린 사람들이 커피 값을 내는 경우도 많다. 일반 찻집이나 음식점에서는 선불인 경우 종업원이 받아가고, 아니면 가게를 나갈 때 계산하기 때문에 선배나 상사들이 지불하는 것이 자연스럽다. 그런데 커피 전문점에서는 상황이 달라진다. 연장자에게 '심부름'을 시키기가 어렵고, 그렇다고 돈을 받아가기도 뭐하기 때문에 결국 후배나 부하 직원들이 음료를 주문하고 배달하면서 지불까지 하는 경우가 많아지는 것이다.

또 한 가지, 브랜드 커피숍들의 중요한 공통점은 테이크 아웃이 가능하다는 것이다. 바야흐로 '모바일 커피'의 시대다. 커피를 들고 마시면서 걸어가는 것은 이제 하나의 패션으로 정착하고 있다. 특히 젊은 여성들의 경우 멋진 옷을 입고 나들이하면서 자판기 커피를 들고 다니면 스타일을 구긴다. 그 옷차림에는 브랜드 커피숍의 마크가 선명하게 찍혀 있는 큼직한 종이컵이 걸맞은 것이다. 그러나 길거리를 다니면서 음식을 먹는 것은 아직도 불편하거나 생소한 모양이다. 아니면 우리에게는 커피 그 자체보다도 누군가를 만나 이야기하는 것이 더 중요한 듯하다. 그래서 그럴까, 스타벅스의 경우 유독 한국에서만은 매장의 넓이를 40평 이상으로 고집하고 있다.

그런데 커피숍에 앉아 있는 사람들의 모습을 살펴보면 혼자서 시간을 보내는 이들도 꽤 많다. 하루 종일 책을 보거나 컴퓨터 작업을 하는 손님도 많다. 예전 같으면 다방에 혼자서 우두커니 앉아 있으면 왠지 청승맞아 보였지만, 지금은 오히려 세련되어 보이기도 한다. 음식점에서 혼자 밥을 먹는 것은 처량해 보이지만, 커피숍에서 차 한 잔을 마시며 독서에 몰두하는 모습은 우아하다고 여겨진다. 집이나 독서실보다 이곳이 좋은 점은 혼자만의 세계에 있으면서도 타인과 공존하면서 연결되어 있다는 느낌을 가질 수 있기 때문이 아닌가 한다. 멋진 인테리어 속에서 유유자적하게 커피와 음악을 음미하고 고급 케이크를 먹는 즐거움은 디지털 카메라에 담겨 미니 홈피에 종종 올라간다.[8] 커피숍은 자신의 산뜻한 이미지를 연출해보는 세트장처럼 여겨지는 듯하다.

혼자 차를 마시는 사람들은 대개 창가에 자리를 잡는다. 창가에는 아예 바깥을 정면으로 볼 수 있도록 테이블이 창문과 나란히 배치되어 있고, 일인용 의자들이 하나씩 놓여 있다. 바로 이 점이 다방과 커피숍의 가장 근본적인 차이 가운데 하나라고 할 수 있다. 다방에서는 바깥을 보기가 어렵다. 특히 요즘에는 다방이 대개 지하에 자리 잡고 있다. 반면 커피숍에서는 커다란 창을 통해 도시의 뭇 풍경을 편안하게 감상할 수 있다. 사람들은 행인들의 모습이나 차량의 행렬을 바라보면서 이런저런 공상을 따라다닌다. 그러나 그것은 커피숍 안에 앉아 있는 사람들의 일방적인 훔쳐보기만은 아니다. 바쁜 걸음으로 지나는 사람들도 창가에 앉아 있는 손님들을 힐끗 쳐다보게 될 때가 있다. 특히 2, 3층에 앉아 있는 손님들은 앉아서 이야기하는 모습 전체가 그대로 외부에 노출된

8 커피 전문점에서 누리는 즐거움은 무엇인가? 싼 값에 고급품을 소비하는 이른바 '매스티지' 경향의 하나로 해석할 수 있다. 2003년 미국의 경제 잡지 『하버드 비즈니스 리뷰 Harvard Business Review』가 처음 소개한 '매스티지'는 대중mass과 명품 prestige product을 조합한 신조어로, 명품의 대중화 현상을 의미한다. 중산층의 소득이 향상되면서 값이 비교적 저렴하면서도 만족감을 얻을 수 있는 명품을 소비하는 경향을 말한다.

다. 여유롭게 시간을 보내는 사람들의 풍경이 커피 전문점의 광고판이 되어주는 셈이다.

헤밍웨이는 파리의 카페를 무척 사랑했던 작가로 유명하다. 그는 몇몇 단골 카페에서 많은 시간을 혼자 보내면서 글을 쓰고 세상을 구경했다. 그에 대한 소감은 소설 「파리는 축제다」에 다음과 같이 잘 나타나 있다. "태양이 어지러운 거리를 비추거나 황금의 먼지처럼 황혼이 따뜻한 대지 속으로 밀려들어올 때, 그리고 밤이 찾아와 수백만 개의 불빛들이 세상을 대낮처럼 밝혀줄 때면, 나는 어김없이 카페의 테라스에서 커피를 앞에 놓고 멍청히 앉아 있다. 시간을 잊은 채 생각에 잠겨 있다가 커피를 한 모금 마시고 내 앞에 펼쳐진 세계를 바라본다. 파리는 문을 활짝 열고 모든 사람들을 받아들이면서 날마다 큰 길을 끊임없이 지나다니는 각양각색의 군중들을 사열하고 있다. 모든 인생의 모습들이 거기에 총망라되어 있다. 커피 한 잔 값으로 당신은 그 모든 것을 볼 수 있으며 자신을 위해 천 가지 이야기도 풀어낼 수 있을 것이다." 우리도 오늘 한번 커피숍에서 작가가 되어보자. 시인의 언어로 도시에 말을 걸어보자.

❶ 커피 전문점, 편의점, 햄버거 가게 가운데 하나를 선택할 수 있는 아르바이트 기회가 생겼다. 시간당 임금은 똑같다고 가정한다면, 어디를 선택하겠는가? 그리고 그 이유는?

❷ 전통 찻집의 상호를 조사해보자. 어떤 이름들이 많은가? 당신이 전통 찻집을 낸다면 어떤 이름을 붙이겠는가? 아울러 상표도 같이 디자인해보자.

❸ 스타벅스의 커피값은 세계에서 한국이 가장 비싸다. 미국이나 일본보다 더 비싼 커피값을 받아도 고객들은 커피숍을 찾는다. 기업의 횡포라고 비판할 수도 있지만, 소비자들이 그만큼의 효용을 얻기 때문에 가격이 유지된다고도 할 수 있다. 고객들이 그 정도의 돈을 내고 커피 전문점에서 시간을 보내는 것이 다른 식으로 소비하는 것보다 더 낫다고 판단하는 것으로 볼 수 있기 때문이다. 과연 커피 전문점이 주는 만족감은 무엇일까? 비슷한 가격으로 얻을 수 있는 다른 상품이나 서비스들과 비교해서 생각해보자.

❹ 커피숍은 실내 디자인이 매우 중요하다. 고객들이 의식하지는 못하지만 그 미묘한 느낌의 차이가 휴식할 때의 마음을 좌우하기 때문이다. 그렇다면 그 분위기를 빚어내는 디자인의 구성 요소들은 무엇일까? 세련되었다고 여겨지는 커피숍에 들어가 분석해보자.

백화점

일·층·에·패·션·잡·화·가·있·는·까·닭·은

사람들은 쇼핑 이야기가 나오면 의외로 약간 불법적인 일을 하다 들킨 것처럼 어색해
한다. 마치 혼외정사 이야기가 나왔을 때처럼 말이다. 하지만 어떤 의미에서 그건 놀
랄 일도 아니다. 쇼핑은 욕망의 탐구이면서 동시에 책임의 완수이기도 하다. 그것은
죄책감과 자부심을 함께 이끌어내고, 부담이 되면서도 기쁨을 주는 양면성을 갖는다.
또한 애써 감추고자 하는 우리 자신의 모습을 드러내준다.

──토머스 하인, 『쇼핑의 유혹』 중에서

　아이들은 자라나면서 자아가 형성되어갈 무렵 뭔가를 사달라고
조르며 떼를 쓰기 시작한다. 구매 행위는 세상을 하나 둘씩 배워
가는 아이들에게 신기한 발견이다. 돈이라는 것을 지불하여 어떤
물건을 자기 소유로 획득할 수 있다는 사실은 경이롭다. 그 매혹
은 어른이 되어서도 결코 줄어들지 않는다. 쇼핑은 언제나 솔깃하
고 신나는 일이다. 주머니 사정이 여의치 않으면 눈요기만으로도
즐겁다. 그 반짝이는 호기심에 편승하여 백화점은 일 년 내내 각
종 바겐세일을 한다. 그래서 백화점 건물에는 언제나 'SALE'이라
는 현수막이 걸려 있다. 'SALE'이라는 단어를 한참 들여다보고 있
으면 다른 발음으로 읽히기도 한다. '살래?' 그렇듯 견물생심을

●●1930년대 백화점의 내
부 모습.

가장 쉽게 경험하는 곳이 백화점이다. 『어플루엔자*Affluenza*』(데
이비드 왠 외 지음)라는 책에서는 풍요의 시대에 창궐하는 맹목적
구매 충동을 바이러스에 빗대어 비판하고 있다.

　근대 유럽의 역사에서 백화점은 새로운 생활양식을 창출하면
서 다채로운 도시 문화를 꽃피우기 시작했다. 그 백화점이 한국
에 처음 들어선 것은 1930년이었다. 명동 일대의 번화가에 '모던
보이'와 '모던 걸'들이 세련된 외모를 뽐내며 활보하던 무렵, 지금
의 신세계백화점이 '미쓰코시(三越)'라는 이름으로 문을 열었다.
그리고 그로부터 5년 뒤 종로 1가에 한국인의 자본으로 화신백화
점이 세워졌다.

　백화점은 한 건물 안에서 수많은 물건들을 판매하는 대규모 소

1 어떤 백화점의 홍보물에는
'New Life Creator'라고 씌
어 있기도 하다.

층수	신세계(본점)	삼성플라자	갤러리아(본점)	롯 데(본점)
1	수입 명품, 잡화	해외 명품, 패션 잡화	명품, 화장품	해외 명품, 화장품
2	여성 뷰틱, 핸드백	명품 부티크, 여성 캐주얼	여성 의류	여성 캐주얼
3	여성 캐릭터, 슈즈살롱	캐주얼, 여성 캐릭터	여성 캐주얼	여성 정장
4	영 캐릭터	남성 패션, 스포츠, 골프	남성 진, 유니섹스, 스포츠	수입 명품, 부티크
5	영 웨이브	아동, 이벤트 홀	토털 리빙, 아동	남성
6	골프, 캐주얼	상품권, 카드		골프, 아웃도어, 트래디셔널
7	남성	식당가		아동, 진, 유니섹스, 스포츠
8	스포츠, 아동			가구, 인테리어, 홈패션 가정용품
9	생활			가전, 행사장, 면세점

● ● 백화점들의 각 층별 매장 배치 비교(1층~9층).

매상으로서, 근대적인 상품 세계의 거대한 전시장이었던 박람회에 뿌리를 두고 있다. 'department store'라는 말처럼, 백화점은 여러 상품들을 체계적으로 분류하여 진열한다. 매장의 구성을 보자. 어느 백화점이나 지하에는 식품 매장이 있고, 1층에는 화장품이나 귀금속 매장 등이 들어서 있다. 2, 3층은 예외 없이 여성 의류를 취급한다. 그리고 4층부터는 남성 패션, 스포츠, 유니섹스, 아동 등이 두세 층에 걸쳐 배합되어 있다(어느 백화점은 젊은이를 겨냥하여 4층과 5층에 젊은 세대가 좋아할 만한 의류·잡화 매장을 배치하고 각각의 층에 '영 웨이브'와 '영 캐릭터'라는 이름을 붙였다). 그리고 그 위 두세 층쯤에 걸쳐 가구 및 가전제품류 매장, 문화행사장과 식당가가 들어서 있는 것이 일반적이다.

1층에서 3층까지의 상품 배치를 보면 백화점이 여성 고객을 우선시하고 있음이 선명하게 드러난다. 그런데 1층에 화장품이나 귀금속 매장을 배치하는 까닭은 무엇일까. 고객들이 입구에 들어서자마자 '럭셔리'한 분위기에 흠뻑 젖어들면서 감각의 회로를 환상적인 소비 모드로 전환하도록 하기 위함이 아닐까. 더불어 고객들을 조금이라도 더 머물도록 붙잡아두기 위한 공간 설계는 치밀하다. 1층에 화장실이 없거나 엘리베이터를 구석진 곳에 배치한 것, 상행 에스컬레이터와 하행 에스컬레이터를 멀리 떼어둔 것 등도 손님들이 어쩔 수 없이 여러 매장을 접하도록 유도하는 장치들이다.

카지노²에는 공통적으로 세 가지가 없다고 한다. 창문과 시계 그리고 거울이 그것이다. 그 안에서는 세상과 시간과 자아를 망각하고 도박에 몰입할 수 있다. 그런데 대부분의 백화점에도 역시 창문과 시계가 없다.³ 반면에 거울은 대단히 많다. 옷이나 화장품 판매장은 물론 에스컬레이터에서도 옆이나 앞쪽으로 자신의 얼굴을 비춰볼 수 있다. 세상과 시간을 잊고 자아에 마음껏 도취하고 탐닉할 수 있는 곳이 백화점이다. 홍보물에 실린 문구들을 보자. 'Always with You' 'In Your Mind' 'For Your Good Life' 'Make Your Style' '당신의 하루에 아름다운 에너지를 더합니다' '단 한 사람, 특별한 당신을 위한 쇼핑 프로포즈'…….

이는 단순한 립 서비스가 아니다. 주차 안내 요원은 상냥한 목소리와 깜찍한 몸짓으로 손님을 환영하고, 매장의 점원들은 깍듯한 매너로 손님에게 최선을 다한다. 2004년 상류층을 겨냥해 야심차게 명품 위주의 특별 매장을 연 어느 백화점의 경우, 결혼식장의 신랑처럼 말끔한 정장으로 차려입은 도어맨이 손님이 드나들 때마다 정중하게 문을 열어준다. 그 황송한 접대에 주눅 들거나

2 음악, 댄스, 쇼 등 여러 가지 오락을 즐길 수 있는 시설을 갖춘 실내 도박장.

3 최근에는 그러한 관례를 깨고 전 층을 바깥에서 훤히 들여다볼 수 있도록 통유리로 벽을 대신한 백화점들이 등장하고 있다. 그리고 에스컬레이터도 상행선과 하행선을 한군데에 나란히 설치함으로써 고객의 편의를 가장 우선시하는 경우도 생겨나고 있다.

● ● 1990년대 초에 생긴 서울 신촌 그레이스 백화점의 전경(지금은 현대백화점으로 바뀌었음).

4 Very Important Person.

5 Very Very Important Person.

6 「신세계와 롯데 사이에서 백화점 마니아 길을 잃다」, 『주간동아』 2005년 8월 23일자 참조.

어색해 하는 사람도 가끔 있다. 그럴 만도 한 것이 그곳은 최상위 고객층, 즉 약 500명 정도의 VIP,[4] 그리고 약 100명 정도의 VVIP[5]를 겨냥해 마케팅을 하고 있는데, VVIP는 1년에 명품만 5천만 원어치 이상을 구매하는 고객이라고 한다. 그리고 그 매장에는 '퍼스널 쇼핑룸' '멤버스 라운지' '어린이 보호 서비스' '웨딩 플래너' 등이 운영된다.[6]

그러나 VIP가 아니라도 일단 백화점에 온 손님들은 모두 중요하다. 구매력 하나로 대접받을 수 있는 뿌듯함을 백화점은 확실하게 심어주어야 한다. 단순히 좋은 물건을 구매하는 것 이상의 만족감을 제공해야 하는 것이다. 그런 관점에서 점원들의 남녀 구성을 보면 흥미로운 점 한 가지가 발견된다. 웬만한 매장에는 거의 여자 점원이 서 있는데, 남성 의류와 가구 및 가전제품 그리고 구두 매장에서는 주로 남자 점원이 손님을 맞이한다. 남성 의류를 남성 점원이 판매하는 것은 당연하고 가구와 가전제품은 남자의 설명이 더 전문적인 듯 보일 테니 그렇다 치자. 그렇다면 여성용 구두 매장에 남자 직원이 있는 까닭은? 남성이 신발을 신겨줌으로써 신데렐라가 된 듯한 기분을 선사하려는 것이 아닐는지.

그런데 고객의 감동을 자아내기 위해서 점원들이 받아야 하는 스트레스는 크다. 상대방이 아무리 거칠게 나와도 미소를 잃지 않아야 하고, 점원을 하대하는 손님 앞에서도 무조건 참느라 심리적으로 탈진되는 것이다. 자신의 기분 상태와 관계없이 친절하고 상냥한 응대와 여성스러운 몸가짐으로 고객의 유쾌한 마음을 자아내야 하는 '감정 노동'[7]의 괴로움을 백화점 점원들은 늘 겪고 있다. 심지어 점원들을 경멸하는 고객들의 태도 앞에서도 꾹 참고 견디어야 한다. 학벌도 낮고 갈 곳도 없어서 백화점에 취직했겠지, 오죽 형편이 어려우면 여기에 일하러 나왔느냐는 식의 시선도 감내하며 일한다.[8] 직업적 편견과 여성 차별이 중첩되어 가해지는 모멸감은 하루 종일 서 있어야 하는 육체를 더욱 지치게 한다. 현란하게 진열된 상품에서 그들의 고단함으로 잠시 눈길을 돌리는 너그러움을 소비자에게 기대하는 것은 무리일까.

백화점의 어두운 얼굴이 또 하나 있다. 매스컴에서 자주 보도되듯이 비상 통로를 창고로 사용하는 행태가 그것이다. 조금이라도 더 많은 물건을 팔기 위해 모든 공간을 그런 식으로 활용하는 것이다. 이윤에만 골몰하여 안전 문제를 외면하는 그 비리의 계보를 추적하다 보면 삼풍백화점의 악몽에 마주치게 된다. 그 백화점은

7 업무를 수행하면서 타인의 감정을 위해 자신의 감정을 규제해야 하는 노동으로 정의된다.

8 『한겨레21』 2005년 6월 7일자 참조.

각 층의 시야를 넓게 확보하여 고객들에게 탁 트인 느낌을 주기 위해 기둥을 거의 세우지 않도록 설계했다. 그렇듯 구조가 허약한데 옥상에 무거운 에어컨 가동 장치까지 올려두었으니 붕괴는 예정된 것이었다고 할 수 있다. 게다가 당일에는 사고의 조짐이 오전부터 나타났는데도 대피 조치를 취하지 않고 있다가 붕괴 직전 임원진만 황급히 빠져나갔다. 대형사고가 늘 그러하듯이 그야말로 최악의 경우의 수들이 조합을 이룬 셈이다. 그 사고는 화려한 외양이나 포장된 친절보다 안전에 대한 배려가 훨씬 중요함을 새삼스럽고도 뼈아프게 가르쳐준 참사였다.

오늘도 백화점은 들뜬 발걸음으로 북적인다. 똑같은 물건이라도 백화점에서 샀다고 하면 기분이 다를 만큼 그 공간은 각별한 의미를 지닌다. 그래서 쇼핑 나온 가족과 벗들은 다소 흥분해 있고 표정도 밝다. 미국의 어느 연구자들이 백화점에서 물건을 고르는 사람들의 눈을 가까이에서 분석해본 결과, 눈동자가 평소와 달리 천천히 움직였다. 완만한 안구의 움직임은 뭔가 환상적인 것에 사로잡힐 때 나타나는 반응이라고 한다. 백화점은 현실을 벗어난 또 다른 세계임이 분명하다. 거기에서 우리는 구매 행위 자체를 소비한다고도 할 수 있다. 각양각색의 브랜드로 자아를 디자인하면서 만끽하는 행복감에 그곳은 언제나 축제이다.

그러나 백화점이 허영의 시장이라고만은 할 수 없다. 누군가를 위해 선물을 고르는 이들의 마음은 자기를 비우는 기쁨으로 충만하다. 생일에서 입학 및 졸업에 이르기까지 축하를 주고받을 일이 많은 세상은 좋은 것이다. 신세를 졌거나 은혜를 베풀어준 사람에 대한 고마움을 어떤 식으로든 표현하는 사람들은 예쁘다. 그 사은

(謝恩)의 손길이 또 다른 호혜(互惠)로 번져나가면서 삶의 자리는
한결 넉넉해질 것이다. 어느 백화점의 홍보물에는 다음과 같이 씌
어져 있다. 'Love is Blooming Now!'

❶ 백화점에 가보면 유니폼을 입은 점원들이 있는가 하면, 자유롭게 옷을 입은 점원들도 있다. 그들 사이에는 어떤 차이가 있을까? 복장의 종류와 백화점의 입점(入店) 시스템 사이에는 어떤 상관관계가 있을까?

❷ 백화점마다 상품권이 대량으로 발행되어 판매된다. 이 상품권들은 거의 다 선물 대신 건네지는데, 현금 대신 상품권을 주는 까닭을 어떻게 설명할 수 있을까? 그리고 선물로 받은 상품권을 가지고 물건을 살 때는 자기 돈을 내고 살 때와 마음가짐이 어떻게 다른가? 상품권의 회수율은 얼마나 되며, 사람들이 그것을 집에 그냥 묵혀두는 기간은 평균 얼마나 될까? 또한 백화점의 입장에서는 상품권 판매로 어떤 이익을 얻을까? '상품권의 경제학'이라는 것을 구상해보자.

❸ 사이버 공간이 확대되면서 인터넷 상거래가 활발해지고 있다. 그리고 케이블 텔레비전 홈 쇼핑의 위력은 점점 막강해지고 있다. 이러한 변화는 백화점에 어떤 영향을 끼치고 있고, 그에 대한 백화점의 대응 전략은 무엇일까? 또 백화점의 홈 페이지는 어떤 기능을 하는가?

❹ 한때 주요 백화점마다 셔틀 버스를 운행하여 아파트 지역의 고객들을 경쟁적으로 끌어들였다. 그런데 그에 대해 마을버스 회사들이 반발하여 오랜 논쟁 끝에 결국 위법이라는 판결이 나와 운행이 중단되었다. 당시 백화점과 마을버스 회사가 내세웠던 주장은 무엇이었을지 추정해보고, 실제로 어떠했는지 조사해보자.

❺ 백화점의 문화 센터에서는 많은 강좌들을 개설한다. '새 학기 반장 선거 대비 강좌' '노후 준비 재테크' '자산 리모델링 컨설팅' '와인의 세계' 등의 이색적인 강좌도 있다. 백화점 문화 센터가 제공하는 프로그램은 다른 문화 센터나 평생교육센터의 프로그램과 어떤 점에서 다른가? 백화점 문화 센터에서 유치하기 원하는 고객은 누구일까? 백화점에서 운영하는 문화 센터의 강점은 무엇인가?

사 · 고 · 파 · 는 · 것 · 말 · 고 · 도

세상 돌아가는 소식과 도시의 유행도 장터에 모인 사람들의 귀와 입을 통해 시골구석
까지 퍼져나간다. 또한 시장은 자연스럽게 혼담이 오고 갈 수 있는 곳이며 젊은 남녀
들에게는 서로가 눈을 맞추어보는 사교의 장이다. […] 장터에서 들을 수 있는 약장
수의 능청맞은 익살과 노랫가락, 깡깡이 소리는 부담 없이 즐길 수 있는 서민의 소박
한 오락이자 무대예술이다.

　　　　　　　　　　　　　　　　　　　　　——정승모, 『시장의 사회사』 중에서

　우연히 어디를 갔다가 공교로운 일을 만났을 때 '가는 날이 장
날'이라고 한다. 또 찾아오는 사람들이 많을 때 '문전성시(門前成
市)'라는 표현을 쓴다. 전통사회에서 시장은 수많은 타인들과 진
기한 광경들을 한꺼번에 접할 수 있는 비일상의 시공간이었다. 거
기에서는 각종 놀이판도 벌어져 농사에 지친 사람들이 잠시 숨을
돌릴 수 있었다. 신경림 시인은 장날에 얽힌 추억을 다음과 같이
회고하고 있다. "장날이면 마음이 들떠서 공부가 제대로 되지 않
았다. 공부 시간에도 잠깐씩 선생님의 눈을 속여 창밖을 내다보면
지서 앞 오종대 아래 사람들이 하얗게 모여 서 있었다. 안 보아도,
우리는 그곳에서 무엇이 벌어지고 있는지를 알고 있었다. 우리의

● ● 서울의 황학동 시장이
사라지기 전의 모습(상)과
동대문 운동장 자리로 옮겨
간 뒤의 모습(하). 무질서하
게 쌓아놓은 물건들은 그 자
체로 독특한 볼거리요, 진기
한 만물상이다.

짐작은 틀림이 없어, 점심시간이 되기가 무섭게 달려 나가 보면, 과연 거기서는 막 약장수의 기타에 맞추어 앳된 소녀가 흘러간 노래를 부르고 있는 중이었다. 〔……〕 또한 장날은 신나는 놀이의 날이었다. 장을 통해서 먹고 사는 보부상들은 손님을 불러 모으는 수단으로 죽방울 놀이, 줄타기, 요지경 놀이 들을 했는데, 그래서 장날은 신나는 놀이판이 될 수밖에 없었다"(신경림, 「건강하고 풋풋한 삶의 마당, 장날」, 김주영 외, 『한국인의 뿌리』〔사회발전연구소, 1988〕 중에서).

말하자면 시장은 단순히 물건을 사고 파는 것 뿐만 아니라 사람들이 어울리면서 문화를 빚는 광장이었다. '도시(都市)'와 '시민(市民)'이라는 단어에서 알 수 있듯이 시장은 문명의 중요한 모태였다. 유대교의 성전 앞마당, 그리스의 광장, 로마의 포럼 등 사람들이 모이는 곳이면 시장이 열렸고 거기에서 각종 오락과 사교가 이루어졌다. 동방에서도 시장은 형형색색 풍물의 진열장이었던 듯하다. 케텔비Albert William Ketelbey가 작곡한 「페르시아의 시장에서In a Persian Market」라는 관현악곡에는 낙타 떼의 행진, 거지들의 울부짖음, 시종을 거느린 공주의 행렬, 마술사, 뱀 놀리기 등의 장면이 묘사되고 있다.

현대 사회에서도 시장은 그 사회의 고유한 문화와 생활양식을 반영하는 공간으로, 특히 서민들의 애환이 묻어나는 전통 시장들은 외국인들의 이국 취미를 충족시켜주며 명물 관광지로 사랑받는다. 세계 곳곳을 여행하면서 거기에서 받은 인상들을 화폭에 담은 화가 천경자의 작품 가운데 「쿠스코 시장」은 남미(페루) 인디언 문화의 단면을 담백하게 포착하고 있다. 한국의 경우에도 서울의 동대문시장은 관광 명소로 자리 잡았고, 성남의 모란시장은 수도권에서 가장 인기를 누리는 재래시장이다. 안타깝게도 대부분의 재래시장은 대형 할인 마트 등의 공세에 밀려 자취를 감추고 있다. 그런 가운데 일부에서는 유통 구조의 합리화, 세련된 접객 서비스, 시장 내·외부 구조 개선 등으로 활성화에 나서지만 만만한 일이 아니다. 거대 자본을 바탕으로 강력하게 소비자들을 빨아들이는 유통업계와 맞서는 것이 워낙 버거운 것이다.

그런데 다른 한편에서 새로운 유형의 시장이 꾸준히 영역을 넓히고 있다. 벼룩시장, 알뜰 장터, 녹색 가게 등의 이름으로 불리는 중고품 거래 시장이다. 이들 시장은 자신이 쓰던 물건을 자기 집 앞에 내놓고 판매하는 'Garage Sale'이나 'Yard Sale'에서, 유명인의 소장품들을 기증받아 일반인에게 판매하는 자선 바자회에 이르기까지 다양한 형태가 있다. 여기에서 거래되는 물건들에는 주인의 체취와 세월의 흔적이 담겨 있다. 그러므로 여기에서는 단순히 싼 가격에 좋은 물건을 구입한다는 것뿐만이 아니라, '손때'에 가득 묻어 있는 시간과 삶의 숨결을 만지면서 그 물건에 얽혀 있을 이런저런 사연들을 상상해보는 재미가 쏠쏠하다. 오랫동안 소중하게 간직하던 골동품이 전혀 알지도 못했던 누군가에게 건네진다. 돈을 매개로 이루어지는 거래이지만, 그 액수가 워낙 적기 때문에 실제로는 증여에 가까운 경우도 많다.

전문적으로 중고품을 판매하는 상설 시장 가운데 단연 명물로 꼽히던 곳은 서울의 황학동시장이다. 낮에 북적대던 사람들이 밤이 되면 모두 빠져나간다고 해서 '도깨비 시장'이라는 별명이 붙어 있던 그 시장은 청계천의 물길이 열리면서 옛 서울운동장 자리로 옮겨 '풍물벼룩시장'이라는 이름으로 바뀌었다. 거기에는 불과 몇 십 년 전까지 일상에서 흔히 쓰이던 물건들이 어느덧 골동품이 되어 가득 진열되어 있다. 유행이 한참 지나 거들떠보지도 않을 것 같은 텔레비전 리모컨이나 핸드폰의 배터리, 저런 것을 누가 사갈까 싶을 정도로 낡아 빠진 악기나 시계들이 쌓여 있고 그 외에도 식품류, 고가구, 스포츠 용품, 옛 축음기 및 스피커, 동양화 등이 눈에 띈다. 그래서 골동품 마니아들 이외에도 추억을 더듬으려 구경 오는 사람들도 대단히 많다. 또한 영화나 연극을 제작하는 예술인들이 필요한 소품들을 구하러 이곳을 즐겨 찾는다.

그만큼 이곳은 온갖 별난 사물들의 집결지다. 고급 주택지에서 버려지는 것들을 전문 상인들이 수거해 공급해주는 경우도 많은 데, IMF 구제금융 사태 직후에 좋은 물건들이 많이 쏟아졌다고 한다. 그래서 해외 명품 에이브이AV 시스템이나 고급 모피를 싼 값에 구하는 밀리언 달러 베이비²의 행운을 누릴 수도 있다. 그런가 하면 탄약통 같은 군용 물자나 섹스와 관련된 온갖 희한한 불법 유통품들도 버젓이 판매되고 있다. 조영남의 「화개장터」라는 노래에는 '있어야 할 건 다 있구요. 없을 건 없답니다'라는 가사가 나오지만, 여기에는 없어야 할 물건들까지도 있는 셈이다.

정찰제나 바코드 시스템도 없고 신용카드 같은 것은 꺼내지도 못하는 이곳에서는 가격이 유동적인 편이다. 그래서 상인과 손님 사이에 걸쭉한 흥정이 이루어지는 재래시장의 맛이 아직 여기에 남아 있다. 그러나 이곳 풍물벼룩시장은 청계천 시절의 북적대는 풍경과 사뭇 다른 모습을 보여준다. 경기 침체의 영향을 직접 받는 데다가 장소를 옮기고 나서 통행량이 적어지면서 매출이 줄어

2 1센트 가게에서 100만 달러 이상의 가치를 지닌 물건을 발견하는 것, 즉 예상하지 못했던 허름한 곳에서 보물 같은 진귀한 것을 얻는 것을 가리킨다.

들었기 때문이다. 게다가 앞으로 동대문운동장 일대를 공원으로 조성한다는 방침이 세워져 있어 상인들은 또다시 생계의 터전을 잃을지 모른다는 불안감에 싸여 있다. 시장의 이름대로 '벼룩'처럼 이곳저곳을 옮겨다니며 연명하는 그들이 안착할 수 있는 터전은 어디에 있을까.

벼룩시장의 원어인 'flea market'과 발음이 비슷하면서 성격을 달리하는 또 하나의 시장이 있다. 예술가들이 소비자에게 자신의 작품을 직접 판매하는 '프리마켓free market'이 그것이다. 2002년 월드컵을 앞두고 서울의 홍대 앞 놀이터에서 시작된 프리마켓은 이후 전국 각지로 꾸준히 확산되고 있다. '일상의 열린 공간에서 정기적으로 예술가들과 시민들이 만나는 새로운 개념의 예술 시장이자 대안적인 문화 행사'를 표방하면서 운영되는 이 시장의 분위기는 차분하면서도 활기차다. 그다지 넓지 않은 광장에 오밀조밀하게 부스나 판매대가 세워지고 그 위에 모자, 손수건, 장신구, 수첩, 엽서 등 다채로운 작품들이 진열되어 있다. 그리고 이것들을 만든 작가들이 손수 판매한다. 그것은 단순한 상거래 행위를 넘어 생산자가 소비자를 직접 대면하여 피드백을 주고받으며 펼쳐가는 자생적인 생활 문화 운동이기도 하다. 저녁 무렵이 되면 여러 음악 공연도 곁들여진다. 옛 장터에서 펼쳐지던 각종 예술 무대가 재현되는 셈이다.

'프리마켓'이라는 말은 어색한 조어라고 할 수 있다. 시장이라는 것 자체가 본래 자유로운 것 아닌가? 자유롭지 않은 시장이 있는가? 있다. 적어도 예술품 시장은 별로 자유롭지 않다. 진입 장벽이 너무 높아서 웬만한 지명도나 인맥이 없으면 참여 자체가 원

천적으로 봉쇄되어 있기 때문이다. 재능이 있어도 기획사를 제대
로 만나지 못하면 시장이나 대중매체에 얼굴을 내밀기 어렵다. 그
들의 작품을 원하는 소비자가 분명히 존재하는데도 말이다. 바로
그러한 간극을 메우기 위해 '인디'라는 이름의 문화 생산이 이루
어지는데, 음악과 영화에서 가장 활발하다. 프리마켓은 미술이라
는 장르를 중심으로 모색되는 대안적인 예술시장이다. 비주류 내
지 아마추어들이 자신의 실력을 즉각 검증받을 수 있는 직거래 장
터이다. 그렇다고 해서 아무나 물건을 내놓을 수 있는 것은 아니
다. 기존의 시장에 나와 있는 제품들이나 그것을 모방한 디자인은
절대 사절이다. '끼'의 순도(純度)를 지키기 위해 또다른 진입 장
벽을 세울 수밖에 없는 것이다.

'스카보로 시장에 가시나요. 〔……〕 거기 사는 어떤 이에게 안부를 전해줘요. 그녀는 나의 진정한 사랑이었거든요. 그녀에게 삼베옷 하나 만들어달라고 해주세요.' 사이먼과 가펑클Simon and Garfunkel의 명곡「스카보로 시장Scaborough Fair」은 유럽의 노천 시장을 떠올리게 한다. 알려진 바에 따르면 이 곡 자체가 여러 지역을 떠돌아다니던 중세의 무명 음유시인들에 의해 창작되어 오랜 세월 동안 개사되고 편곡되어왔다고 한다. 시장을 통해서 생겨나는 수많은 우연들, 거기에 맺히는 사연들은 삶의 재미이자 예술적 영감의 원천이기도 했다. 역사 속에서 시장은 물건의 거래만이 아니라 이런저런 정보가 오가고 만남이 이루어지는 장소였다. 그 특유의 무질서와 난잡함, 낯설음과 자유로움, 웅성거리고 떠들썩한 북새통의 활기는 생활의 잔잔한 에너지가 되어왔다. 오늘 다시금 시장은 추억의 저장고가 될 수 있을까. 문화의 창의성을 빚어내는 그릇으로 자라날 수 있을까. 오래된 물건들이 새 주인을 만나는 벼룩시장, 생산자와 소비자가 얼굴을 직접 마주하는 프리마켓은 장터의 즐거움을 일궈내고 있다. 장삿속, 바가지 상혼, 잡상인, 시정잡배 등으로 인해 부정적인 이미지로 채색되기 일쑤인 시장이지만, 마음의 거래로 대안적인 상업 문화를 빚어낼 수 있는 가능성을 그 색다른 시장들에서 발견한다.

❶ 재래시장이 거의 사라져가는 가운데 가까스로 명맥을 잇고 있는 시장이 있고, 성남의 모란시장처럼 명소로서 각광을 받고 있는 시장도 있다. 서울의 황학동에 있다가 청계천이 열리면서 옛 서울운동장으로 옮겨간 풍물벼룩시장에도 꾸준히 발길이 이어진다. 그런 공간에는 한국 특유의 분위기가 배어 있다. 만일 외국인 관광객을 위해 그런 시장을 구경하는 가이드북을 만든다면 어떤 내용과 형식으로 꾸미면 좋을까? 구경의 포인트를 어떻게 잡을까?

❷ 자신이 사용하던 생활 용품을 직접 가지고 나와서 파는 벼룩시장에서 가격은 어떻게 형성되는가? 일반 경제학에서 가장 기본적인 도식으로 내세우는 수요공급의 법칙을 여기에 적용할 수 있는가? 만일 적용할 수 없다면 다른 무엇이 여기에서 변수로 작용하는가? 구체적으로 말하면 물품을 파는 사람들은 무엇을 기준으로 거기에 가격을 붙이는가? 그리고 구매자가 흥정하여 가격을 내리는 경우는 얼마나 되는가?

❸ 대안적인 예술품 시장(프리마켓)을 찾아오는 소비자는 거의 다 젊은 여성들이다. 아줌마나 할머니들은 왜 이곳을 찾지 않을까? 또한 남성들을 겨냥해서 창작하여 내놓을 만한 예술 상품은 없을까? 젊은 남성뿐만 아니라 중년 및 노년 남성을 위한 상품도 가능하지 않을까? 그것은 새로운 품목을 개발하는 것일 수도 있고, 지금 그 시장에 나와 있는 품목들의 디자인을 다채롭게 변주하는 것일 수도 있다. 구체적으로 생각해보자.

❹ 예술품 시장은 그냥 판만 벌여놓는다고 되는 것이 아니다. 사람들이 계속 찾아올 수 있도록 하기 위해서는 일정한 품위와 질서를 유지하면서 즐거운 콘텐츠들을 개발해내야 한다. 그것은 곧 운영자들의 책임이다. 프리마켓의 운영자들이 가장 신경을 쓰는 것, 또는 가장 고충을 느끼는 일들은 무엇일까?

제4부 거주와 돌봄

아파트 · 집 · 경로당 · 노숙 · 마을

나·를·감·추·면·서·과·시·하·는·기·호·체·계

706호에 살고 있는 여자와/그녀의 쌍둥이 아이들을 나는 어제/아파트 부근의 공중목
욕탕에서/만났다. 그녀가 다가와/늦장을 피우는 온수보일러 보수공사를/불만스럽게
말할 때/불현듯 그녀와 내가 어떤 은밀함으로/묶여 있는 것을 느꼈다./그 은밀함이 다
정하게 서로의 등을/밀게도 하고, 샴푸와 비누를 나누어 갖게도/하였다. 저녁무렵에
보일러가/고쳐지자 느닷없이 공중목욕탕에서 생긴/그녀와의 은밀함도 사라져 버렸다
//나는 다시 익숙한 내 아파트의/닫힌 구조 속에 위안을 느끼며 돌아와/있다. 무엇보
다도 이 아파트의/닫힌 구조를 사랑한다./완전한 내 공간 하나를 늘 갖고 싶었고/그
꿈을, 아파트의 닫힌 구조가/온전히 지켜낼 수 있을 것 같았으므로.

—백미혜, 「완전한 공간—고층아파트 7」 중에서

만일 누군가가 '풍경의 역사'라는 것을 쓴다면, 한국의 20세기
는 매우 두터운 단원을 차지할 것이다. 5천 년의 변화보다 지난
100년의 변화, 그리고 그보다 지난 10년의 변화가 더욱 컸다는 사
실은 공간에도 그대로 투영될 것이기 때문이다. 10년이 아니라
2~3년이면 강산이 변하는 시대를 우리는 살고 있다.

지난 반세기 동안 한국의 풍경에 일어난 변화 가운데 당장 눈
에 두드러지는 점은 직선의 급증이 아닐까 싶다. 구불구불한 길

이 곧게 뻗은 도로로 바꾸고 지붕의 곡선이 날카로운 직각으로 대체되었다. 그리고 건물이 한없이 높아지면서 자연스러운 산세로 형성되는 스카이라인[1]이 사라져갔다. 생각해보면 '콘크리트 숲'이라는 표현은 얼마나 서글픈가.

이러한 변화의 핵심에는 급증해온 아파트가

있다. 1960년대 서민 주택으로 등장하여 70년대 후반부터 중산층의 주거 공간으로 확산되기 시작해 이제는 도시뿐 아니라 농촌 곳곳에도 들어서는 아파트는 이윽고 지난 2000년을 분기점으로 전체 주택의 절반을 넘어섰다. 이는 세계적으로도 매우 기이한 현상인데, 단지 양적인 비율만이 아니라 주거의 질이라는 측면에서도 특별하다. 다른 나라에서는 아파트가 가난한 이들의 집합 주거로 생겨나 시간이 지나면서 슬럼화하기 일쑤다. 그러나 한국에서는 정반대의 현상이 일어나고 있다. 서민들에게 '내 집 마련의 꿈'이란 곧 아파트의 소유를 의미하고, 이미 그 꿈을 이룬 중산층과 상류층은 더 좋은 아파트를 향해 매진한다. 그 결과 부동산 인플레이션은 아파트 가격이 주도한다.

우리의 전통적 주거 문화나 공간적 심미 감각[2]과 별로 어울리지 않는데도 아파트가 이토록 열망의 대상이 되는 까닭은 무엇인가? 아파트가 선호되는 가장 우선적인 이유는 편리함 때문이다. 아파트는 난방, 방범, 자잘한 수리 등이 단독주택에 비해 훨씬 간편하다. 그리고 단지가 제공하는 공원 및 놀이터, 주차장 등의 공동이용 시설이 생활의 쾌적함과 편의를 제고해준다. 그리고 인구밀도가 워낙 높기 때문에 초고속 통신망이나 유선방송 같은 정보 인프라를 매우 저렴한 가격으로 이용할 수 있다.

아파트의 매력은 그런 기능적인 편리함에만 머물지 않는다. 그에 못지않게 중요한 것은 단절('apart')된 생활 구조가 주는 자유로움이다. 앞에 인용한 시는 '자기만의 방(또는 집)'에 대한 오롯한 갈망을 잘 담아내고 있다. 같은 동에 사는 여자와 공중목욕탕에서 만나 보일러 공사가 지체되는 것에 대해 불만을 함께 늘어놓을 때 '어떤 은밀함으로 묶여 있는 것'을 느끼면서 서로 등을 밀어주었는데, 저녁에 보일러가 고쳐지자 그 은밀함이 사라져버리면서 닫힌 구조에 안온함을 느끼게 된다. 사람에게는 타자와 어울리고 싶은 욕망과 자기만의 고립된 세계에 은둔하고 싶은 욕망이 공존하는데, 아파트는 후자를 매우 효과적으로 충족시켜주는 것이다.[3]

아파트는 각 집들이 물리적으로 매우 긴밀하게 연관되어 있다. 그래서 윗집에서 일으키는 소음으로 아랫집이 생활에 큰 불편을 겪고, 세탁기 물을 잘못 버려 다른 집의 하수구가 넘쳐나기도 한다. 사소한 부주의가 다른 집에 적지 않은 폐를 끼치게 되는데, 그 갈등을 원만하게 해결하지 못해 사이가 험악해지기도 한다. 이웃관계가 희박하기 때문이다. 사람들 사이에 관계와 소통이 단절되어 있는데도 그 거대한 공동 주택에서의 생활이 유지되는 것은

3 흥미로운 것은 초기(1960~70년대 초)에 지어진 아파트들의 설계 구조를 보면 단절이 그다지 심각하지 않았다는 점인데 당시의 아파트에는 지금보다 넓은 공유 공간이 확보되어 있었다.

관리 사무소가 운영하는 전문적 관리 시스템이 작동하기 때문이다. 그러나 주민들은 그 실체를 경비원과 관리비 고지서 및 부과 내역서, 그리고 이따금 나오는 안내 방송 등으로 체험할 뿐이다. 평소에 주민들은 그 정도 이상으로는 별로 관심이 없다.

바로 그것이 아파트의 아킬레스건이다. 아파트 관리에는 엄청난 액수의 돈이 집행된다. 각 집에서는 고지서에 나오는 대로 꼬박꼬박 관리비를 납부하지만, 그 돈이 어떻게 사용되는지는 자세히 알지 못한다. 정기적으로 실시되는 개보수, 단지 내의 대형 공사 등에는 각종 이권이 연루된다. 만일 위탁 관리 업체가 비양심적인 데다가 입주자 대표 회의나 동 대표 회의마저 제대로 기능하지 못한다면 아파트 관리 비용이나 각종 공사 대금을 부풀려 집행하는 등 엉뚱한 곳으로 뭉칫돈이 새어나가기 마련이다. 근본적으로 아파트에 공동체 내지 공공영역이 빈곤한 데서 그러한 병리들이 싹튼다. 그것은 우리가 아파트를 어떻게 인식하고 있는가의 문제와 직결된다. 건축가 정기용은 아파트 거주의 맹점을 다음과 같이 지적하고 있다.

모든 시민들이 살기 위해 아파트에 거주하는 것이 아니라 팔기 위해 아파트를 구입한다는 것은 늘 이사갈 준비를 하는 것을 의미하며, 이것은 '이웃과 더불어 살' 시간과 공간을 포기하는 것이다. 〔……〕 싸잡아 거칠게 얘기하자면 이 나라 사람들은 집 속에 살고 있는 것이 아니라 대합실에 '대기'하고 있는 것이나 다름없다. 대합실 속에서의 삶이란 '임시적'이며 '즉흥적'이고 연속성이 없다. 〔……〕 아파트 정문에 걸린 "경축! 재건축, 안전진단 통과"라는 플래카드는 한국에서만 보는 진풍경이다. 자신들이 살던 집이 안전하지 않다는 것을 경축하는 나라는 지구상에 대한민국밖에 없을 것이다. 〔……〕 옆동네에 임대아파트가 지어진다고 "우리 동네에 임대아파트가 웬 말인가"라는 플래카드는 또 얼마나 우리를 서글프게 하는가![4]

4 정기용, 「당신은 대합실에 사는가」, 『한겨레21』 2006년 8월 22일자.

실제로 한국 아파트의 수명이 세계에서 가장 짧다. 20년 정도만 되면 허물고 다시 지어야 한다는 이야기가 나오는 나라가 한국 외에는 없는 것이다. 비싼 돈을 들여 지어놓은 아파트를 가설주택처럼 사용하는 까닭은 그것을 오로지 재산으로만 보기 때문이다. 재건축을 통해 평수를 넓히거나 층수를 높이면 각 소유주들에게 엄청난 이득이 돌아가는 경우가 아직도 많이 있다. 그렇듯 부동산의 가치를 높이는 이해관계 앞에서 주민들은 대동단결한다. '아파트 제값 받기 운동'이 일어나는 것, 그리고 임대아파트조차 혐오 시설로 반대의 대상이 되는 것도 바로 그러한 맥락에서이다.

이제 아파트는 그 자체로 사람들의 경제적 수준을 가리키는 지표가 되었다. 어느 지역의 어느 아파트, 무슨 동, 몇 단지에 사느냐를 가지고 생활의 급수를 매기는 것이다. 이 점은 프랑스의 발레리 줄레조Valérie Gelézeau라는 학자가 쓴 『한국의 아파트 연구』라는 책에서 잘 분석되고 있다. 그에 따르면 프랑스에서는 아파트가 저소득층을 위해 고층으로 단지화한 것인데 비해 한국의 경우 대개 준고급 주택으로 정착되었다. 그 배경에는 "대규모 주택 정책과 주택 소유 정책으로 대표되는 한국의 주택 정책과 정부와 재벌 기업 간의 긴밀한 관계, 국가의 급성장을 주도한 권위적 정부에

의한 양산 과정 통제"가 있었고, "이후 주택 부문에 간접적으로 개입했던 정부가 후퇴하고 중산층의 지위가 향상되면서 아파트 단지는 상업주택 건축의 기본적 틀로 자리잡아 '새 것' '깨끗한 것' '도시로의 통합' '사회적 지위의 상승'의 이미지를 획득하게 됐다."

신문에 실리는 아파트 분양 광고의 문구를 보면 이를 더욱 분명하게 확인할 수 있다. "처음부터 끝까지 최고의 자부심" "정상의 인생을 살아오신 분이라면 어울리는 주소도 특별해야 합니다" "1% 월드클래스들이 꿈꾸어왔던 섬" "Upgrade Your Life!" "세상의 명예가 되는 Royal Address" "Castle First" "Noble Community" "수준 높은 ○○의 프라이드" "주거 명품" …… 이런 문구에 곁들여지는 설명에서 가장 많이 나오는 단어는 '품격'이다. 다른 사람들과 뭔가 구별되고 싶은 욕망을 정확하게 짚어내고 있는 것이다. 그렇다면 무엇으로 그러한 차이를 만들어낼까? 어느 아파트 광고에서는 "마침내 당신이 꿈꾸던 모든 생활이 한곳에서 이뤄집니다. 첨단의 안전, 자연이 어우러지는 건강, 다양한 즐거움이 함께 하는 문화생활, 아이를 위한 최고의 교육환경까지…… 이곳에선 모두가 당신의 것이 됩니다"라고 현혹하면서, 입주민만 이용할 수 있는 영어 마을을 내세우고 있다. 그런가 하면 'Intelligent High-end Residential(고성능 정보 시스템을 갖춘 주거)' 등의 문구에서 잘 나타나듯 최신 정보기기의 편리함[5]을 강조하는 것도 최근의 뚜렷한 추세다. 단지 내에 프랑스 파리의 개선문과 흡사한 디자인의 독특한 조형물이나 호텔가를 방불케 하는 야간 조명을 설치함으로써 브랜드 가치를 높이는 경향도 새롭게 나타났다. 내 집 마련의 꿈을 이룬 이후에도 계속 쫓아야 하는 목표는 끝이 없다.

앞서 시인이 말한 '완전한 공간'은 이제 개별 가구가 아니라 단지 차원에서 실현되는 듯하다. 아파트는 집합적 단위로 동질성을 띠면서 그 자체로 닫힌 구조로 완결되어가는 것이다.[6] 그 주거 공간에 담기는 삶은 어떤 모습일까. "세상에 없던 세상!" "가슴 가득 꿈꾸던 행복, 마음껏 상상하십시오" "오늘, 도시의 감동이 시작됩니다" 등의 문구와 함께 신문에 전면 광고로 실리는 단지의 상상도가 소비자에게 불러일으키는 꿈은 어떤 빛깔일까. 환상적으로 그려져 있는 그림 또는 합성 사진들, 그 아래 구석에는 매우 희미하고 작은 글씨로 이렇게 씌어져 있다. "이미지는 소비자의 이해를 돕기 위한 것으로 실제와 다소 차이가 있을 수도 있습니다."

5 사용자가 언제 어디서든 자유롭게 네트워크에 접속할 수 있는 정보 환경을 아파트에 조성하면서 '유비쿼터스'라는 용어가 붙고 있다. 외부에서의 가전제품 조작, 각종 범죄 예방 기능, 건강 관리와 감정 조절 시스템 등이 가능해지는데, 이러한 디지털화는 도시 전체와 연계되는 추세이다(중앙일보 2005년 5월 26일자 참조).

6 이제는 '타운하우스'라고 해서 개별 가구는 단독주택에 살면서 일정한 담장 안에서 아파트처럼 경비 시스템과 공원, 놀이터, 커뮤니티 시설 등을 공동으로 사용하는 일종의 'gated community'가 등장하고 있다.

❶ 아파트에는 출입구마다 경비실이 있다. 경비원들이 하는 일들은 무엇인지 알아보자. 그리고 그것 이외에 앞으로 개발할 수 있는 일거리는 무엇이 있을지 생각해보자. 자신이 만일 아파트 관리 대행 업체를 만든다면 어떤 서비스를 새롭게 제공할 수 있겠는가? 그리고 만일 젊은이나 여성들이 경비 업무를 맡는다면 어떤 일감을 만들어볼 수 있을까?

❷ 아파트 이름은 크게 삼성, 현대, 우성, 한신, 청구, 건영, 삼익, 주공 등 건설업체의 이름을 딴 것과 센트레빌, 에덴빌라, 하이츠, 라이프시티, 메트로타워, 벨라빌, 월드 메르디앙, 가든 스위트, 금강에스쁘아 등 낯선 외국어로 지어진 것의 두 범주로 나누어볼 수 있다. 이런 식으로 이름이 붙여진 배경은 각각 무엇일까? 그리고 만일 그런 종류와 다른 식으로 아파트 이름을 짓는다면 어떻게 작명하겠는가?

❸ 아파트는 연립주택이나 단독 및 다세대주택에 비해 쓰레기 분리 수거가 잘 이루어지는 편이다. 그 까닭은 무엇일까?

❹ 아파트의 단절된 인간관계를 메우기 위한 방안으로 공유 공간을 확보하여 거기에서 주민들이 공동체 활동을 벌일 수 있다. 어떤 아파트에서는 지하 주차장의 일부를 문화교실로 만들어 주부들이 다양한 취미 활동을 한다. 아파트에 이러한 공유 공간을 확보할 수 있는 다른 방안들을 조사하고 구상해보자.

하 · 우 · 스 · 인 · 가 , 홈 · 인 · 가

오늘은 일찍 집에 가자/부엌에서 밥이 잦고 찌개가 끓는 동안/헐렁한 옷을 입고 아이
들과 뒹굴며 장난을 치자/나는 벌 서듯 너무 밖으로만 돌았다/어떤 날은 일찍 돌아가
는 게/세상에 지는 것 같아서/길에서 어두워지기를 기다렸고/또 어떤 날은 상처를 감
추거나/눈물자국을 안 보이려고/온몸에 어둠을 바르고 돌아가기도 했다/그러나 이제
는 일찍 돌아가자/골목길 감나무에게 수고한다고 아는 체를 하고/언제나 바쁜 슈퍼집
아저씨에게도/이사 온 사람처럼 인사를 하자

——이상국, 「오늘은 일찍 집에 가자」 중에서

　　2002년에 상연된 「행복한 가족」이라는 연극이 있다. 일흔이 넘
어 혼자 사는 할아버지가 주인공인데, 먼저 세상을 떠난 할머니의
제사를 지내기 위해 자식들을 집으로 불러 모아 함께 보내는 몇
시간 동안의 해프닝을 묘사한 작품이다. 아내의 영정을 꺼내 걸어
두는 등 제사 준비를 마무리할 즈음, 아들 딸 며느리 사위 들이 하
나 둘씩 도착한다. 오랜만에 만난 가족들인 만큼 그동안 살아온
이야기들을 즐겁게 나누지만, 아버지가 섭섭했던 일들을 하나 둘
씩 꺼내 자식들을 호되게 꾸중하자 자식들은 무릎을 꿇고 용서를
구한다. 결혼도 하지 못하고 변변치 않게 살아가는 막내아들은 뒤

늦게 도착하여 제사상 앞에서 서럽게 흐느낀다. 그럭저럭 제사가 끝나고 오랜만에 상봉한 가족들은 기념사진을 촬영한다.

그런데 연극은 거기에서 반전된다. 사진을 찍은 아들은 "다들 수고하셨습니다. 오늘 전부 합해서 ○○ 원입니다. 사위 한 명은 그냥 서비스로 해드리지요"라고 말한다. 그 모든 것은 '연극'이었다. 자식들과 왕래가 끊긴 할아버지는 가족대여업체에 신청하여 자식 역할 서비스를 받은 것이다. 그런데 노인은 그 가짜 가족을 진짜 가족으로 혼동하여 돈을 더 써가면서 그들을 붙잡아두려 한다. 그러나 결국 돈이 떨어지고 다시 혼자가 되어버리는 것으로 연극은 막을 내린다. '가족 대행 서비스'라는 낯선 업종을 등장시킨 이 연극은 당시 신선한 반향을 불러 일으켰고, 2006년 SBS TV에서 방영된 「불량가족」이라는 드라마에서도 이 아르바이트 직종을 소재로 이야기가 전개되었다. 해체된 관계를 서비스 상품으로 대체하는 가족의 암울한 미래가 이들 연극과 드라마에 묘사되고 있다. 그런 디스토피아는 현실이 될까?

산업화 과정에서 핵가족 제도가 생겨나면서 가정은 매우 각별한 의미를 지니는 곳으로 여겨졌다. 끝없는 경쟁으로 치닫는 사회와 달리 정서적인 친밀감이 무르익는 곳, 안온한 마음이 깃드는 전당, 그래서 바깥에서 부대낀 심신을 위로하고 재충전할 수 있는 휴식처로 자리 매김된 것이다. 가족끼리 단란한 웃음을 나누는 '스위트 홈,' 근사한 인테리어 디자인으로 꾸며진 '행복이 가득한 집'에 대한 갈망은 많은 현대인의 꿈이다. 한국의 경우 몇 백 년 동안 이어져온 가족주의가 맞물려 가족에 대한 애착은 훨씬 더 강렬한 형태로 나타난다. 한국에서 천만 명 이상 관객이 든 영화 네

• • 아파트와 한옥의 평면도.
이러한 공간의 변화는 가족관
계에 어떤 영향을 미쳤을까?

한국의 아파트 평면도와 한옥 평면도

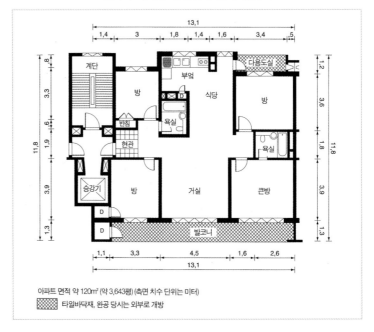

아파트 면적 약 120㎡ (약 3,643평) (측면 치수 단위는 미터)

▒ 타일바닥재, 완공 당시는 외부로 개방

한국의 평면도

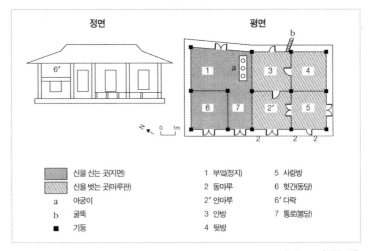

▒ 신을 신는 곳(지면)	1 부엌(정지)	5 사랑방
▨ 신을 벗는 곳(마루판)	2 동마루	6 헛간(동당)
a 아궁이	2' 안마루	6' 다락
b 굴뚝	3 안방	7 통로(봉당)
■ 기둥	4 뒷방	

Guillemoz(1983, 36),
발레리 줄레조 지음, 길혜연 옮김, 『한국의 아파트 연구』(아연출판부, 2004)에서 재인용.

편 가운데 두 편(「태극기 휘날리며」 「괴물」)이 가족애를 다룬 것이다. 모두 비극으로 끝나긴 하지만 역사와 사회의 거대한 횡포 속에 혈연의 유대를 지켜나가려 분투하는 모습에서 많은 사람들이 감동을 받았다.

그런데 실제 가족의 모습은 어떤가. IMF 구제금융 사태 이후 많은 가정이 해체되어왔다. 이혼, 별거, 가출, 한 부모 가정, 조손(祖孫) 가정,¹ 자녀로부터 학대받거나 버림받는 노인들이 급증하고 있다. 자녀 교육을 위해 이산하는 기러기 가족도 꾸준하게 늘어나고 있다. 다른 한편으로는 만혼(晩婚) 내지 비혼(非婚),² 결혼해도 아이를 낳지 않는 무자녀 가정도 점점 많아지고 있다. 그래서 어느덧 세계에서 출산율이 가장 낮은 국가가 되어 사회 자체의 생물학적 재생산이 위기에 처하는 지경에 이르렀다. 지금 한국의 전체 가구(家口) 가운데 부모와 자녀가 함께 살아가는 이른바 '정상 가족'은 이제 절반밖에 되지 않는다. 우리가 그토록 소중하게 여겨온 가족 관계가 급속하게 희박해지고 있는 것이다.

'정상 가족'의 경우에도 관계의 밀도가 별로 높지 않다. 행복한 가정을 그토록 열망하여 결혼을 하고 자녀를 키우지만 행복을 만끽하는 가정은 매우 적다. '내 집 마련의 꿈'을 이루기 위해 허리띠를 졸라매 집을 장만했지만, 가족들은 정작 그곳에서 별로 많은 시간을 보내지 않는다. 행복하기에는 가족들이 너무나 바쁘고 지쳐 있다. 노동의 강도가 높아져 남편의 퇴근 시간은 자꾸만 늦어지고, 맞벌이를 하는 아내들은 직장일과 가사 사이에서 녹초가 된다. 청소년들은 야간자율학습이나 학원을 마치고 더 늦게 귀가한다. 대학생이 되어도 달라지지 않는다. 집 바깥에서 즐길 수 있는

1 이혼, 사망, 가출 등으로 부모를 모두 잃은 아이들이 할아버지나 할머니와 함께 사는 가정.

2 결혼하지 않은 상태를 흔히 '미혼(未婚)'이라고 부르는데, 아직 결혼하지 않았다는 뜻으로 결혼을 전제로 하고 있다. 그에 비해 비혼이라는 말은 결혼하는 것과 결혼하지 않는 것을 똑같이 하나의 선택으로 바라보는 관점에서 생겨난 개념이다.

공간과 프로그램들이 많아 '집구석'에 처박혀 있지 않기 때문이다. 가족과 함께 사는 대학생들이 집에서 저녁 식사를 하는 빈도는 한국이 미국보다 적다.

정보화의 물결은 가족생활에 어떤 변화를 일으키고 있을까. 통신 기기의 혁명으로 가정과 사회의 통로가 넓어지면서 집이라는 공간의 중요성이 높아진다. 재택근무의 가능성은 꾸준히 확대되고, 홈 쇼핑, 홈 뱅킹, 홈 티켓 등 온라인 거래는 보편화되고 있다. 또한 '홈 비디오'로 근사한 영상물을 제작할 수 있고, 영화관 못지않은 '홈 시어터home theater'를 구축할 수 있어 여가의 즐거움도 배가되고 있다. 그러나 그런 여건의 변화가 가족 관계를 개선해주지는 못하는 듯하다. 오히려 휴대폰이 보편화되면서 젊은이들의 귀가 시간은 더욱 늦어졌다. 예전에는 오로지 집에서만 자신에게 걸려온 전화를 받을 수 있었지만, 이제는 집 바깥에서 얼마든지 그리고 훨씬 자유롭게 통화를 할 수 있기 때문이다. '모바일' 시대는 그렇게 '부동(不動)산'의 풍경을 바꾸고 있다.

그렇듯 미디어가 발달할수록 오히려 가족들 사이의 커뮤니케이션은 희박해지는 경향이 있다. 귀가 이후 각자의 취향과 통신망을 따라 정보를 소비하고 교신에 몰두하는 광경이 흔히 연출된다. 가족 구성원들끼리 얼굴을 마주하면서 이야기를 나누는 시간을 좀처럼 갖지 못하는 것이다. 인터넷과 휴대폰을 통해 저마다 집 바깥으로는 매우 복잡다기한 네트워크를 형성하고 있지만, 정작 한솥밥을 먹는 식구들끼리는 하숙생들 사이의 관계만도 못한 경우도 많다. 유일하게 애완견만이 모든 식구들과의 관계가 원만하다. 집house에서 함께 살고 있지만 집home이 없는 '홈리스homeless'

들인 셈이다. 자녀와 대화하고 관계를 맺는데 심각한 어려움을 겪는 부모들이 많은데, 이는 가족 전체의 소통 부전과 긴밀하게 맞물려 있는 경우가 대부분이다. 외형적인 성장에 매달리는 동안 대화의 능력을 퇴화시켜온 사회의 남루한 속살은 가정에서 적나라하게 드러난다.

대화는 단순한 정보의 전달이 아니다. 예를 들어 관제탑에서 조종사에게 활주로의 상황을 알릴 때는 표준화된 언어 코드를 정확하게 구사하고 해석하기만 하면 된다. 그것은 대화가 아니기 때문이다. 대화는 마음을 읽어야 한다. 우리는 대화할 때 상대방의 '말'을 듣고 해석하는 것 같지만, 사실은 그 밑에 깔려 있는 '마음'을 헤아리는 데 더 주의를 기울일 때가 많다. 말을 하는 사람도 그 언어를 통해 궁극적으로는 자기의 마음을 전달하려고 한다. 상대방의 마음을 어떻게 판독하느냐에 따라 똑같은 말도 전혀 다른 의미로 받아들여지는 것이 인간의 커뮤니케이션이다. 언어가 다소 어눌해도 마음을 잘 움직이는 사람이 있는가 하면, 말은 유창한데 상대방의 심정에 전혀 이르지 못하는 사람이 있다.

우리는 가족들의 감정 문제를 너무 간단하게 생각한다. 아무 생각 없이 던지는 한마디가 마음에 어떤 파장과 자국을 남길지 고려하지 않는다. 그래서 말을 함부로 내뱉는다. 상대방에게 적개심을 불러일으켜놓고 자기에게 성을 낸다고 더욱 분노한다. 명령, 단정, 비난, 협박, 경멸, 무시…… 부부 사이 그리고 부모 자녀 사이에 그런 언사가 습관으로 굳어져 있는 경우가 흔하다. 가족 전체가 거대한 심리적 질곡 속으로 서로를 얽어매고 있지만, 아무도 그 꼬인 실타래를 직시하지 못한다. 모두가 미성숙한 굴레에 갇혀 소아병적인 감정의 게임을 거듭한다. 단세포적인 반응과 유치한 힘겨루기로 정신을 소진시키고 상한 감정과 부정적인 자아 인식 속에 서로의 인격을 박탈하고 쇠퇴시킨다. 썰렁한 침묵과 까칠한 불감증 속에 가족관계는 서서히 해체되어간다.

'내가 그의 이름을 불러 주기 전에는/그는 다만/하나의 몸짓에 지나지 않았다./내가 그의 이름을 불러 주었을 때/그는 나에게로 와서/꽃이 되었다' 김춘수의 대표작 「꽃」에서 잘 간파되고 있듯이, 언어에는 존재를 창조하는 힘이 있다. 우리 사회가 오랫동안 상실해온 그 힘을 회복하기 위해서는 자아에 대한 깊은 성찰이 필요하다. 그리고 타인의 마음을 헤아리고 빚어내는 화법을 의식적으로 연마해야 한다. 최근에 관심을 끌고 있는 '비폭력 대화' '감정 코칭' '의사소통 기법social skill' 등은 그 역량을 키워주는 프로그램들이다. 그 원리들은 간단하지만 말과 감정의 오랜 관성을 바꾸는 작업은 간단하지 않다. 집중적인 워크숍과 꾸준한 점검 및 연습을 통해서만 조금씩 개선되어갈 수 있다.

그러나 단순한 기법의 문제는 아니다. 가족 관계의 정립은 궁극적으로 인생의 철학을 다시 세우면서 가정의 문화를 가꿔가는 일이다. 가족들이 긍정적인 기운을 주고받으면서 삶의 힘을 북돋는 것, 심미적 경험을 공유하면서 정서적인 자원을 비축해가는 것이 그로써 가능해진다. 여행에서 쇼핑 그리고 저녁 식탁에 이르기까지 다양한 장면에서 '오늘'의 소박한 행복을 누릴 수 있다. 이를 위해서는 우선 물리적으로 함께하는 시간을 최대한 확보하면서, 그 시간을 질적으로 충실하게 채우려는 노력이 뒷받침되어야 한다. 눈빛, 표정, 악수, 포옹 등 몸의 언어를 되살리면서 일상을 축하하는 의례 또한 중요하다.

전통사회에서 가정은 자연스럽게 생겨나 저절로 유지될 수 있었다. 근대 이후 낭만적 사랑이 결혼의 조건이 되었지만 사랑할 수 있는 능력은 날로 감퇴하고, 급속한 문화 변동 속에서 부모의 권위는 상대화되어왔다. 거기에다가 극심해지는 경제난과 직무 스트레스, 외형적 성취에 대한 강박적 집착의 만연, 인터넷과 텔레비전을 통해 무분별하게 쇄도하는 자극 등의 사회 환경에 가정은 취약하게 노출되어 있다. 이제 가정은 친밀한 정서적 유대와 인간에 대한 예의로 뒷받침되지 않으면 곧 위기에 봉착하게 된다. 모두가 기꺼이 시간과 감정을 투자하고 즐거운 경험을 일궈내며 공동체를 창조해가야만 그 둥지는 튼실하게 유지될 수 있다. 무심함에 길들여진 타성에서 벗어나 서로에 대해 적극적인 관심을 발동할 때, 집은 성장의 기쁨이 스며드는 삶의 자리가 된다.

'늦은 밤 아이가 현관 자물통을 거듭 확인한다/가져갈 게 없으니 우리집엔 도둑이 오지 않는다고 말해주자/아이 눈 동그래지며, 엄마가 계시잖아요 한다/그래 그렇구나, 하는 데까지 삼 초쯤 뒤 아이 엄마를 보니/얼굴에 붉은 꽃, 소리없이 지나가는 중이다.' (이면우, 「봄 밤」, 『아무도 울지 않는 밤은 없다』, 창비, 2001) 엄마를 훔쳐갈 수 있는 대상으로 묘사한 것이 어색하긴 하지만, 아들의 말 한마디에 가족의 소중함을 새삼 깨닫는 시인의 감동은 바로 우리 모두의 노래가 될 수 있다. 그 수줍은 얼굴의 무늬들로 '홈'페이지를 만들어 띄워보자. 반짝이는 눈으로 가족들의 아이콘을 클릭해보자. 삶의 중심에서 중심으로 이어지는 마음의 실타래가 검색될 것이다.

❶ 자신의 가족관계와 가족 간의 소통을 다음과 같은 점에 착안하여 성찰해보자.

(1) 가장 친밀한 사이와 가장 소원한 사이는 각각 누구와 누구의 관계인가?

(2) 가족들 사이에 오가는 대화는 주로 어떤 내용을 중심으로 이루어지는가?

(3) 갈등 상황에서 오가는 말 가운데 명령, 단정, 비난, 협박, 경멸, 무시 등에 해당하는 것이 얼마나 되는가?

❷ 만일 집 안에서 텔레비전과 컴퓨터가 없어진다면 가족 관계 및 가족 간 의사소통은 어떻게 달라질 것으로 예상되는가? 그 상황을 상상하여 가족들의 생활 모습을 묘사해보자.

❸ 미혼 여성들 가운데 결혼 후에 전업주부로 살아가겠다고 생각하는 이들은 매우 적다. 경제적인 이유가 크겠지만, 그 때문이 아니라 해도 집안일만 하고 살아가는 삶을 별로 원치 않는다. 가사 노동의 어떤 속성 때문에 그럴까? 일반 직장 업무와 비교해서 분석해보자.

❹ 본문에서 살핀 대로 지금 우리 사회가 겪고 있는 가족의 급속한 변화는 앞으로 지속될 것으로 보인다. 이런 식으로 계속 간다면 장차 가족 자체의 개념도 바뀔 것이다. 지금은 생소하지만 30년쯤 후에 일반화될 수 있는 가족의 모습으로 무엇이 있을 수 있을까? (참고가 될 만한 영화: 「가족의 탄생」 「방문자」 「안토니아스 라인」 등)

경로당

늙 · 음 · 을 · 경 · 외 · 하 · 느 · 니

독거노인 저 할머니 동사무소 간다. 잔뜩 꼬부라져 달팽이 같다./그렇게 고픈 배 접어 감추며/생(生)을 핥는지, 참 애터지게 느리게/골목길 걸어 올라간다. 골목길 꼬불꼬불 한 끝에 달랑 쪼그리고 앉은 꼭지야./걷다가 또 쉬는데/전봇대 아래 그늘에 웬 민들레 꽃 한 송이/노랗다. 바닥에, 기억의 끝이//노랗다.//젖배 곯아 노랗다. 이년의 꼭지야 그 언제 하늘 꼭대기도 넘어가랴/주전자 꼭다리처럼 떨어져 저, 어느 한 점 시간처럼 새 날아간다.

—— 문인수, 「꼭지」

　　몇 십 년 동안 외국에 머물다가 한국을 찾은 사람들에게 그동안 무엇이 크게 달라졌는지를 물어보면 노인들의 자태를 지적할 때가 종종 있다. 긴 수염과 두루마기, 비녀 꽂은 머리와 치마저고리가 사라졌기 때문만이 아니다. 예전의 노인들은 비록 지팡이를 짚으 면서도 꼿꼿하게 걸어가곤 하였는데, 이제는 그 근엄함과 당당함 을 찾기가 어렵다는 것이다. 뭔가 위축되고 구석으로 몰리는 듯한 모습이 측은하게 느껴진다고 한다. 가난하고 가족도 없는 노인의 삶은 더욱 고단하리라. 시인은 독거노인의 황량한 일상을 묘사한 다. 꼬부라진 허리에 실린 생의 무게는 보릿고개만큼 버겁다. 엄마 젖이 모자라 하늘이 노랗게 보이던 춘궁기, 대책 없이 이어지는 딸 출산의 행렬이 남아의 탄생으로 주전자 꼭지처럼 뚝 떨어지기를 기원하던 시절의 이미지가 그의 현재에 중첩되고 있다.

한국의 고령화는 무서운 속도로 진행되고 있지만 노인들의 설 자리는 점점 좁아진다. 집 안에서나 집 바깥에서나 처신하기가 옹색하고 구차스럽다. 도시 한복판에서 그리고 동네에서도 노인은 잘 보이지 않는다. 그 대신 경로당, 노인복지회관, 양로원 또는 '실버타운' 등의 특정한 공간에 집결되어 있다. 그런데 이들은 외부와 차단되고 격리되어 있다는 공통점을 지닌다. 이 가운데 현재 가장 큰 비중을 차지하고 있는 것은 경로당이다. 1980년대 중반부터 지역 단위로 노인 전용 사랑방을 만든다는 취지에서 생겨나기 시작한 경로당은 현재 5만여 개에 이른다. 경로당은 복지 서비스 및 노인 정책의 기초 단위로 자리 매김되고 있다.

경로당은 노인들에게 비교적 편안한 공간이다. 그런데 거기에서 보내는 시간은 어떤가. 노인들은 대개 경로당에서 텔레비전 시청, 장기와 바둑, 화투 등으로 소일한다. 북과 장구가 비치되어 풍물을 배우는 곳도 있지만, 그 이상의 활동이나 학습은 거의 이루어지지 않는다. 관청의 예산으로 운동기구를 들여놓았는데 한갓 의자나 간이침대로만 사용되는 경우도 있다. 또 간혹 경로당이 음주와 도박의 아지트처럼 변질되기도 한다. 게다가 소수의 특정 노인들이 배타적으로 독점하면서 지역 사회가 공유하는 공간으로서의 의미를 상실하는 경우도 종종 있다.

지금 노인들의 삶이 궁색한 지경에 떨어진 것은 단순히 물질적으로 궁핍해서가 아니라, 근본적으로 자아를 건강하게 지탱해주

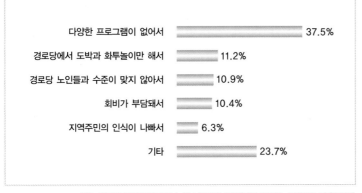

다양한 프로그램이 없어서 37.5%

경로당에서 도박과 화투놀이만 해서 11.2%

경로당 노인들과 수준이 맞지 않아서 10.9%

회비가 부담돼서 10.4%

지역주민의 인식이 나빠서 6.3%

기타 23.7%

서울 소재 경로당 311곳 이용 노인 1,610명 조사(서울복지재단, 2005년 10월 현재)

는 문화를 상실했기 때문이다. 문화는 긴 세월 속에서 서서히 변화하고 축적된다. 문화적인 창의력과 수용 능력은 꾸준한 학습과 연마 속에서 길러진다. 지금의 노인들은 대개 그러한 시간적, 물질적 잉여를 허락받지 못한 채 황혼을 맞이했다.

전통사회에서는 노인들에게 일정한 역할이 있었고, 그와 함께 그들의 사회 문화적 위상도 분명했다. 호피 인디언들의 경우 노인들은 육신이 노쇠함에 따라 그에 걸맞은 일거리들을 선택할 수 있었다. 가축 돌보기, 식물 뿌리와 열매 채집, 실 뽑고 천 짜기, 정원 가꾸기, 장식품 만들기, 곡식 빻기, 옷 꿰매기, 햇볕에 열매 말리기…… 거의 죽기 직전까지 할 수 있는 일들이 단계적으로 주어졌다. 노동의 강도를 서서히 줄여가면서 제 나름의 몫을 하는 것이다. 핵심은 일을 통해 사회와 계속 연결된다는 데 있다.

현대사회에서도 그러한 노년의 삶이 실현될 수 있을까. 노인들의 생활은 풍요로워질 수 있을까. 그 방법은 경로당을 넘어 지역과의 접점을 넓히는 방향에서 다양하게 모색해볼 수 있다. 이를 위해서는 취미나 학습, 예술 감상 등의 프로그램만이 아니라 동네나 사회에서 활동할 수 있는 일감들이 필요하다. '노동의 종말'이 무섭게 진행되는 지금 노인들이 기존의 시장 안에서 일자리를 확보하기는 매우 어려울 것이다. 그 대신 시장 바깥에서 가치를 생산하는 활동에 눈을 돌리면 새로운 일거리들이 발견된다. 현재는 교통 정리 자원 봉사가 가장 일반적인데, 그 외에 동네를 안전하고 쾌적하게 꾸미는 데도 일손이 많이 필요하다. 예를 들어 최근 늘어나는 '도심 농사'나 동네의 녹지를 가꾸는 일 등에 노인들의 경험과 노하우가 요긴하게 활용될 수 있다. 그들의 지식이나 기술을 활용하는 방안은 다양하다. 또한 많이 노쇠해져 거동이 불편한 노인들의 경우에도 사회에서 소외되지 않도록 하는 지혜와 시스템이 필요하다.

예전에 독일의 어느 양로원을 방문했을 때 한 가지 인상 깊었던 것이 있다. 양로원에서는 컴퓨터 교육을 실시하는데, 그 대상은 일반인이었다. 그런데 왜 하필 양로원에서? 주민들이나 노인의 가족들이 컴퓨터를 배우느라 빈번하게 드나들게 되면 노인과의 접촉도 늘어나고 그러한 왕래가 그 공간에 생기를 불어넣어주기 때문이었다. 이제 동네는 노인의 삶이 영위되는 터전으로 되살아나야 한다. 국가와 가정 사이에서 동네는 완충지대가 되어 재정의 압박과 가족의 부담을 동시에 줄일 수 있다.

한국보다 앞서서 초고령화 사회로 진입하는 일본의 경험과 시도들은 많은 시사점을 준다. 1990년대 말에 시작되어 서서히 정착되어가고 있는 일본의 개호(介護) 보험은 노인들이 돌봄과 치료를 집과 동네에서 편리하게 제공받을 수 있도록 국가가 지원하는

● ● 노인들을 특별히 배려하여 설계한 일본의 임대 아파트 내부 모습. 목욕 중에 일어날 수 있는 만일의 사태에 대비한 비상 버튼이 돋보인다.

시스템이다. 병원이나 멀리 떨어진 양로원에 별도로 수용되지 않고 자신의 생활 세계를 그대로 유지하면서 심신의 건강을 위해 필요한 서비스를 받음으로써 비용도 절감하고 본인의 만족감도 높이는 것이다. 그런데 그것만으로는 부족하다. 집에 있는 동안에는 외롭고 단조로운 일상을 견디어야 하고, 동네에 있는 노인 센터에

가 있는 동안에는 오로지 돌봄의 대상으로 수동화된다. 그 모든 경우에 무기력한 존재로 전락하기 쉬운 것이다.

이러한 한계를 극복하기 위해 최근에는 노인들끼리 공동 생활을 꾸려가도록 돕는 시도들이 일어나고 있다. 여기에서 중요한 것은 노인 센터 같은 수용 시설이 아니라 보통의 주택을 활용한다는 점, 그리고 그 집이 동네 한가운데 위치하고 있다는 점이다. 예를 들어 일본의 교토 부근에서는 비어 있는 민가를 활용하고 있는데, 인근의 노인 센터나 홀로 집에 있는 노인들이 아침에 이쪽으로 모여서 하루를 보낸다. 거동이 불편하기 때문에 오로지 그들끼리만 생활하는 것은 아니고, 사회복지사나 동네의 자원봉사자들이 보조한다. 자신의 집과 달리 여러 사람들이 함께 있으니 활력이 생겨나고, 노인 센터와 달리 지극히 일상적인 환경이라서 대상화되는 느낌이 없다. 거기에서 노인들은 직접 채소를 다듬고 고기를 썰며 요리를 한다. 그리고 옷을 만들기 위해 바느질을 하기도 하고, 그 기술을 동네의 젊은이들에게 가르친다. 이러한 활동은 중풍이나 치매 등으로 고생하는 노인들이 손을 움직이면서 뇌를 자극하는 데 큰 도움이 된다고 한다. 그렇듯 '노인 문제'는 근본적으로 '생활'을 회복하는 데서 해결의 실마리를 찾을 수 있다. 즉 스스로 삶을 꾸려가는 힘이 무엇보다도 중요한 것이다.

현대 도시에서 노약자들이 생활을 영위할 수 있기 위해서는 물리적으로 각별한 배려와 기획이 요구된다. 거동에 장애가 되는 요소들을 최소화하면서 보통 사람들의 생활에도 편리함을 도모하는 'barrier free(장애인 친화적인)'나 'universal design(만인을 위한 디자인)'은 적어도 이론적으로는 이제 상식으로 정착되어가고 있다. 일본에서는 그 방면으로 많은 연구와 실천들이 이루어지고 있는데 혼자 사는 노인들이 모여 사는 집합주택의 경우 실내 공간의 각종 시설에서 주차장에 이르기까지 섬세하게 이들을 배려하고 있다. 또한 정보 통신망을 십분 활용하는 면모도 돋보인다. 독거 노인들이 사는 주택의 경우 몸에 갑자기 이상이 생겼다거나 실내에서 다쳐서 위급한 상황에 놓였을 때 곧바로 구조 요청을 할 수 있도록 침실과 욕실에 호출 버튼을 설치해둔다. 그리고 치매 노인들의 위치를 실시간으로 파악하여 집 바깥에서 실종되었을 경우 즉시 찾을 수 있는 위성 모니터링 시스템을 가동하는 복지 센터도 등장했다.

한국에서 주목할 만한 사례 하나. 독거노인이나 장애인의 빨래를 해주는 공간이 주택가에 생겨나 관심을 모으고 있다. 이곳은 대전시 중구 석교동의 어느 오래된 아파트에 소재하고 있는데, 어느 독거노인이 자신이 임종하면서 시에 기증한 집을 활용한 시설이다. 그 주인공인 박소저 할머니는 혼자 사는 자신을 국가가 보살펴주었으니 자신의 유일한 재산인 아파트를 국가에 헌납하고 싶다는 의사를 생전에 미리 밝혀 법률적인 절차를 밟아놓았다. 2005년 초에 그분이 돌아가신 후에 그 집을 어떻게 활용할 것인가를 놓고 중구에서는 여러 의견을 모았는데, 결국 빨래방을 열기로 결정하여 내부 개조 공사를 하고 5대의 세탁기를 들여놓았다. 동네에 사는 자원봉사자 10명 정도가 월요일·수요일·금요일에 독거노인이나 장애인, 그리고 배우자를 간병하느라 빨래가 힘든 노부부들의 빨래를 한다. 이들 자원봉사자들은 원래 이 지역에서 2000년에 결성된 '돌다리사랑방'이라는 자발적 복지 공동체를 기반으로 모아낼 수 있었다. 현재 200여 세대가 이러한 혜택을 받고 있는데, 이들이 맡기는 세탁물 가운데 이불 빨래가 가장 많다고 한다.

빨래방의 설치와 운영은 동사무소 복지과에서 담당하는데, 비용은 한 달에 수도료와 전기료 5만원밖에 들지 않는다. 빨래방의 인테리어는 동네의 어느 업자가 나서서 무료로 해주었고, 세탁기도 지역의 몇몇 단체로부터 기증을 받았다. 그리고 빨래에 필요한 세제 역시 동네의 어느 슈퍼마켓에서 제공하고 있다.

또 한 가지 주목할 만한 것은 이 빨래방을 계기로 독거노인이나 장애인들의 사정을 수시로 파악할 수 있게 되었다는 점이다. 빨랫감을 수거하고 다시 배달해주려면 각 집 안에 들어가야 하는데, 그 과정에서 자연스럽게 그들의 생활 실태와 어려운 점들을 알 수 있는 것이다. 그 정보는 동사무소 복지과나 '돌다리사랑방'으로 전달되어 필요한 조치나 도움이 제공될 수 있다. 자칫 복지행정의 사각지대가 될 수 있는 구석구석에 따스한 손길이 미칠 수 있는 것은, 이 같은 주민들의 상호 부조 네트워크와 커뮤니케이션 덕분이다.

늙고 병들고 죽어가는 것은 인생의 자연스러운 행로이다. 따라서 그 과정에서 인간으로서 위엄을 잃지 않아야 한다. 장례식조차 모두 병원에서 치러지는 현대 도시에서는 그 모든 것이 기피와 은폐의 대상이 되어버렸다. '경로'는 구호나 도덕이 아니라 삶의 즐거운 나눔이어야 한다. 경로당은 노인들의 수용소가 아니라 여러 세대 간 교류가 이루어지는 징검다리가 될 수 있다. 젊은이들이 자신의 노후를 즐겁게 상상할 수 있는 공간, 압축 성장 속에서 잃어버린 '돌봄'의 따스한 능력을 재생하는 장소가 될 수 있다. 인생의 깊은 연륜에서 우러나오는 고매한 경지와 기풍에 매력을 느낄 때 '어르신'들을 경외하는 마음은 문화가 될 것이다. 고은 선생의 말씀 한마디. '노인에게 물어볼 말이 없는 시대, 그 시대는 엉터리다.'

❶ 한영사전을 찾아보면, 경로당은 'Hall for the Elderly,' 양로원은 'Senior Citizens' Home,' 노인복지회관은 'Senior Welfare Center'라고 나와 있다. 한국어로 '경로당' 이라고 하면 고리타분하다는 뉘앙스가 있고, '노인복지회관'은 노인을 복지의 수혜 대상으로만 규정하는 의미를 지닌다. 이들보다 더 좋은 명칭은 없을까? 노인들이 활력 있는 문화를 생성하고 공유한다는 이미지를 담은 이름을 생각해보자. 동네에 있는 경로당이나 노인 회관에 애칭을 붙여보는 것도 좋은 대안이 될 것이다.

❷ 2006년 현재 한국인의 평균 수명은 남성 73세, 여성 80세로 집계되었다. 여성이 남성보다 7년을 더 살기 때문에 할머니가 훨씬 많다. 그런데 도심지의 공원에는 할아버지들이 훨씬 더 많다. 왜 그럴까? 할아버지들이 집이나 동네에서 시간을 보내고 싶어 하지 않는다면 그 까닭은 무엇일까? 그리고 그 이유들은 경로당의 활용과 어떻게 관련될까?

❸ 의학이 눈부시게 발전하면서 각종 질병들을 정복해가고 있지만, 알츠하이머병의 치료는 아직 요원한 난제다. 그러나 치매를 예방하거나 그 진행 속도를 늦추는 데는 의학의 도움을 빌리지 않고서도 가능한 방법이 많이 있다. 그 가운데 가장 중요한 것은 사회 활동과 의사소통을 통해 두뇌를 많이 쓰는 것이다. 그렇다면 지역사회의 차원에서 그러한 환경을 만드는 것은 어떻게 가능할까. 자신이 사는 동네를 염두에 두면서 구체적인 방안을 짜보시오.

❹ 노인의 사회적 위신이 사라진 데는 매스미디어의 영향이 크다고 할 수 있다. 텔레비전에서 재현되는 노인의 모습을 살펴보고 오락 프로그램, 드라마, 광고 등에서 그들의 역할, 대사, 이미지 등을 분석해보자.

다 · 시 · 일 · 어 · 설 · 수 · 있 · 도 · 록

늘 그랬던 것은 아니다. 아주 먼 옛날, 빈곤과 나태와 불구를 자부심과 긍지로 채웠던. 시절이 있었다. 시래기가 올라앉은 밥상, 할 일 없는 게으름, 버짐 가득한 얼굴, 종기 난 팔뚝, 절름발이의 지팡이, 〔……〕 가난과 질병과 죽음이 밥상머리의 국그릇처럼 익숙하던 때였다. 전쟁이 끝난 뒤 죽음과 불구는 고통과 슬픔일지언정 부끄러움이 아니었다. 거적때기를 둘러친 천막집은 불편함과 남루함이었을 뿐 열등감은 아니었다. 〔……〕 궁핍으로부터의 해방은 요원했으나 어쩔 수 없는 궁핍은 도덕적으로 정당한 가치였다. 그런 때가 있었다.

——김진송, 『기억을 잃어버린 도시』 중에서

인간이 목숨을 이어가는 것은 다른 동물들과 마찬가지로 언제나 절박한 일이다. 역사 속에서 대부분의 인류는 혹독한 가난에 시달렸다. 지금도 지구촌에는 1달러 미만으로 하루를 살아가는 사람이 20억 명이나 된다. 한국 역시 불과 반세기 전만 해도 그 부류에 속하는 사람들이 대다수인 나라였다. 매스미디어에 종종 등장하는 극빈국 주민들의 처절한 모습은 노인들의 유년 체험으로 선연하게 기억된다. 변변한 거처와 옷가지 없이 겨울을 견디어야 했고, 계절이 풀리면 까칠한 보릿고개¹를 넘어야 했다. 그러나 모두가 가난

1 1950년대까지 매우 가난했던 농촌에서 음력 4월 무렵 겨우내 묵은 곡식은 다 떨어지고 보리는 아직 여물지 않아서 끼니를 잇기 어려운 시기를 넘기 힘든 고개로 비유하여 이르는 말. 춘궁기(春窮期)라고도 부른다.

● ● 쪽방이 밀집한 주거의 내부 복도. 방만큼이나 비좁다.

했던 시절, 그것을 어쩔 수 없는 숙명으로 받아들이며 살아갔다.

20세기에 들어서 빈곤의 양상은 달라지기 시작했다. 더 많은 삶의 기회를 찾아 도시로 몰려든 이농민들이 집단적으로 거주하면서 '도시 빈민'이라는 존재가 출현한 것이다. 그 최초의 형태는 일제 강점기의 토막민(土幕民)으로서, 이들은 땅을 파서 굴을 만들고 가마니로 대충 가리어놓은 거주지에서 살았다. 그들은 최소한의 주거 시설도 갖지 못한 채 지극히 불결한 환경에서 거의 짐승처럼 연명해야 했다. 그러나 대부분의 인구가 농촌에 거주하던 당시 그 규모는 작은 편이었고 도시 빈민이 본격적으로 형성된 것은 1960년대 이후 산업화 과정에서였다. 판자촌, 꼬방동네, 달동네 등으로 불리우는 빈민촌이 도시 곳곳에 빼듯한 둥지를 튼 것이다. 집을 짓기 힘든 강(江)의 주변이나 사람이 오르고 내리기 어려운 산비탈에 거대한 동네가 여기저기 생겨났다.

그곳에서의 생활은 농촌에 비해 크게 나을 것이 없었다. 그러나 비록 찢어지게 가난하지만 언젠가 '해 뜰 날이 있겠지'라는 희망으로 억척스럽게 하루하루를 기워갔다. 특히 교육에 대한 열의가 대단해서 자식을 위해 부모들은 어떤 고생이든 감내했다. 바로 그 점에서 다른 나라들의 '슬럼가'에서 관찰되는 '빈곤의 문화'가 한국에서는 적용되지 않았다. 오히려 그런 동네에는 농촌적인 공동체의 정서가 그대로 남아 있어서 돈독한 이웃관계로 결핍을 서로 메워주었다. 그렇기에 앞의 인용문에서 증언하듯이 가난한 가운데서도 최소한의 자존심을 잃지 않고 살아가는 힘을 스스로 충전할 수 있었다. '가난이란 한낱 남루(襤褸)에 지나지 않는다/〔……〕/어느 가시덤불 쑥구렁에 놓일지라도/우리는 늘 옥(玉)돌같이 호젓이 묻혔다고 생각할 일이요'³라는 당당함과 꿋꿋함이 있었다.

그러나 이제 가난한 사람들에게서 그러한 기백을 만나기가 쉽지 않다. 거기에는 우선 빈곤 탈출을 점점 어렵게 하는 사회 구조가 문제가 되지만, 그것과 함께 중요하게 짚어보아야 하는 것은 거주의 양식이다. 지금 도시에서 달동네는 거의 사라져가고 있다. 재개발이 이루어지면서 거기에 살고 있던 많은 주민들은 뿔뿔이 흩어져 여러 임대 아파트에 재배치되어왔다. 그 결과 물리적인 생활 조건이 크게 개선된 것은 사실이다. 그러나 얻는 것만큼 또는 그 이상으로 잃는 것이 있으니, 그것은 바로 사회적 관계이다. 급할 때 아이를 맡아주고 질병 등의 어려움을 겪을 때 서로 돌보아주던 상호 부조의 완충지대가 이제는 거의 사라졌다. 그리고 이웃의 알음알이는 일자리나 일거리를 얻는 데 결정적인 통로가 되었는데, 이제 그 네트워크도 더 이상 존재하지 않는다.

그나마 임대 아파트는 나은 편이다. 어쨌든 거기에는 공식적인 자치 조직이 있고, 시간이 지나면서 서서히 이웃관계가 형성되기

2 빈곤의 악순환을 설명하는 사회 이론으로서 인류학자 오스카 루이스Oscar Lewis가 1950년대 멕시코의 빈민가를 참여 관찰하여 이끌어낸 개념이다. 그에 따르면 가난한 사람들은 그러한 상태에 적응하는 문화를 내면화함으로써 가난한 상태를 벗어나지 않는다. 그 문화의 특징으로 그는 70가지를 꼽았는데, 그 가운데 중요한 것은 다음과 같은 것들이다. 주변인 의식, 무력감, 의존성, 역사의식과 계급의식의 결여, 노동조합이나 정당 등 공식적 조직체에 대한 낮은 참여, 현재에 골몰하는 마음, 학업 중퇴, 강박적 소비, 조숙한 성경험 등이다.

3 서정주, 「무등(無等)을 보며」 중에서.

도 한다. 고립과 단절이 극명하게 나타나는 곳은 지하 단칸방이다. 2000년경부터 도시 빈민들끼리 옹기종기 모여 사는 집단 거주지는 크게 줄어들었다. 그 대신 늘어나는 것이 허름한 연립주택지의 반(半)지하 주택들이다. 겉보기에는 빈민가가 아니다. 그런데 집에 막상 들어가 보면 어둡고 불결하며, 어쩌다 홍수가 나면 가장 먼저 물에 잠기는 곳도 바로 그 거주지들이다. 그곳의 집들은 물리적 환경이 열악할 뿐 아니라, 거기에서 살아가는 사람들의 가족관계가 지극히 불안정하거나 파괴되어 있는 경우가 많다. 생계에 쫓기거나 질병에 시달리는 부모 밑에서 보살핌을 제대로 받지 못한 채 어두운 방에서 지극히 부실한 영양 상태로 방치되어 있는 아이들이 종종 있는데 바로 윗집에서조차 그 형편을 잘 알지 못한다.

그보다 더욱 참담한 거주지는 쪽방이다. 소방방재본부의 통계에 따르면 2005년 현재 전국에 약 9천여 개의 쪽방이 있다. 쪽방은 그 정의가 명확하게 세워진 것은 아니지만, 한국도시연구소는 그 일반적인 특징을 아래와 같이 정리하고 있다.[4] ① 방의 크기가 성인 한 사람이 잠만 잘 수 있을 정도이고, 별도의 욕실이나 부엌과 같은 편의시설이 방마다 갖춰져 있지 않으며, ② 거주자는 대체로 불안정하고 이동성이 강한 직업을 가지고 있고, 소득이 낮은 도시의 최빈곤층으로 특히 가족을 구성하지 못한 경우가 많으며, ③ 대개 일세나 무보증 월세로 운영되는 형태. 즉 쪽방은 대개 인력 시장에 가깝게 위치해 불안정한 고용으로 생계를 이어가는 남성들의 임시 거처로 이용된다.

쪽방의 기원은 다양한데, 사창가, 여인숙, 여관 등이 영업이 어

4 하성규 외, 「쪽방 주민의 주거 실태 및 주거 안정대책에 관한 연구」, 대한주택공사, 2005.

려워지면서 전환된 경우가 많다. 최근에는 고시원도 일용직 노동자나 빚에 쫓기는 사람들이 많이 머물면서 쪽방의 기능을 하고 있다.[5] 비좁고 불결하며, 낡고 어두컴컴한 쪽방 지대에 '주민'은 없다. 거기에서 이웃관계가 형성되기는 원천적으로 불가능하기에 각 개인들은 완전히 원자화된 채 가혹한 생존의 끈을 이어가야 한다. 정신적·육체적 장애나 만성 질환에 시달리는 독거노인들도 쪽방에서 살아가는 사람들 가운데 상당수를 차지한다. 그들은 공공 임대 주택과 같은 정부 정책으로부터 배제되어 있고, 쪽방마저 여의치 않게 되면 만화방 등으로 옮겨가거나 바로 노숙인 신세로 전락하게 된다.

IMF 경제 위기 이후 노숙인은 도시에서 매우 익숙한 존재가 되었다. 정처 없이 떠도는 부랑자들은 어느 시대에나 있었지만, 멀쩡하게 직장과 가정이 있던 사람들이 모든 것을 잃고 이렇게 한꺼번에 많이 길거리에 나앉게 된 것은 처음 맞는 사태이다.[6] 도시 공간은 노숙인들이 근근이 목숨을 이어갈 수 있는 몇 가지 조건을 제공한다. 도시에는 그나마 돈벌이를 할 수 있는 일거리들이 있고, 하다못해 구걸이라도 할 수 있다. 그리고 돈이 없다 해도 남는 음식을 쉽게 구할 수 있고, 겨울에 몸을 붙일 수 있는 지하도나 역이 있다. 거기에서는 고맙게도 공중 화장실도 그냥 이용할 수 있다. 또한 그렇게 살아가는 자신을 알아볼 사람이 없다는 익명성도 도시가 노숙의 거처가 되는 중요한 이유다.

노숙인은 우선 경제적인 이유 때문에 발생하지만, 사회심리적인 요인이 가중되면서 이들의 처지는 장기화되고 고착된다. 즉 직장을 잃거나 빚에 몰려 집을 떠난 이들이 사회적 관계를 모두 잃

5 화재 사고로 종종 여론의 주목을 받는 고시원이 고시준비생이 아니라 빈민들의 임시 숙소가 되기 시작한 것은 1990년 무렵부터다(「21세기 하꼬방, 냉혹한 고시원이여」, 『한겨레21』 2006년 8월 8일자 참고).

6 2006년 정부 통계로는 전국의 노숙인은 4,300명 정도로 추산되고 있지만, '노숙인 다시 서기 센터'에 따르면 5만~10만 명 정도라고 한다.

어버리고 가족과의 유대마저 끊기면서 완전히 노숙인이 되어버리는 것이다. 게다가 알콜 중독이나 정신 질환까지 겹치면 돌이킬 수 없는 지경에 이르게 된다. 미국이나 일본에서 장기 불황 끝에 경제가 회복되어도 홈리스들이 줄어들지 않는 까닭도 바로 거기에 있다. 그런데 한국의 경우 노숙인 가운데는 처음부터 가정이 없었던 고아 출신(약 3할)이나 어릴 때 가정이 해체되어버린 이들도 대단히 높은 비중을 차지한다. 그래서 돌아갈 가정이나 마을이 아예 없을 뿐 아니라 주민등록상에도 누락되어 있는 정체불명의 사람들이 많다. 노숙인들이 거리에서 싸늘한 주검으로 종종 발견되듯이,[7] 국가의 빈약한 복지 시스템을 가족주의로 겨우 메워온 한국에서 피붙이의 보호막이 없는 사람들의 운명은 혹독하다.

　도시의 불청객으로 여겨지며 기피의 대상이 되는 노숙인들, 가난으로 인한 설움의 극치를 맛보며 살아가는 그들에게 인생의 전환점은 소실점처럼 아득하기만 한 것인가. 다행히 정부와 사회단

7 1년에 300여 명의 노숙인이 길에서 생을 마감한다.

체에서 노숙인들의 재활과 자활을 돕는 시설과 프로그램을 다양하게 운영하고 있다. 무료 급식이나 진료 그리고 쉼터 입소 같은 긴급한 대응에서 취업이나 심리 상담을 통해 사회 복귀를 돕는 지원까지 대상자의 상황에 따라 필요한 서비스를 제공하고 있는 것이다. 그런데 노숙인들이 굳건하게 자립할 수 있기 위해서는 외적인 삶의 여건을 개선하고 일자리를 구해주는 것만으로는 부족하다. 예전에 노숙인들이 머무는 어느 쉼터에 방문했을 때, 내부 규칙을 써서 벽에 붙여 놓은 것을 본 적이 있다. 그 대부분은 모두 다른 사람을 욕하고 비하하는 언사를 금하는 내용이었다. 그들이 상실한 것은 경제력이나 가족만이 아니다. 가난 속에서 그들이 잃어버린 것은 자존감이다. 타인을 존중하면서 자신도 한 인간으로서 의연하게 실존을 지탱할 수 있는 내면의 힘이다. 그리고 세상이 살 만한 곳이라는 믿음의 회복이다. 그것은 배움과 깨달음을 통해 가능하다.

바로 그러한 생각에서 세워진 학교가 있다. '가난한 사람들을 위한 인문학'을 표방하면서 노숙인들에게 철학과 예술 등을 가르치는 성 프란시스 대학이 그것이다. 이 대학은 미국의 얼 쇼리스 Earl Shorris라는 작가가 1995년 뉴욕에서 도시의 부랑자들을 위해 세운 '클레멘트 대학'[8]에서 힌트를 얻어 개설한 것이다. 하루하루 먹고 살기가 절박한데 한가하게 인문학이라니? 그것은 생존의 문제에서 자유롭고 일정한 지적 능력을 갖춘 사람들에게나 적합한 것이 아닌가? 그러나 2005년 가을부터 수강생을 모집해 예술사와 글쓰기, 철학 등의 과목을 한 학기 운영해본 결과, 그런 선입견과 고정관념은 빗나간 것임이 밝혀졌다. 각 방면의 전문가나 대학의 교수들이 일주일에 한 번씩 만나 10주 동안 진행되는

8 얼 쇼리스가 이런 학교를 구상하게 된 계기는 어느 교도소에서 여죄수와 나눈 면담이었다. 당신은 왜 이런 생활에서 벗어나지 못하느냐는 질문에, 그 여자는 '우리에게는 정신적인 삶이 없기 때문이지요'라고 대답했다. 정신적인 삶이 무엇이냐는 질문에 그는 '미술관이나 박물관에 다니는 생활'이라고 했다. 거기에서 큰 깨우침을 얻은 얼 쇼리스는 인문학의 각 영역에서 최고급 강사들을 초빙해 가난한 사람들을 위한 강좌를 개설했다(얼 쇼리스, 『희망의 인문학』, 이매진, 2006).

강좌를 통해 노숙인들은 자아와 세상을 새로운 눈으로 대면할 수 있게 되었다. 어느 수강생은 한 학기를 마치며 다음과 같이 소감을 정리했다.

"거리에서 찌든 생활을 청산하기란 제일로 어려운 것입니다. 몸과 마음이 모두 망가져서 제대로 생각하고 몸을 움직일 수조차 없는 것이 거리 생활의 결과라고 생각합니다. 이와 같은 처지로 다시 떨어지지 않기 위해서 내 자신의 생각과 마음 상태를 정비하는 기간이 절실히 필요합니다. 인문학 수업 과정이 바로 이런 정비의 기간이라고 생각됩니다. 이 과정을 마쳤다는 것으로 난 이 세상과 가까이 갈 수 있고, 갈 수 있다는 희망을 찾았다고 생각됩니다."

실제로 이 대학을 졸업한 노숙인들은 거의 다 일자리를 찾고 새 삶을 시작한다. 이 강좌에 참여한 어느 철학 교수는 자신이 오히려 노숙인들에게서 엄청난 것을 배웠다고 고백한다. 뉴욕의 클레멘트 대학에 참여하는 대학교수들도 대학생들과 토론하는 것보다 훨씬 흥미진진한 대화가 오간다면서 그 강의에 푹 빠져든다고 한다. 예를 들어 『죄와 벌』 같은 작품을 읽고 법과 윤리에 대한 생각을 나누게 되면 인생의 온갖 모진 풍파를 다 겪은 그들에게서 생생하고도 구체적인 '철학'이 쏟아져 나오는 것이다. 처절한 경험을 토대로 우려내는 생각과 언어는 어설픈 관념의 조합이 아니리라. 온갖 굴욕스러운 한계 상황에서 자기를 비하하고 모든 것을 포기했던 이들이 다시금 삶을 긍정하며 일어설 때, 그 기운은 우리의 남루한 의지를 육중하게 감싼다. 존재에 대한 깊은 성찰로 인생을 풍부하게 상상할 수 있는 힘이 거기에 있다. 그들이 빚어내는 의미의 연금술에서 세상은 원대하게 조망된다.

❶ 서울의 대표적인 달동네로 관악구 신림동과 봉천동이 있었다. 지금은 모두 재개발되어 아파트촌으로 변모하였기 때문에 더 이상 빈민가가 존재하지 않는다. 그런데 그 지역의 이미지는 여전히 달동네로 남아 있다. 이에 현재 그 지역에 사는 주민들은 동의 행정 명칭을 바꾸어달라고 관악구에 요청하였고, 관악구는 이를 받아들여 절차를 밟고 있다. 주민들이 발의했을 문건에서 명칭 변경의 필요성을 어떻게 설명했을지 써 보자.

❷ 빈곤의 대물림이 심각한 사회 문제로 떠오르고 있다. 예전에는 그나마 교육을 통해 계층 상승이 어느 정도 이루어질 수 있었지만, 이제는 오히려 교육이 양극화의 매개 고리가 되고 있다. 이러한 상황에서 오스카 루이스가 말한 '빈곤의 문화'는 한국에 어느 정도로 적용될 수 있을까? 주2에서 나열한 빈곤 문화의 특징들이 한국의 빈민들에게서 어떻게 나타나게 될지 논의해보자.

❸ 노숙인의 인생사와 현재의 삶에 대해 현장 조사를 하려고 한다. 다음과 같은 내용을 포함시켜 조사 계획서를 작성해보자.
(1) 노숙인을 어떻게 접촉하여 인터뷰에 응하게 할 것인가.
(2) 어디에서 만나 이야기를 나눌 것인가.
(3) 어떤 질문을 던질 것인가.
(4) 조사 과정에서 유념해야 할 점.

❹ '인문학의 위기'를 이야기하는 시대에, 인문학 공부를 통해 노숙인들이 삶의 동기를 갖게 되는 사례는 노숙인뿐 아니라 인문학자에게도 희망적인 소식이라고 할 수 있다. 그러나 그 내용을 구성하고 강의를 이끌어가는 것은 결코 쉬운 일이 아닐 것이다. 자신이 그 강좌를 기획한다고 가정하고 철학, 문학, 역사 가운데 한 과목을 선택하여 8주 코스의 강의계획서를 짜보자.

관·심·과·관·계·의·그·물·망·짜·기

114 안내원들은 종종 엉뚱한 문의에 당황하기도 하고 배꼽을 잡기도 한다. 그리고 이따금 어린아이들에게서 걸려오는 전화 가운데에는 가슴 찡한 내용들이 있다. 돌아가신 아버지가 보고 싶다며 하늘나라 전화번호를 가르쳐달라는 아이, 밤늦도록 엄마가 돌아오지 않아 무섭다면서 옛날이야기를 해달라는 아이, 책을 읽다가 모르는 말이 나와서 물어보는 아이 등 각양각색의 '사연'들이 위 책에 실려 있다. 그런 전화들의 공통점은 대체로 집에 혼자 있는 아이들이 걸어온다는 사실이다.

맞벌이 부부와 한부모 가정이 늘어나면서 '나 홀로 집에' 머무는 아이들이 많아지고 있다. 예전에는 집 밖으로 나가면 이웃집

어른이 있고 또래 친구들과 어울릴 수 있었지만, '동네'가 사라진
지금 유치원이나 학교 또는 학원에 가지 않으면 모두 외톨이 신세
이다. 빈곤 지역에서 그렇게 방치된 아이들을 돌보기 위해 1970
년대 말부터 탁아 운동이 일어났고, 그와 함께 방과후 프로그램을
제공하는 '공부방'이라는 것도 출현했다. 도시와 농촌 곳곳에서
거의 자원 봉사나 마찬가지로 헌신해온 교사들 덕분에 많은 아이
들이 성장기의 외로움과 어려움을 줄일 수 있었다. 그러한 교육
복지가 보다 효율적으로 이루어지도록 하기 위해 정부에서는 일정
한 조건을 갖춘 공부방을 '지역아동센터'라는 이름으로 공식화하
고 지원하기에 이르렀다.

그런데 빈곤 가정만이 문제가 아니다. 경제적으로 큰 어려움이
없는 가정에서도 고립된 채 생활하는 아이들이 적지 않다. 일과가

1 '引きこもる(집 안에 틀어박히다)'라는 말에서 파생된 명사로서 '도지코모리(とじこもり)'라고도 불린다. 어느 정도 두문불출하는가 하면 최소한 6개월에서 길게는 10여 년 정도에까지 이르기도 한다. 그런 사람들이 현재 일본에서 최소 50만 명, 최대 100만 명 정도로까지 추산된다. 집에서 나오지 않는 정도가 아니라, 식사하고 화장실 갈 때 이외에는 오로지 방 안에서 텔레비전이나 만화 등에만 몰두하는 이들도 많다. 히키코모리가 과연 정신 질환인지에 대해서는 뚜렷한 정설이 없다. 겉보기에는 멀쩡하고, 대인공포증 같은 것도 아니기 때문이다. 그러나 사회적 관계가 완전히 차단되어 있다는 것은 아주 심각한 문제가 아닐 수 없다. 나이 분포를 보면 20대와 30대에 집중되어 있고 40대, 50대도 적지 않다. 만일 그러한 생활 패턴이 그대로 굳어진 채 나이가 들어버리면 일본 사회에 감당하기 어려운 짐이 될 것이다.

2 일본에서는 최근 히키코모리들의 자립과 사회 복귀를 돕는 '뉴스타트 운동'이 주목을 받고 있는데, 그 한 가지로 '멀티 복지촌 프로젝트'라는 것이 있다. '복지' '농업' '교육'이라는 세 가지 사업에 남녀노소가 할 수 있는 범위 안에서 서로 도우며 지낼 수 있는 마을의 이미지다(후타가미 노우키, 『일하지 않는 사람들 일할 수 없는 사람들』, 홍익출판사, 2005 참고).

어머니에 의해 치밀하게 관리되고, 그나마 자유로운 시간에도 인터넷이나 텔레비전에 몰두하느라 다른 아이들과 어울리지 못하는 것이다. 극단적으로는 '사회'를 잃어버린 채 성장한 청소년이나 청년들 가운데 짧게는 몇 개월에서 길게는 5년 이상 아예 두문불출하는 '은둔형 외톨이'가 되어버리는 경우도 있다. 1990년대 후반부터 일본에서 심각한 문제로 대두된 '히키코모리'가 2000년대에 들어서서 한국에서도 비슷한 양상으로 나타나기 시작했다. 말하자면 '가출'과는 정반대의 상황이 되는 것이다. 일체의 대인관계를 거부하고 칩거하면서 부모에게 얹혀 사는 이들이 그대로 나이가 들어간다면 어떤 삶을 꾸리게 될까. 이는 그 당사자 및 가족뿐만 아니라 국가적으로도 중대한 고민이 아닐 수 없다.

일본에서는 그런 청소년과 젊은이들을 집 바깥으로 끌어내기 위한 시도들이 다각적으로 이루어지고 있다. 그 핵심은 사회적 관계의 회복이다. 히키코모리들이 정기적으로 만나는 모임을 꾸리거나, 동네의 편의점에서 아르바이트를 하거나 보육소에서 봉사하면서 일을 체험하도록 하는 것 등을 통해 마을 공간에서부터 타자와의 접점을 찾도록 지원한다. 또는 아예 별도의 공간에서 공동체 생활을 하는 경우도 있는데, 거기에서도 폐쇄적으로 생활하는 것이 아니라 지역사회와 최대한 접촉할 수 있도록 일상과 공간을 구조화한다. 이러한 사례들을 통해 우리는 자립할 수 있는 힘을 키우는 데 사회적 관계 및 활동이 매우 중요하다는 것을 새삼 확인하게 된다. 이러한 사실들은 왕따, 교실 붕괴, 원조 교제 등 일본의 청소년 문제를 몇 년의 시차로 비슷하게 경험해온 한국에 시사하는 바가 크다고 할 수 있다.

지금 청소년들은 학교와 가정이라는 공간에서 학생으로서 공부에만 전념해야 하는 한편, 대중문화 및 도시 공간에서는 소비자로서 욕망의 주체가 된다. 사이버 공간에서 거침없는 소통의 자유를 만끽하지만 그것은 매우 제한된 영역일 뿐이다. 참여를 통해 스스로 삶의 공간을 만들어갈 수 있는 사회적 권리가 충분하게 주어지지 않으므로 소비자로서는 특권을 누리지만 생산자와 시민으로서 누릴 수 있는 삶의 기회는 너무 적다. '성적'에 연연하여 '성장'을 간과하고, '학력(學歷)'에 매달리느라 '학력(學力)'을 소홀히 하며, '진학'에만 전력하는 동안 '진로'는 뒷전으로 방치한다. 그 결과 특정한 지적 능력은 발달하지만 한 인간으로서 삶을 주체적으로 꾸려가는 능력은 현저하게 빈약하다.

학교 공부는 책으로 정리된 지식을 중심으로 이루어진다. 그러나 인간은 직접 상황에 부딪혀 문제를 해결하면서 배우는 것들이 훨씬 많다. 특히 아이들은 왕성한 호기심과 유연한 두뇌 덕분에 세상과 교섭하면서 스스로 지적 능력을 키워가는 데 탁월하다. 그것을 입증하는 한 가지 흥미로운 사례가 있다. 브라질의 대도시에는 길거리에서 관광객이나 행인들에게 물건을 팔아 생계를 유지하는 어린아이들street children이 많이 있다. 그들은 학교에서 배우는 산수 문제는 잘 풀지 못하면서 거스름돈을 계산하는 데 필요한 산수는 매우 정확하게 체득하고 있다고 한다. 심리학자와 교육학자들은 그들의 독특한 연산 방식을 '길거리 산수street mathematics'[3]라는 이름으로 연구하고 있다.

또 다른 예를 보자. 인도의 기술회사 NIIT에 근무하는 어느 연구원은 인터넷에 연결된 PC를 그의 회사 담벼락에 설치하고, 비

3 Saxe, G. B., *Culture and Cognitive Development: Studies in Mathematical Understanding*, Lawrence Erlbaum Associate, 1991.

디오 카메라를 이용해 사람들의 반응을 관찰했다. 그 바깥쪽은 빈민가였는데, 거기에 사는 아이들은 학교 교육도 받지 않고 영어도 알지 못하면서도 몇 주일 내에 컴퓨터 사용법을 스스로 터득해냈다. 이 실험으로 사회 혁신상을 받은 그 연구원에 따르면 이와 같은 식으로 10만 개의 부스를 설치할 수 있다면 5억 명의 인도 어린이들이 컴맹에서 벗어날 수 있다고 주장했다. 이를 기초로 '최소간섭 교육Minimally Invasive Education'이라는 개념이 대두되었다.[4] 아이들이 자발적이고 신나게 배울 수 있는 환경은 의외로 풍부하게 고안될 수 있을 것이다.

지방 자치 시대에 지역 공간의 디자인에 주민들이 참여하는 '마을 만들기' 활동에 결합하는 것도 그 한 가지 방안이다. 동네의 환경 실태를 조사하고 그 미래상을 함께 그리는 작업에 청소년들이 참여하는 것이다. 예를 들어 지역에 서식하는 새들을 관찰하여 그 종류와 분포를 지도 위에 기록하기, 수질 오염이나 소음 공해 정도를 측정해보기, 교통량 조사와 사고 위험 지역 체크, 놀이터의 안전 점검, 지역의 가장 매력적인 포인트를 찾아내기, 장애인이나 노인들에게 불편한 통행 시설 조사하기 같은 것들을 해볼 수 있다. 한 지역 안에는 공동체와 관련된 무궁무진한 테마들이 널려 있고, 그 하나하나를 중심으로 학습 커뮤니티가 결성되어 마을 만들기에 필요한 정보를 생산할 수 있다. 거기에서 나온 제안이 관청의 정책에 반영된다면 시민으로서 주인 의식과 참여 정신을 갖는 계기도 될 것이다. 앞서 언급한 공부방이나 지역아동센터도 지역사회와 연계하여 프로그램을 개발하고 실행한다. 예능 실력을 다듬어 동네 축제에 참여하여 발표하기, 독거노인들의 다리를 주

4 자크 아탈리, 『미래생활사전』, 을유문화사, 2003, 212쪽.

● ● 'k-12 건축모임'이 지역 사회 아이들과 마을을 답사하고 지도를 만들었다(『디자인 교육 새야』 6호에서).

물러드리는 자원 봉사, 마을의 자연 환경 관찰 등이 그것이다. 부모들이 조합 형태로 운영하는 공동 육아 어린이집에서 핵심적인 일과로 정착된 '나들이'나, 대안학교에서 활발하게 실험하는 '인턴십'도 배움의 장을 확장하는 시도로 자리 매김할 수 있다.

'맹모삼천(孟母三遷)'에 대해 유머를 곁들인 풀이가 있다. 맹자의 어머니는 시행착오로 거처를 옮겨 다닌 것이 아니었다고 한다. 묘지 근처에 살면서 인생의 무상함을 느끼도록 하고, 장터 근처에 살면서 생존의 치열함을 알게 하기 위한 의도적인 기획이었다는 것이다. 구체적인 현실에 접하면서 획득하는 인지 능력과 감수성이 인간의 성장에서 매우 중요한 바탕이라는 점을 강조하는 해석이다. 학교의 안과 바깥을 철저하게 분리시킨 가운데 실행되

5 맹자의 어머니가 아들의 교육을 위해 세 번 이사했다는 일화. 아이들의 교육에 환경이 매우 중요하다는 의미를 담고 있으며 '삼천지교(三遷之敎)'라고도 한다.

어온 근대 교육의 한계를 넘어서려는 지금, 경험을 통한 배움으로 나아가는 길은 여러 갈래로 열려야 한다. 학교에 가지 않는 토요일이 점점 확대되어 시행되는 가운데, 지역사회와 도시 공간에서 다양한 학습 자원을 발굴하여 연계하는 작업이 요구된다.

이제 학교만이 아니라 사회 자체가 청소년들의 성장 공간이 되어야 한다. 이는 다른 말로 하자면 학교의 개념 자체가 달라지는 것을 의미한다. 지금까지 교육의 과업을 학교가 모두 떠맡던 시대에서, 이제는 시민사회의 여러 주체들이 나서서 책임을 나누는 시대로 넘어가고 있는 것이다. 이러한 변화는 세대, 삶의 영역, 전문 분야, 공간 등의 경계를 가로질러 만나면서 서로 가르치고 배우는 '학습 사회'로 나아가는 과정에 다름 아니다. 학교 교육에 의해 제약을 받고 입시 경쟁에 저당 잡힌 청소년들의 성장은 평생학습이라는 패러다임에서 다시금 구성되어야 한다. 그리하여 청소년기의 학습이 시간적으로는 대학 입시라는 목표 이상으로 확대되고, 공간적으로는 학교라는 제도적 울타리를 넘어 시민사회로 나아가는 것이다.

따라서 그 과정에 아이들과 함께 새로운 학습 활동을 창조해갈 어른들의 참여가 절실하다. 요즘 아이들은 부모 및 친지 그리고 교사 이외에는 알고 지내는 어른이 거의 없다. 아이들이 동네의 아줌마 아저씨들을 자연스럽게 사귀고 이들을 통해 여러 가지를 배울 수 있다면 그들의 생각과 생활은 한결 풍요로워지지 않을까. 원래 우리의 동네는 아이들이 또래끼리만이 아니라 어른들과도 자연스럽게 관계를 맺는 공간이었다. 그러므로 아이들에게 가장 원초적인 '사회'의 경험은 동네에서 이루어질 수 있다. 더불어 어른들도 혈연을 넘어 여러 아이들과 학연(배움의 인연) 그리고 지연(地緣)을 맺을 수 있다면 색다른 기쁨을 얻을 수 있을 것이다. 그러한 알음알이의 네트워크는 특히 불안정한 가정의 아이들에게 든든한 관심의 그물망이 될 수 있다. 학습의 즐거움을 깨닫고 나누려는 사람들의 마음으로 마을은 언제나 새롭게 발견되어갈 것이다.

❶ 마을 안에는 다양한 사람들이 살고 있다. 그 가운데 마을 안에서 인간관계를 가장 넓게 맺고 있는 사람, 그리고 마을이 어떻게 돌아가고 있는지에 대해 가장 잘 알고 있는 사람은 누구일까? 그리고 정반대로 마을 안에서 인간관계가 가장 좁고 마을 사정에 대해 가장 무지한 사람은 누구일까? 전자를 10, 후자를 1로 놓고 그 스펙트럼에서 마을 사람들을 주요한 범주별로 나눠 등급을 매겨보자. 그리고 거기에서 자신은 어디쯤 위치하는지 가늠해보자.

❷ 학교에 가지 않는 토요일에 동네 초등학생들을 위해 어느 은행 직원들이 자발적으로 경제 교육 프로그램을 실시한 사례가 있다. 이런 식으로 지역 안에 있는 기관이나 단체들이 제공할 수 있는 학습의 장들은 많이 있을 수 있다. 구체적으로 어디에서 무엇을 제공할 수 있는지 3가지 아이디어를 내고, 그 가운데 하나를 선정해 구체적인 제안서를 써보자.

❸ 중·고등학교에서는 자원 봉사를 의무적으로 하도록 되어 있다. 그런데 지역에 충분한 일감이 마련되지 않아 형식적이고 때우기 식으로 진행되는 경우가 많다. 청소년들이 의미와 재미를 함께 얻을 수 있는 자원 봉사 프로그램으로서 지금까지 존재하지 않았던 것 한 가지를 창안하여보자.

❹ 은둔형 외톨이는 사회적으로 노출되지 않고 있지만 의외로 많은 젊은이들이 그 덫에 걸려 있다. 그렇게 되기까지의 경로, 그리고 고립과 단절 속에 살아가는 심경은 여러 가지일 것이다. 자신이 은둔형 외톨이가 되었다고 상상하고, 그렇게 된 경위를 적어보자. 그리고 일기도 함께 작성해보자.

제5부 **창조와 성장**

학교 · 캠퍼스 · 교회 · 문화회관 · 길거리

배·움·의·인·연·으·로·자·아·를·빚·는·그·릇

1 −Who knocks at the door of learning?
−I am every woman.
−What do you seek?
−To awaken my spirit through hard work and dedicate my life to knowledge.
−Then you are welcome. All women who seek to follow you enter here. I now declare the academic year begun.

총장: 누가 배움의 문을 두드리는가?/학생 대표: 학생 대표입니다./총장: 그대는 무엇을 구하는가?/학생 대표: 충실한 학업으로 정신을 일깨우고, 인생을 지식에 바치고자 합니다./총장: 그렇다면 그대를 환영한다. 그대를 따르려는 모든 학생들은 안으로 들어오너라. 이제 새로운 학년의 시작을 선포하노라.¹

위 인용문은 줄리아 로버츠가 주연한 영화 「모나리자 스마일」에 나오는 대사다. 이 작품은 1950년대 미국 뉴잉글랜드의 명문 웰즐리 대학에 미술사 교수로 부임한 주인공이 보수적인 대학의 분위기 안에서 겪는 갈등과 우여곡절을 그리고 있는데, 영화는 개학식 의례로 시작된다. 대강당에서는 총장과 교수들이 기다리고 있고, 학생들은 좀 떨어진 장소에서 모였다가 한 무리를 이루어 걸어 올라온다. 강당에 다다르자 대표 학생이 나무망치를 가지고 문을 두드린다. 그때 안에서 대기하고 있던 총장과 대표 학생이 위에 인용한 대화를 주고받은 뒤 문이 열리고, 학생들이 줄을 지어 들어와 자리를 잡은 다음 개학식이 시작되는 것이다. 배움의 엄숙한 의의를 산뜻하게 함축하는 매우 인상적인 의례 장면으로 기억된다.

　의례는 한 집단이 공유하는 의미의 질서를 확인하고 재생산하는 행위이다. 이를 통해 구성원들은 함께 살아가는 보람과 정체성을 획득하면서 서로 결속을 다진다. 교육에서의 의례는 개인의 성장을 격려하고 축하하는 문화 장치로서 축제의 성격을 띤다. 그런데 요즈음 학교에서 치르는 의례에서 그러한 모습을 발견하기는 어렵다. 졸업식 날이면 학교마다 수많은 인파와 화려한 꽃다발이 넘쳐나지만 정작 졸업식은 구태의연하며 건조하다. 입학식은 아예 요식행위로 머물러 싱겁기 그지없다. 이들 행사에서 문화의 빈곤을 새삼스럽게 목격하게 된다. 시작과 끝의 경계선을 격조 있게 그어주는 언어가 아쉽다.

　그런데 그것은 기법의 문제일까? 훌륭한 이벤트 회사에 맡긴다면 멋진 입학식이나 졸업식을 연출할 수 있을까? 몇 가지 볼거리를 삽입할 수 있겠지만, 참석자들이 몸과 마음을 실어 시공간을 채우지는 않을 것이다. 중요한 것은 의례 자체의 완성도가 아니라, 참가자들 사이에 퍼져나가는 의미의 울림이다. 그 공명의 정도는 그들이 공유하는 기억과 소망의 밀도에 비례한다. 학교라는 공간에서 빚어내는 생각과 경험들이 공동의 이야기로 발효되고 승화될 때, 참가자들은 비로소 그 시공간의 주인공이 될 수 있다. 이런 의미 있는 의례는 구체적으로 어떤 모습일까?

대안학교의 졸업식에 가보면 그러한 의례를 종종 만나볼 수 있다. 이들 졸업식에서는 졸업생 한 명 한 명이 모두 주인공으로 등장하여 자기의 이야기를 하는 경우가 많다. 각자 어떻게 살아왔고 학교에서 무엇을 배웠는지 반추하며, 앞으로 어떤 진로를 택할지에 대해 차례대로 발표하고 이에 관련된 영상도 곁들여진다. 그 시간이 웬만한 축사보다 흥미진진한 것은 졸업생들이 저마다 걸어온 길을 생생한 이야기로 들려주기 때문이다. 그리고 그 사연의 빛깔들이 다양하기 때문이다. 또한 모두가 서로를 잘 알고 있기에 표현이 다소 서툴러도 그 내용을 쉽게 이해하고 공감할 수 있다. 그 자리에는 그 세월을 함께해온 교사와 재학생들 그리고 부모들도 참석하여 졸업생들에게 갈채를 보낸다.

이러한 의례가 가능한 것은 학교의 규모가 작기 때문이다. 우리 교육에서는 규모를 중요하게 다루어왔지만 이는 교실 단위에 국한된 경우가 많았다. 예를 들어 김대중 정부는 학급당 인원을 줄이는 것을 권장하였고 전국의 학교들마다 교실 증축의 붐이 크게 일었던 적이 있다. 그러나 개별 학급의 규모 못지않게 중요한 것은 학교 전체의 규모다. 지금처럼 큰 규모의 학교에서는 조직이 비대해질 수밖에 없고, 비대한 조직을 관리하기 위해서는 아무래도 관료적인 통제가 주를 이루게 된다. 거대한 위계 구조 속에서 교사들은 소외되고 삶의 활력을 잃기 쉽다. 몇 십 명이 참석하는 교사 회의에서 충분한 토론이 이루어지기는 어렵다.

학교의 규모는 학생들에게 훨씬 더 중요하다. 학교가 너무 거대하면 자아를 당당하게 세우면서 타자를 너그럽게 받아들이는 공동체가 설 틈이 매우 비좁아진다. 학생 수가 천 명이 넘는 학교 안에서 아이들은 자신의 개성을 드러내지 못한 채 추상화된 시스템의 업무 처리 대상으로 함몰된다. 야외 학습, 수학여행, 수련 활동을 하러 떠나도 몇 백 명의 학생들을 인솔하는 교사의 가장 우선된 관심사는 '안전사고'이다. 이렇듯 지금의 교육은 학생들을 커다란 집단으로 묶어놓을 수밖에 없는 구조이다. 그러면서 다른 한편으로는 학생들을 뿔뿔이 경쟁하도록 한다. 그러한 상황에서 학우들을 배움의 동반자로 만나기는 매우 어렵다.

그 폐해는 객관적인 수치로도 확인된다. 경제협력개발기구(OECD)가 2000년에 회원국들의 고등학생을 대상으로 학업성취도를 조사해본 결과, 한국 학생들의 협동 학습 능력이 가장 떨어지는 것으로 나타났다. 즉, '나는 다른 학생들과 함께 공부할 때 가장 많이 배운다' '나는 다른 학생들이 잘할 수 있도록 돕는 것을 좋아한다'는 항목에 그렇다고 답을 한 비율이 가장 낮았다는 것이다. 관계 맺기와 소통의 능력이 경쟁력의 핵심일 뿐 아니라 행복을 위해서도 필수불가결한 요소로 부각되는 시대에, 학교의 의미와 존재 방식은 새롭게 질문되어야 한다.

일본의 소설가 오에 겐자부로는 『아이들이 묻고 노벨상 수상자들이 대답한다』라는 책에 「우리는 왜 학교에 가야 하나요?」라는 글을 실었다. 거기에서 그는 정신 지체 장애를 겪고 있는 아들 히

카리의 어린 시절을 회상한다. 그는 히카리를 학교에 보내야 할지
고민하고 있었다. '그 아이는 새들의 노랫소리를 잘 알아듣고, 부
모가 가르쳐주는 새 이름들을 재미있게 배우는데, 차라리 고향으
로 돌아가서 초원이나 언덕, 숲 속에 집을 짓고 사는 것이 더 낫지
않을까?' 그런데 아들이 특수반에 다니게 된 지 얼마 안 돼서 그
에 대한 답을 얻을 수 있었다. 히카리는 교실에서 자기처럼 시끄
러운 소리를 싫어하는 한 친구를 만났고, 그때부터 두 아이는 항
상 교실 구석에 앉아 손을 맞잡고 주위의 소음들을 견뎌냈다. 특
히 화장실에 갈 때, 아들은 자기보다 몸이 더 약한 그 친구를 도와
주었다. 친구에게 도움을 줄 수 있다는 경험은 히카리에게 새로운
행복을 의미했다고 그는 증언한다.

한국사회에서는 학연이 매우 중시된다. 동문들의 배타적인 인맥이나 파벌이 많은 일을 좌우한다. 그런데 학연의 본래 의미는 무엇인가. 말뜻 그대로 풀면 '배움의 인연'이다. 관심의 그물망 속에서 마음의 힘을 키우는 관계, 지적·정서적 상호작용을 통해 각자의 잠재력을 이끌어내는 만남이다. 학교는 그런 관계 속에서 성장을 도모하는 공동체여야 한다. 그렇게 되기 위해서는 학교가 작아야 한다. 대부분의 학생이 서로 익명적인 관계가 될 정도로 커지면 안 된다. 반대로 너무 작아도 활력이 생기기 어렵다. 학교의 크기는 학생들 사이에 다양한 상호작용이 일어날 정도로 커야 하고, 모든 학생과 교사들이 서로를 알아볼 수 있을 정도로 작아야 한다. 맞춤형 학습이나 다면적인 평가라는 것도 개개인의 능력과 욕망을 찬찬히 살펴볼 수 있는, 그러한 소규모 집단에서 제대로 실현될 수 있다.

결국 교사와 학생들이 학교를 자신들의 안온한 생활 터전임을 구체적으로 느낄 수 있어야 하는 것이다. 그런 점에서 생각해볼 것이 공간의 디자인이다. 공간은 단순한 물리적인 조건이 아니다. 교육에서 공간은 그 자체로 매우 중요한 구성 인자다. 교육학에 '잠재적 교육과정hidden curriculum'이라는 개념이 있다. 교과 내용에 들어가 있거나 교사가 강의하는 것은 아니지만, 실제로는 학생들에게 일정한 학습 효과를 발휘하는 요소들을 말한다. 거기에는 학교의 풍토, 교사의 문화, 학사 운영 시스템 등이 포함되는데, 그와 함께 빼놓을 수 없는 것이 물리적 환경이다. 건물과 교실은 그 자체가 일종의 텍스트로서 어떤 메시지를 발신한다는 말이다. 건물의 모양새, 교정의 품새, 교실의 배치, 그리고 책상과

2 김우창 교수의 말을 들어보자. '사람의 지식은 사회적으로 얻어진다. [……] 사람은 무엇보다도 사람과의 관계에 민감하다. 따라서 지식은 서로 인간적 교섭을 주고받는 일에 짜여 들어감으로써 생생한 느낌을 얻게 되는 것이다'(『이성적 사회를 향하여』, 민음사, 1993, 401~2쪽). 한국 학생들이 그렇게 많은 시간을 공부에 투입하지만 지적 성장의 기쁨을 느끼지 못하는 까닭은 사회적 교류를 통해 삶을 풍부하게 가꿔갈 수 없기 때문이다. 학교가 그러한 만남의 장소가 되기 위해서는 적정한 규모로 재구조화될 필요가 있다.

● ● 이우학교의 책상은 수업에 따라 다양하게 조합하고 배치할 수 있도록 디자인되었다.

©베가스튜디어

3 '21세기의 더불어 사는 삶'이라는 교육 이념을 내걸고 상생의 지혜와 창조적 지성, 전문 지식과 기술을 겸비한 인재들을 키우기 위해 설립된 대안학교. 이우(以友)란 '벗과 함께' '벗 삼아' 등의 뜻으로 풀이되는데, 각 학생들의 개성과 인격을 존중하며, 그들 상호간에 경쟁이 아닌 협력 관계를 형성한다는 비전을 담고 있다. 1997년에 준비가 시작되어 2003년에 경기도 분당에 세워진 이 학교는 현재 중·고등학교에 각각 200여 명이 재학하고 있다.

의자 등 도구에 이르기까지 그 하나하나가 긍정적·부정적 학습 효과를 갖는다. 따라서 이에 대한 설계는 기능적인 효율만을 따를 것이 아니라 그 나름의 교육 철학에 입각해 이루어져야 한다.

경기도 광주 남한산초등학교의 경우 학교를 리모델링하면서 즉흥적인 공사를 지양하고 장기적인 관점에서 아이들의 배움과 삶에 가장 적합한 환경을 하나 둘씩 채워가는 방식을 택했다. 숲 속의 놀이터, 그 안의 작은 산책로, 나무 벤치와 정자, 원두막과 움집 등을 지어갔다. 그리고 아이들의 개인 사물함과 책꽂이를 교사들이 직접 설계하여 주문 생산했다. 최근 세간의 주목을 받고 있는 이우학교[3]에서도 주도면밀한 건축디자인이 돋보인다. 태양광을 이용하여 에너지를 공급하고, 산을 무리하게 깎지 않고 경사를 따라 높이의 편차를 두면서 세 건물을 지은 건설 기법 등은 친환경적인 가치를 그대로 실현한 것이다. 건물 안에 들어오면 세 교사(校舍)의 어느 층이든 휠체어로 이동할 수 있게 되어 있어 약자의 인권을 세심하게 배려하고 있다. 그리고 각 교실의 책상은 4~6명이 한 모둠으로 작업할 수 있도록 둥그렇게 조합할 수 있는 구조로 되어 있다. 이러한 물리적 환경은 학생들에게 자연스럽게 감수성과 세계관을 키워주는 교구인 셈이다.

대부분의 한국인들은 자신의 일생에서 최소한 10년 이상을 학교에서 보낸다. 학교는 개인의 성장을 도모하면서 사회와 문화의 원형질을 빚어내는 그릇이다. 그런데 그동안 그 공간은 어떤 이미지로 표상되어왔는가. 「여고괴담」「우리들의 일그러진 영웅」「친구」「말죽거리 잔혹사」 등의 영화나 소설에 등장하는 학교의 모습은 암울하고 칙칙할 수밖에 없는 학창 시절을 상징한다. 건물과 기자재들은 낡고, 비위생적이기 일쑤이며 차갑고 삭막하게 느껴진다. 실제로 학교에 대한 매스미디어의 보도를 보아도 폭력, 급식 사고, 비리, 학내 분규, 교사와 학부모의 갈등 등 부정적인 것이 대부분이다. 학교 곳곳에 붙어 있는 교훈이나 표어의 내용과 너무 대조적인 현실이다.

학교의 미래는 무엇인가. 관심의 그물망 속에서 마음의 부피를 키우는 관계, 지적 정서적 상호작용을 통해 각자의 잠재력을 이끌어내는 만남이 싹틀 수 있을까. 희망의 재생 줄기세포는 있다. 생명이 자라나는 힘을 믿으면서 보이지 않는 성장의 나이테를 굵직하게 그어가는 손길들이 있다. 대안학교뿐만 아니라 기존의 제도권 학교들 안에서도 다양한 시도들이 이루어지고 있다. 가르침과 배움의 본연을 섬세하게 헤아리며 존재의 경이로움을 함께 창조해가는 교사와 학생들 속에서 학교는 다시 태어나고 있다. 그런 학교들이 곳곳에 뿌리내리면서, 졸업과 입학의 계절마다 배움의 인연을 다짐하고 매듭짓는 멋진 의례가 여기저기서 펼쳐질 것이다.

① 자신이 졸업한 초·중·고등학교에서 추억으로 떠오르는 장소들은 어디인가? 5개만 나열해보자. 그리고 그 장소들의 공통점이 무엇인지 분석해보자. 공간 자체의 특성, 그 공간에 결부되어 있는 각별한 경험 등이 그 요소가 될 수 있다.

② 고등학교와 대학의 졸업식에 참가자들이 점점 줄어드는 추세이다. 졸업생들이 그 의례의 의미나 매력을 느끼지 못하는 것도 중요한 이유 가운데 하나다. 어떤 졸업식이라면 졸업생들이 참가하고 싶을까? 그 식순을 짜보자. 그리고 졸업 축사를 참신한 내용으로 작성해보자.

③ 신도시에 초등학교가 하나 세워지려 한다. 즐거운 배움이 깃들 수 있는 학교가 되기 위해서는 어느 정도의 크기가 적정할까? 큰 학교를 하나 지을 수 있는 예산과 부지를 분할해서 두세 곳을 지을 수도 있다는 전제로 학교 인원의 적정 규모(교사, 학생, 학급)를 교육위원회에 제안한다고 가정하고, 그 숫자와 근거를 정리해보자.

④ 학생들의 협동 학습 능력을 높이기 위해서는 교육 제도에서 무엇이 바뀌어야 할까? 그리고 제도의 개선으로 해결될 수 없는 면이 있다면 무엇이고, 그것은 어떻게 접근해야 할까?

낭 · 만 · 과 · 불 · 안 · 사 · 이

가을 잎 찬 바람에 흩어져 날리면/캠퍼스 잔디 위엔 또 다시 황금물결/잊을 수 없는 얼굴 얼굴 얼굴들/루루루루 꽃이 지네 루루루루 가을이 가네/하늘엔 조각구름, 무정한 세월이여/꽃잎이 떨어지니 젊음도 곧 가겠지/머물 수 없는 시절 시절 시절 시절들/루루루루 세월이 가네 루루루루 젊음도 가네

──송창식 노래, 「날이 갈수록」

　　위의 노래는 1975년 개봉된 영화 「바보들의 행진」에 삽입되었던 곡이다. 이 영화는 한국의 영화사에서 캠퍼스를 무대로 대학생들을 주인공으로 등장시킨 첫 작품이었다. 그런데 위의 가사에서 드러나듯이 그 분위기는 사뭇 음울하다. 유신 독재의 억압이 가중되던 시절, 저항이라고 해보아야 기껏 장발 단속을 뿌리치고 도망가는 정도로밖에 표출되지 않는다. 통기타를 들고 교외로 놀러나가는 것도 규제의 대상이 되었던 상황에서, 대학생들은 학과별로 맥주 많이 마시기 대회를 벌이면서 괴로운 현실을 잊으려 한다. 결국 주인공들은 답답하고 허무한 마음을 달래기 위해 '자, 떠나자, 동해 바다로'를 외치며 '고래 사냥'에 나선다. 이는 당시 대학

생들의 사회적·심리적 한계 상황과 자유에 대한 열망을 반영했다.

그런데 1980년대에 접어들어 대학생들의 기세는 돌변한다. 그들은 권력에 용맹스럽게 도전하면서 광범위한 정치 세력을 형성하였고, 캠퍼스는 사회 변혁의 진원지가 되었다. 중앙일보사가 한국의 산업화 이후 40년 역사와 한국인의 삶을 추적한 『아! 대한민국』이라는 책에서는 당시의 상황을 1970년대와 비교하여 다음과 같이 요약하고 있다. "80년대 등장한 '386세대'의 모습은 달랐다. 고뇌의 본질은 비슷했으나 저항 정신은 전 세대보다 격렬했고, 행위도 더 도전적이었다. 강한 동질성을 바탕으로 대중을 조직화함으로써 변혁의 주체가 될 수 있었다. 「임을 위한 행진곡」을 앞세운 병태의 후예들은 민주화를 이루어내며 '바보들의 행진'을 마무리한다."

하지만 1990년대에 들어서면서 그 맹렬한 기상은 희미해져갔다. 대학생들이 사회 변혁의 주역으로 나섰던 1980년대의 분위기와는 판이하게 이제 청년들은 신용 불량의 굴레와 실업의 악몽에 가위눌리고 있다. 역사의 방향을 리드했던 위치에서 이제는 거꾸로 사회의 짐이 되어버린 듯한 느낌이다. 30년 전 젊은이들의 심경에 드리웠던 음울한 기운이 격세유전으로 재현되고 있는지도 모르겠다. 그런데 근본적으로 달라진 상황은 고뇌의 진원지가 정치가 아닌 경제라는 점, 그리고 이제는 멀리 동해까지 도망가지 않아도 거대한 정보 세계와 현란한 소비문화에 빠져 현실을 잠시 잊을 수 있다는 점이다.

거기에 덧붙여 연애는 점점 더 매혹적인 은둔처가 되어준다. 커플들은 캠퍼스 안팎에서 다채로운 러브 스토리의 각본을 쓰고 연

1 1980년대 민주화 운동의 시위 현장에서 가장 많이 불렀던 노래 가운데 하나. 가사는 다음과 같다. '사랑도 명예도 이름도 남김없이/한평생 나가자던 뜨거운 맹세/동지는 간데없고 깃발만 나부껴/새 날이 올 때까지 흔들리지 말자/세월은 흘러가고 산천은 안다/깨어나서 외치는 뜨거운 함성/앞서서 나가니 산 자여 따르라/앞서서 나가니 산 자여 따르라.'

● ● 자연적인 숲을 잘 보존한 경희대 캠퍼스.

출한다. 입시 지옥에서 벗어나 직업 전선으로 나가기 전 4~5년의 짧은 청춘을 한껏 예찬한다. 한때 캠퍼스를 배경으로 하여 유행처럼 제작되었던 청춘 시트콤들은 솜사탕 같은 연애담이 주를 이루었다. 물론 그것은 실제 대학생들의 모습과 상당히 괴리된 면이 있었다. 학교 공부의 어려움과 취직에 대한 중압감을 달콤한 연애 감정으로 가뿐하게 지워버릴 수 있는 대학생은 거의 없기 때문이다. 그렇긴 해도 캠퍼스라는 공간은 언제나 다분히 낭만적인 이미지로 체감된다. 그곳은 십대 청소년들에게는 동경의 대상이고, 졸업생들에게는 추억의 장소이다. 졸업식보다 중요한 졸업식 기념사진, 그리고 특히 여학생들에게 매우 중요한 졸업 앨범 사진도 바로 캠퍼스의 아름다운 경관을 배경으로 하여 촬영되는 것이기에 의미가 있다.

　사회적으로도 캠퍼스는 각별한 위상을 차지하는 듯하다. 수도권 전철역 이름 가운데 대학 이름이 들어간 것이 무려 20여 개나 되는데, 이는 다른 나라에서 찾아보기 어려운 현상이다. 대학 간판이 인생의 '로드맵'을 만드는 데 결정적인 '랜드마크'가 되어온 현실이 우리의 공간 지각에도 그대로 투영된 것일까. 사실은 대학들이 자신의 이름을 조금이라도 더 알리기 위해 애쓴 결과이다. 또 실제로 한국의 캠퍼스에는 경관 그 자체로 매우 훌륭한 명소들이 많다. 정신없이 변모하는 도시 속에서 대학의 교정은 고궁이나 숲처럼 고즈넉한 분위기 속에 느긋하게 시간을 음미할 수 있는 공간이다. 그래서 학생들뿐만 아니라 시민들에게도 캠퍼스는 계절을 따라 자연을 만끽할 수 있는 공원이 되어준다.

　그런데 최근 많은 캠퍼스들이 아담한 정취를 잃어가고 있다. 숲과 오솔길이 없어지고 그 자리에 높은 건물이 들어선다. 대학의 몸집이 커지면서 공간도 확장되고 복잡해진다. 대학들은 저마다 캠퍼스의 획기적인 개발을 통해서 위세를 떨치려 한다. 대학 내에서도 각 기구들 사이에 규모의 경쟁이 벌어지고 산학 협동이라는 명목하에 계속 새로운 건물들을 세운다. 그 가운데 역사에 길이 남을 만큼 기념비적인 건축물은 찾아보기 어렵고, 그 대신 가지각색의 시시한 건물들만 곳곳에 자꾸 세워진다. 전체적으로 캠퍼스는 빠른 속도로 그리고 난삽한 몰골로 변신하고 있는 것이다. 특히 서울에 있는 대학들 가운데는 크고 작은 산을 끼고 있는 경우가 많은데, 1990년대 이후 난개발이 진행되면서 수많은 녹지와 산책로가 사라져갔다. 그런데도 오랫동안 대학은 도시계획이나

2 서왕진, 「대학 캠퍼스의 난개발 열풍과 대학의 위기」, 『환경과생명』 2001년 가을호 참조.

환경 정책의 사각지대로 방치되고 있었다. 2000년에 들어서 뒤늦게 건교부는 '도시계획 시설 기준에 관한 규정'을 개정하는 과정에서 대학도 대상에 포함시키기로 결정했다.[2] 그러나 그 효력이 실제로 발휘되고 있는지는 의심스럽다.

그렇듯 급변하는 캠퍼스에서는 재학생들조차 이방인이 되어가는 듯하다. 외부에서 학교를 방문한 이들이 학생들에게 어떤 건물의 위치를 물어보면 모른다는 대답이 점점 더 많이 나온다. 교내의 건물 이름과 지리 정보에 가장 밝은 사람은 엉뚱하게도 주차 관리 용역업체 직원, 그리고 인근의 음식점 배달부들이다. 그러므로 앞장 「학교」에서 언급했던 '잠재적 커리큘럼'이라는 관점에서 지금 대학은 건축에 어떤 교육 철학을 담고 있는지 자문하게 된다. 난개발 속에 미아가 되어가는 대학생들에게 대학이라는 말은 추상명사로 변해갈 것이며 오랜만에 모교를 방문한 졸업생들은 학창 시절의 추억이 담긴 풍경이 사라져버렸음을 아쉬워하게 될 것이다. 대학마다 재정의 빈약함을 호소하면서 동문들에게 후원금을 요청하고 있는데, 정작 그들이 애교심을 느끼게 할 만한 상징 자원은 그렇게 훼손당하고 있는 것이다.

대학 조직이 비대해지고 공간이 변모하면서 학생과 학생, 교수와 학생 사이의 관계도 점점 소원해진다. 대학생들이 가장 소통하기 어려워하는 상대가 누구인지 강의실에서 물어본 적이 있는데, 놀랍게도 교수라는 대답이 가장 많이 나왔다. 왜 그렇게 생각할까. 곰곰이 생각해보니 교수와 학생 간의 접촉면이 너무 비좁다. 캠퍼스 안에서 교수와 학생이 강의실 이외에서 편안하게 만나 대화를 나눌 수 있는 공유 공간은 거의 없다. 휴게실, 식당, 체육관,

벤치 등 어디에서도 교수와 학생은 섞이지 못한다. 그나마 대학원생들은 연구실이나 교수 식당 등지에서 교수들과 시간을 함께하는 경우가 있기는 하지만 학부생들은 그런 기회가 거의 없다. 대학이 젊은이들에게 역동적인 자기 형성의 공간이 되기 어려운 것이다. 캠퍼스가 배움과 성장의 생태계를 담보하는 그릇이 되지 못하면, 대학은 지속 가능한 발전을 꾀할 수 없을 것이다.

그런데 배움은 이제 젊은이들만의 독점물이 아닌 시대로 가고 있다. 미국이나 일본에서는 노후 안식처로 대학 주변 마을college town이 새롭게 떠오르고 있다. 대학이 제공하는 다양한 강의를 듣고 캠퍼스 안에서 벌어지는 각종 문화 행사를 즐길 수 있다는 매력 때문이다. 몇몇 대학들은 그러한 수요에 부응하여 별도의 주

3 지식정보사회로 진입하여 지식의 수명이 짧아지면서 학교 교육 이후에도 지속적인 배우는 평생학습(life long learning, 생애학습이라고도 번역된다)이 요청되는 것은 세계적인 추세이다. 평생학습도시란 도시 전체가 배움의 공간이 되어 시민들의 평생학습을 지원하는 도시를 말한다. 직업 기술에서 인문 교양에 이르기까지 광범위한 내용을 포함하는 평생학습은 강좌뿐만 아니라 시민들의 자주적인 학습 동아리 활동을 통해서 더욱 효과적으로 실현된다. 교육인적자원부에서는 2000년부터 평생학습을 촉진하기 위하여 평생학습도시를 지정하고 지원해왔다. 2007년 현재 전국에 33개가 지정되어 있다.

택 단지를 조성하기도 한다. 최근 한국에서는 몇 년 사이에 곳곳에서 '평생학습도시'[3]가 제창되고 있는데, 대학은 그 거점 가운데 하나가 될 수 있을 듯하다. 또한 그렇게 된다면 정원 미달로 존폐의 기로에 놓이는 많은 지방 대학들에게 새로운 학생 발굴의 돌파구가 열릴 것이다. 이를 위해서 대학은 캠퍼스의 근린 지역을 잘 들여다볼 필요가 있다. 지자체와 유기적 연계를 맺어 은퇴자들이 제2의 인생을 영위할 수 있는 멋진 삶의 터전을 만들어내고 그들에게 평생학습의 기회를 효과적으로 제공할 수 있을 것이다. 바야흐로 상아탑이 고령화 사회의 대안적 생활양식 창출에도 한몫하는 것이다. 그럼으로써 대학은 여러 세대가 공존하면서 생각과 경험을 나누는 지성의 전당이 된다.

최근 일부 대학들은 담장 허물기를 추진하고 있다. 캠퍼스를 지역사회에 개방하면서 주민들에게 녹지나 정자 등 휴식 공간을 제공한다는 취지에서이다. 담장 허물기에 대해서는 6부의 「공원」에서도 언급되는데, 지방자치단체가 도심지의 공원을 확보하기 위해 사업비의 일부를 지원하면서 추진하는 사업으로 대학 이외에도 개인 주택이나 병원, 관공서, 문화회관 등에도 적용하고 있다. 정부의 정책과 권유로 진행하는 사업이지만, 이를 계기로 대학은 사회와 새롭게 관계를 맺을 수 있을지도 모른다.

입시 지옥의 연장선상에서 취업 준비에 계속 시달리는 대학생들, 프로젝트 수주와 보고서 작성에 매달리느라 정신이 없는 교수들, 그들이 학문적인 사유를 통해 새로운 세계의 원리를 탐구하는 열정을 되찾을 수 있을까. 캠퍼스 내에 그나마 남아 있는 자그마한 산책로, 담장을 허물어 생겨나는 벤치에서 조용히 사색하는 대학인들을 만나고 싶다. 일부 대학에서 진행되는 에코 캠퍼스 운동[4]도 궁극적으로 대안적인 삶의 모습을 구상하고 실현하는 방향으로 진행되어야 한다.

30여 년 전 영화 속의 대학생들은 외로움과 무력감에 시달리다가 고래를 잡으러 동해로 떠났다. 지금 대학생들은 미래에 대한 불안을 잊으려 자폐적인 밀실에 은둔하면서 정보의 망망대해에서 주책없이 표류하기 일쑤이다. 젊은이들이 패기와 신념을 가지고 인생과 세상의 드넓은 '블루 오션'[5]에 도전할 수 있도록 기성세대가 비전을 제시해주어야 한다. 젊다는 것은 언제나 다시 시작할 수 있음을 의미한다. 캠퍼스는 젊은이들이 지성을 배양하면서 보이지 않는 세계에 대한 상상력을 키우는 공간이다. 문제투성이의 갑갑한 현실을 창조적인 모험의 기회로 삼을 수 있는 용기가 거기에서 움튼다. 1980년대에 유행했던 노래 「꿈을 먹는 젊은이」(남궁옥분)의 가사 한 줄이 오늘 새롭게 들린다. '푸른 나래 펴고 꿈을 먹는 젊은이여, 성난 파도처럼 이 자리를 즐겨요.'

4 대학이 환경에 끼치는 악영향을 최소화하기 위해 대학인들이 펼치는 사회 운동. 캠퍼스에서 소비되는 막대한 양의 물과 에너지, 거기에서 배출되는 각종 쓰레기와 유해화학물질을 모니터링하면서 환경친화적인 생활양식을 실현하는 것을 목표로 한다. 외국에서는 1990년대 초반부터 시작된 이 운동은 한국에서 1990년대 후반에 본격화되었다. 대표적으로 경북대에서 시작한 대학 내 자동판매기 없애기 운동이 중앙대와 성공회대에서 자판기의 종이컵을 없애기 위한 자기 컵 갖기 운동으로 확대되고, 대구 영남대 환경동아리 '에코스트리트'와 대학인 '녹색네트워크'는 자동차 없는 녹색캠퍼스'를 내걸고 '인라인 스케이트 페스티벌'을 열기도 하였다. 2000년대 들어와서는 학교 당국이나 교수 사회 내에서도 녹색캠퍼스에 대한 관심과 활동이 높아졌다(김지영,「에코 캠퍼스 운동의 현황 및 과제」,『환경과 생명』 2006년 봄호).

5 '아무도 목표로 삼은 적이 없고 거대한 성장 잠재력을 가지고 있는 미개척 시장'을 뜻하는 경제학 용어로서 가치의 혁신을 통해 경쟁자가 없는 새로운 영역을 개척할 수 있음을 강조한다. 이와 반대말인 레드 오션은 이미 존재하는 시장으로 점유율 경쟁에서 앞서야 할 뿐 아니라 기존 업체는 물론 신생 업체와도 경쟁하여 살아남아야 하는 영역이다.

❶ '대학 문화'라고 하면 무엇이 떠오르는가? 1970년대, 1980년대, 1990년대, 그리고 2000년대에 대학을 다닌 사람들 각각 5명에게 그들의 대학 생활을 중심으로 '대학 문화'에서 어떤 단어나 이미지가 연상되는지 질문해보자. 그 결과 각 시기별로 가장 많이 나온 키워드를 3개씩 도출하여 그 흐름을 분석해보자. 그것이 사회의 전체적인 변화와 어떻게 맞물리는지도 살펴보자.

❷ 웬만한 종합대학의 1년 전기 요금은 몇 십억 원 수준이고 한 해가 다르게 계속 늘어난다. 그 가운데 10%만 절감해도 대학 재정에 크게 보탬이 될 것이고, 그 혜택의 일부는 등록금 인하나 장학금 증액 등으로 학생들에게도 돌아갈 수 있다. 그런데 대학인들이 조금만 신경을 쓰면 전기 사용을 10% 정도 줄이는 것은 그렇게 어렵지 않다. 거기에 덧붙여 시스템의 측면에서 합리적인 장치를 도입하면 더욱 효과적으로 절감할 수 있다. 구체적으로 어떤 방법이 있는지 대학인들의 실천과 시스템의 차원을 아울러 5가지 아이디어를 내보자.

❸ 캠퍼스 내에서 여학생들의 행동 양식은 남녀 공학과 여대에서 어떻게 다르게 나타날까? 이를 관찰하여 분석한다고 가정하고 비교 항목을 10~15가지 정도로 만들어보자.

❹ 대학이 평생교육 기관으로 그 기능을 확대하면 중년과 노년의 다양한 사람들이 캠퍼스에 드나들고 강의를 함께 듣게 될 것이다. 그러한 변화는 젊은 대학생들에게 어떤 영향을 미칠까?

예 · 배 · 는 · 멀 · 티 · 이 · 벤 · 트 · ?

일반적으로 어느 한 지역 내에 4분의 1이 동일 종교인들로 구성되어 있다면 그 지역은
특정 종교 문화가 펼쳐지는 장(場)이어야 한다. 예컨대 서울 강남 지역은 기독교 인구
가 30%에 달하고 있다. 물론 인구 유출입이 많은 곳이긴 하지만 이 정도의 기독교 비
율이라면 강남 지역은 능히 기독교 문화가 꽃피는 곳이어야 한다. 그러나 강남 지역을
기독교 문화, 생명 문화의 산실이라도 말하는 사람은 아무도 없다. 오히려 그곳은 소비
향락 문화가 확대, 재생산되고 있는 지역이다. 강남 지역에는 다음 4가지 특징이 있다.
실컷 먹을 수 있는 공간이요, 먹은 것을 뺄 수 있는 곳(목욕 문화)이며, 실컷 즐길 수 있
는 유흥가('방' 문화)가 많으며, 마지막으로 죄를 용서받을 종교 기관이 즐비하다.

—한국문화신학회 편, 『한국에 기독교문화는 있는가』 중에서

'언젠가는 우리 모두 세월을 따라 떠나가지만, 언덕 밑 정동 길
엔 아직 남아 있어요. 눈 덮인 조그만 교회당.' 가수 이문세의 히
트곡 「광화문 연가」에 나오는 한 구절이다. 연인끼리 나눈 향긋한
시간을 그리워하는 노래인데, 사랑의 기억을 보존해주는 장소로
서 교회당이 등장하고 있다. 어느 곳을 둘러보아도 십자가가 하나
쯤 눈에 들어오는 한국의 도시에서 교회는 일상의 기억에 자연스
럽게 묻어나는 풍광이다. 도시만이 아니다. 조영남의 「내 고향 충

청도」라는 노래에는 이런 구절이 나온다. '동구 밖에 기차 정거장 언덕 위에 하얀 예배당……' 어느덧 우리의 추억에서 교회는 중요한 심상으로 자리 잡은 것이다.

단순히 건물 모습뿐만이 아니다. 기독교 신자가 아니더라도 어린 시절 주일학교에 다녔거나 성탄절에 한두 번쯤 교회에 가본 사람들이 많다. 다른 곳에서 보고 들을 수 없는 이야기와 노래와 율동이 거기에 있었고, 반짝이는 트리와 화려한 캐럴 속에서 펼쳐지는 성탄 행사는 그 자체로 가슴 설레는 선물이었다. 문화가 궁핍했던 시절, 많은 청소년들은 교회에서 예술제를 기획했고 수련회를 집행했으며 학생회를 스스로 꾸리면서 회지(會誌)를 발간했다. 그들에게 교회는 창의성과 자율성을 배양하는 대안학교였다.

그런데 미디어와 문화 산업이 발달하면서 아동과 청소년들에게 교회의 매력은 점점 떨어지게 되었다. 텔레비전과 컴퓨터에는 언제든 즐길 수 있는 볼거리가 넘쳐난다. 그들을 겨냥한 각종 이벤트도 끊임없이 쏟아진다. 또한 교회에 굳이 가지 않아도 인터넷과 휴대폰으로 여러 친구들과 언제든 접속할 수 있게 되었다. 청년들의 경우에도 문화적 환경이 급변하고 소비 상품이 현란해지면서, 교회는 상대적으로 정체된 공간으로 체감되기 쉽다. 레저 산업이 번창하고 선정적인 정보와 이미지들이 폭주하는 가운데 기독교의 메시지와 문화는 고루하게 느껴진다. 주5일제로 여가 시간은 늘어나지만 휴일 즉 'holiday'는 점점 '거룩함'과 거리가 멀어진다. 크리스마스도 이제 그다지 경사스러운 축일이 아니다. 청소년들은 하나님보다 연예인들을 더 경외한다. 어느 댄스 그룹의 이름대로 '동방(東方)'의 '신기(神起)'는 이제 대중문화를 통해 이루어지

• • 어느 교회 대학부의 여름 수련회 모습.

는 것일까.

　이런 가운데 젊은이들이 몰려드는 교회가 있다. 청년 사역을 내걸고 실제로 청년들이 교인의 대다수를 이루는 교회가 늘어나고 있다.[1] 그들의 가장 두드러진 특징이자 공통점은 예배의 형식이다. 이른바 '열린 예배'라는 것인데, 이 예배는 권위주의적이고 엄숙한 제사의 분위기를 지양하고 유쾌하고 발랄한 축제를 지향한다. 우선 음악 면에서 볼 때 찬송가보다 많이 불리는 CCM (Contemporary Christian Music)은 멜로디나 창법에서 일반 대중음악과 별로 다르지 않다. 그 반주도 피아노나 파이프 오르간이 아니라 드럼과 기타, 신시사이저 등으로 이루어지고, 그 악기들은 무대 같은 강단에 널찍하게 자리 잡고 있다. 기존 교회의 경우 대

1 강은령은 「대형교회의 문화 공간화와 청년 공동체에 관한 연구」(연세대학교 대학원 사회학과 2005년 석사학위 논문)에서 그 흐름을 청년들의 자아 정체성과 결부시켜 분석하고 있다.

2 가톨릭은 다양한 미사곡으로 대표되듯 음악에 힘을 기울이는 것과 함께 성상(聖像)이나 회화, 색유리로 장식한 창문, 그리고 건축 등 시각 문화를 중시해왔다 그에 비해 개신교는 설교와 음악에 큰 비중을 두면서 상대적으로 시각 문화를 소홀하게 다루었다. 그리고 예배에서도 성례전적 행사나 상징적 몸동작 같은 것이 매우 빈약한 편이다. 중세 교회에서 그러한 시각적 대상들은 메시지를 전달하는 미디어였다. 그러나 종교개혁을 통해 성서가 대중화되면서 언어가 그런 미디어들을 대체했고, 상대적으로 설교와 음악이라는 청각 문화가 득세하게 되었다(폴 틸리히, 강원용 옮김, 『새로운 존재』, 대한기독교서회, 1960, 195~96쪽 참조).

3 이런 형식의 예배의 뿌리는 1990년대 초 미국의 일리노이 윌로우 크릭 교회(Willow Creek Community Church)로서 '밴드의 전주 → 환영의 인사 → 보컬 듀엣 → 드라마 → 보컬 그룹의 연주 → 드라마 → 성서 봉독 → 밴드가 곁들여진 노래 → 헌금 → 설교 → 토론과 교제'의 순서로 예배가 진행된다(조기연, 『한국 교회와 예배 갱신』, 대한기독교서회, 2004, 74쪽, 강은령, 앞의 논문에서 재인용).

개 주일 낮 예배 시간에는 강대상에 목사와 장로들만 올라간다. 그런데 이런 교회에서는 그 엄숙한 금녀(禁女)의 공간에서 여성 싱어들이 춤을 추면서 찬양을 인도한다. 그 노랫소리는 고성능 음향 장치를 통해 증폭되고 거기에 화려한 조명이 가미되기도 한다. 멀티미디어로 연출하는 은혜의 삼매경 속에 회중들은 일어나서 손을 높이 들고 몸을 흔들며 함께 찬양한다. 이는 시각 언어와 몸의 소통을 별로 중시하지 않았던 개신교회의 전통[2]에 비추어 볼 때 신선한 변화가 아닐 수 없다.

예배를 주관하는 목사도 성의(聖衣) 대신 보통 정장이나 캐주얼한 복장으로 강대상에 오르는 경우가 많아지고 있다. 그리고 설교에서도 그 내용과 연관되는 소도구나 영상을 적극적으로 활용하는 등 메시지 전달 방식의 다변화를 꾀하고 있다. 그러한 예배당을 보면 강단이 비교적 낮고 화려한 꽃 장식도 없으며 강대상은 매우 소박하다. 요즘에는 성전을 따로 짓는 대신 대학 강당이나 극장을 빌려서 예배당으로 활용하는 교회들이 많아지고 있는데, 그런 공간은 더더욱 전형적인 성소의 분위기가 아니다. 어떤 교회에서는 '도심 예배'라는 이름으로, 아예 기존의 예배당을 벗어나 서울 대학로의 라이브 극장이나 홍대 앞 클럽에서 집회를 갖기도 한다.[3]

많은 교회들이 지금도 계속 새로운 예배 형식들을 개발하면서 패션쇼, 발레, 국악과 클래식 공연, 워십 댄스(찬양 율동) 등 다채로운 메뉴를 삽입한다. 그렇듯 '예배 같지 않은' 예배를 통해 신자가 아닌 사람들이 위화감을 느끼지 않고 기독교에 입문할 수 있다. 말하자면 고객 중심의 서비스 정신에 충실한 예배service인

셈이다. 또한 다양한 소모임을 통해 초신자들이 부담 없이 교회 공동체에 섞여들 수 있다. 그러한 그룹 활동을 위해 카페 같은 공간을 별도로 마련하는 교회도 많은데, 그런 곳은 전혀 교회 같지 않은 모습으로 디자인된다. 더 나아가 일부 교회들은 건물의 각 층에 청소년 문화공간, 웨딩홀, 도서관, 갤러리, 카페, 스포츠 시설 등을 배치하여 지역 주민들에게 개방하고 있다. 교회의 장벽을 낮추면서 평범한 삶의 세계에 스스럼없이 다가가려는 몸짓은 교회의 부흥으로 보답된다.

　문제는 그러한 투자를 할 수 있는 교회가 많지 않다는 점이다. 공간의 확충과 예배의 연출 능력은 교회의 규모와 재정 여건에 달려 있기 때문이다. 예배가 멀티미디어 쇼의 성격이 짙어지는 흐름 속에서, 영상 및 음향의 질과 노래하는 사람들의 실력 등에서 어설픈 구석이 보이면 '은혜'가 반감된다. 그 이벤트는 인원이 많을수록 전문화된 재능을 골고루 활용할 수 있고, 재정이 풍부할수록 고급 장비로 정교하고 매혹적인 무대를 꾸밀 수 있다. 결국 그것이 가능한 대형 교회에 점점 청년들이 몰리는 반면, 작은 교회들은 '인적 자원'을 계속 빼앗기는 처지에 놓이는 것이다.[4] 그렇지 않아도 대형 교회들은 아주 오래전부터 순회 버스를 운영하면서 광범위한 지역에서 신도들을 끌어 모았기 때문에, 작은 교회들은 가까운 동네에서조차 입지가 좁아지고 있었다. 그러던 것이 이제는 '하드웨어(시설과 장비)'의 차원뿐만 아니라 소프트웨어(예배를 비롯한 각종 활동 프로그램)와 '휴먼웨어(신도들의 숫자와 그들이 지닌 문화적 역량)'의 차원에서도 점점 불리한 위치에 놓이게 되었다. 도시의 야경을 붉게 물들이는 수많은 십자가들은 거의 다

4 강은령은 앞의 논문에서 한국의 대형 교회가 새 신자를 확보하기보다는 작은 교회의 청년들을 끌어들이는 '수평 이동'을 초래하고 있음을 지적하고 있다.

●●카페 분위기로 꾸민 어느 교회의 로비.

그러한 빈곤의 악순환에 시달리는 영세한 교회의 것이다.

'좋은 교인은 좋은 교회를 선택합니다.' 아파트 광고에서 보았음 직한 표현의 교회 홍보 문구이다. 여기에서 말하는 '좋은 교회'는 어떤 교회일까. 규모와 물량으로 엔터테인먼트 경쟁을 벌이는 가운데, 작은 교회의 설 자리는 정말로 좁아지는 것인가. 좁은 공간이지만 지역사회에 개방하여 주민들의 복지와 문화에 기여하는 교회들이 최근에 늘어나고 있다. 노인 사랑방을 마련하여 사람들의 봉사를 유도하면서 밥상모임을 갖는 교회, 아동청소년센터를 세워 저소득층 자녀들의 학습을 지원하는 교회, 이주노동자들을 위한 공부방과 강좌를 제공하는 교회……

기독교의 복음은 궁핍하고 미천한 자리에 임재하는 은혜와 영

광에 있다. 지체 높고 오만한 자들을 부끄럽게 하고 보잘것없는 자들을 존귀하게 치켜세우는 신의 권능이 영혼을 해방시킨다. 인간의 등급을 매기는 기준과 질서를 상대화하면서 사랑의 원리로 만민을 평등케 하는 변화야말로 기독교가 일으켜온 문화 변혁이다. 한국에 기독교가 들어왔을 때 성도들이 신분의 차이를 넘어 똑같은 신의 자녀로서 교제하였듯이, 온갖 차별이 심화되고 수많은 사람들의 위신이 추락하는 이 시대에 교회는 사람됨의 근본을 깨달으면서 마음의 자유를 얻는 공동체가 될 수 있다.

따라서 문화 선교의 비전은 단순히 예배의 이벤트적 즐거움을 제고하는 데 머물러서는 안 된다. 예능의 세련된 연출이라는 좁은 의미를 넘어, 생활 그 자체를 변화시키는 힘으로 문화의 개념을 확장해야 한다. 성서는 허물투성이의 나약한 인간들이 비참한 곤경에서 새로운 현실을 창조하는 드라마를 수없이 증언하고 있다. 소유와 과시의 욕망에 사로잡혀 능동적인 자아를 경험하기가 점점 어려워지는 지금, 기독교는 창조의 능력을 사람들에게 불어넣어 주어야 한다. 기독교가 생명의 문화를 꽃피우는 길은 바로 거기에 있다. 맹인이 눈을 뜨듯 눈에 보이지 않는 소망을 발견하고, 앉은 뱅이가 일어나는 기적처럼 내면의 동력을 얻도록 해주어야 하는 것이다.

미국의 트라피스트 수도원에 관한 다큐멘터리를 본 적이 있다.[5] 속세의 모든 인연을 끊고 오로지 신을 향한 열정으로 모든 시간을 채우는 수사들을 보여주는 이 프로그램은 마지막 장면이 매우 인상적이었다. 예배실 강단 옆에 크리스마스 트리를 하나 세워 놓았는데 반짝이는 장식물이 전혀 아니었다. 그것은 다름 아닌 앙상하

5 KBS 스페셜 「다만 사랑할 뿐이다」(2000년 12월 25일 방영)

게 죽어 있는 나무 한 그루였다. 이 트리는 새로운 생명에 대한 소
망을 담고 있다고 한다. 평범한 고목 하나가 삶과 죽음의 초월을
암시하는 상징으로 성화(聖化)된 것이다. 구도자들은 거기에서
존재의 심오한 역설을 읽어낼 수 있으리라. 초라한 나뭇가지를 물
끄러미 응시하며 묵상하는 예배는 텅 빈 마음에 충만하게 깃드는
절대 은총의 경험일 것이다. 한국 교회의 예배도 그러한 신비를
맞이하는 시공간일 수 있다. 척박한 세상에 샤론의 꽃 한 송이로
육화한 그리스도를 따라, 고통으로 얼룩지고 한숨으로 메마른 삶
의 자리에 생명의 물줄기를 열어가는 사건(이벤트)이 거기에서 잉
태되고 있다.

❶ 대형 교회가 세력을 확대하고 있기는 하지만, 그런 가운데도 수많은 작은 교회들이 명맥을 유지하고 있다. 목회자나 신도의 입장에서 작은 교회가 대형 교회에 비해 좋은 점은 없는가? 작은 규모에서만 가능한 것은 어떤 것일까? 그리고 오랫동안 작은 교회에 출석하는 사람들의 공통점은 무엇일까?

❷ 저출산이 중대한 문제로 부각되면서 일부 교회가 발 벗고 나서서 어린이집을 운영하려는 움직임이 있다. 교회가 이미 공간을 지니고 있고, 주중에는 비어 있을 때가 많기 때문에 적합한 쓰임새가 될 것으로 예상된다. 이러한 시도들이 적절한 효과를 거두려면 교회가 지역사회와 관계를 맺는 방식은 어떠해야 하고, 무엇을 염두에 두어야 할까? 그리고 어린이집 운영 이외에 교회가 지역을 위해 할 수 있는 일들에는 무엇이 있을까?

❸ 인터넷이 발달하면서 교회도 사이버 공간을 적극적으로 개척하고 있다. 웬만큼 큰 교회는 홈 페이지를 정성들여 구축하여 예배와 설교 장면을 동영상으로 올려놓는다. 그에 따라 각 교회의 인터넷 예배를 떠돌아다니는 '영적 유목민spiritual nomad'과 컴퓨터로만 교회를 찾는 '영적 칩거족spiritual cocoon'이 등장하고 있다고 한다. 그들은 교회에 충실하게 출석하면서 공동체 내에서 교제하는 교인들과 비교해서 신앙생활의 양식에 어떤 차이를 보일까?

❹ 한 국가 내에서 또는 국경을 넘어서 종교적인 신념을 둘러싸고 심각한 갈등이 빚어지는 경우가 많다. 목숨까지도 걸고 나서는 그러한 대립을 가리켜 '문명 간의 충돌'이라고 설파한 이도 있다. 그런데 한국에는 여러 종교들이 공존하고 있지만 종교 분쟁이 심각하지 않은 편이다. 종교 때문에 살인이 벌어진다든지 심각한 사회적 균열이 일어나지는 않는다. 한국 사회가 극렬한 종교 갈등에 빠지지 않는 문화적 배경이 있다면 무엇일까?

아 · 마 · 추 · 어 · 들 · 의 · 매 · 력 · 을 · 찾 · 아 · 서

시 의회나 6천 명의 배심원을 가진 법정에 참여하는 것처럼, 예술 활동에 참여하는 것
도 시민 활동의 일부였다. 매년 봄 축제에서는 비극 작가들 사이에 경연이 벌어졌는
데, 거기에 매년 12개의 새로운 연극이 오르고 180여 명의 합창단 및 무용수들이 참여
했다. [……] 매년 2천 명 정도의 아테네 시민들이 대사를 외우고 서정시나 연극 합창
의 가사를 읊거나 합창과 무용 연습을 해야 했다. 이것은 최고의 미적 체험이었을 뿐
만 아니라, 탁월한 지적 훈련이었다.

——루이스 멈포드, 『역사 속의 도시』 중에서

　'아테네' 하면 철학자들이 심각한 표정으로 제자들과 토론하는
모습이 연상된다. 그러나 그것은 후기에 이르렀을 때의 상황이다.
문명비평가 멈포드가 밝히고 있듯이 초기의 아테네는 예술과 축제
로 연일 떠들썩했고, 시민들은 스스로 그 강렬한 감동을 연출하는
주역으로 무대에 참여했다. 도시의 역동적인 문화는 가까이에서
관찰하고 경험하는 것이었으며 사람들 사이의 긴밀한 상호작용 속
에서 끊임없이 갱신되었다. 그들에게 공공성은 심미적인 활동으
로 가시화되었고, 그것을 바라보는 시선의 교차 속에서 시민적 정
체성이 창출된 것이다. 그래서 많은 사람들이 도시 공동체의 한

가지 이데아를 그 사회에서 찾으려 한다.

지금 한국의 도시 문화는 어떠한가. 대도시에는 언제나 현란한 볼거리들이 넘쳐난다. 번화가의 경관은 상품의 진열대를 중심으로 하루가 다르게 변모한다. 최고의 뮤지컬들이 경연을 벌이는 서울은 이제 세계적인 수준의 문화 상품 시장이다. 그리고 도시마다 지역마다 예술 회관, 구민 문화회관, 청소년 수련관, 문화원, 박물관 및 미술관, 백화점이나 할인점의 문화센터, 영화관 등의 문화 시설이 들어서 있다. 문화 시설의 수나 규모만으로 보면 아주 부족한 편은 아니라고 할 수도 있다. 그리고 여기저기에서 지역 축제가 벌어지고 거기에 많은 예산이 투입된다. 그런데 자신의 문화생활에 만족하는 시민은 별로 없다. 주 5일 근무 시대를 맞아 많은 사람들이 권태를 호소한다. 무엇이 문제인가.

문화는 사람이다. 이를 염두에 두고 우리 도시의 문화적 현실과 잠재력을 가늠해보자. 한국은 동네마다 피아노 학원과 미술 학원들이 들어서 있고, 많은 아이들이 어린 시절에 필수처럼 예능 교육을 받는다. 그 방면으로 전공을 택하는 젊은이들의 수도 전체적으로 보면 엄청나다. 적지 않은 비용이 문화 교육에 투자되고 있는 것이다. 그러나 이러한 사실들이 그다지 문화의 자양분이 되는 것 같지는 않다. 연주회장이나 갤러리를 찾는 관객들은 너무 적고, 악기나 그림을 계속 배우는 어른들도 많지 않다. 어릴 때부터 그토록 가까이 접한 '순수 예술'이지만, 성인들의 생활 문화로는 정착되지 못한 것이다. 오늘날 한국의 문화 교육은 대학 입시와 엘리트주의로 편향되면서 각각의 장르 안에 갇혀 그 안에서 예술적인 탁월성만을 추구해왔다. 그 결과 대중들과 소통하면서 삶의

* * 성남시 아트클럽에서 아이들과 부모들이 함께 그림을 그리고 있다(『예술, 태평동에서 노닐다』(성남문화재단, 2006)에서).

질과 심미 감각을 높이는 데는 소홀한 편이었다. 게다가 어느 정
도 볼만한 공연물들의 입장료가 너무 비싼 것도 일반인들이 고급
예술을 접하는 데 큰 걸림돌이다.

　다행히 최근에 그 문턱을 낮추려는 시도들이 다각적으로 이루
어지고 있다. 오전 시간에 콘서트를 열어 전업 주부들이 느긋하게
음악을 감상할 수 있도록 하는 기획은 좋은 반응을 얻고 있다. 또
한 일부 문화회관에서는 수준 높은 공연을 유치하여 저렴하게 관
람 기회를 제공한다. 예를 들어 정명훈이 지휘하는 서울시립교향
악단은 '찾아가는 시민음악회'라는 이름으로 구민회관이나 교회를
찾아간다. 그리고 실내악단은 도서관, 병원, 학교, 복지 시설 등

에서 정기적으로 연주회를 갖는다. 정명훈은 "LA 필하모닉 부지휘자 시절 오케스트라를 이끌고 쇼핑센터나 학교로 공연을 다녔다"면서, 시민들에게 찾아가 음악을 들려주는 것이 시향의 소임이라고 말한다.[1] 모범이 될 만한 사례로 뉴욕 필하모닉은 여름마다 센트럴 파크 잔디밭에서 무료 콘서트concert in the park를 열고 있다.[2]

그러나 사람은 남들이 만든 작품을 감상하는 것보다 다소 수준이 떨어지더라도 스스로 뭔가를 만들어내는 것에서 대체로 더 큰 즐거움을 얻는다. 자기를 표현하고 타인과 소통하면서 새로운 의미를 창출하는 희열이 예술의 심오한 매력이다. 이미 그러한 즐거움을 추구하는 움직임이 의외로 많다. 현재 전국에는 아마추어 음악단만 해도 천 개가 넘는다. 아카펠라 동호회 활동을 하는 직장인들, 늦은 나이에 밴드를 결성한 아줌마들, 동네에서 남성 합창단을 꾸리는 아버지들, 다양한 연령대의 남녀로 구성된 관현악단…… 특히 중년 남성들이 취미 동아리 활동을 통해 뒤늦게 인생의 즐거움을 찾는 사례들은 고령화 사회의 밑그림을 그리는 데 좋은 실마리를 제공해준다. 이러한 의욕과 동력을 잘 가다듬는다면 우리의 여가생활은 더욱 풍부해지고 지역 축제의 메뉴나 구민회관의 활동 프로그램도 한결 다양해질 수 있을 것이다.

그런데 시민들의 아마추어 활동이 지속적으로 발전하고 더 나아가 공공 문화의 레퍼토리로 숙성되기 위해서는 전문인들의 도움이 필요하다. 그 한 가지 사례로 성남문화재단이 2006년부터 시작한 '우리동네 문화공동체 만들기 사업＝성남인의 창작 활동 진흥사업'이라는 프로젝트를 들 수 있다. 언덕을 따라 다닥다닥 붙어

1 「구민회관에 선 정명훈」, 조선일보 2006년 1월 12일자.

2 이 콘서트는 1965년에 처음 열렸는데, 당시의 센트럴 파크는 지금의 꽃과 숲이 우거진 모습과는 달리 매우 누추하고 황량했다. 그런 공원을 생음악의 아늑한 집으로 만들겠다는 시도는 대담한 발상이었다. 이제 그 콘서트는 뉴욕의 7월을 격조 있게 장식하는 전통이 되었다.

있는 연립주택과 다세대주택들, 비좁고 복잡한 골목길 등 지극히 평범한 도시 공간에 문화의 씨앗을 심는 일에 지역의 예술가들이 나선 것이다. 그들은 주민들이 문화예술을 통해 삶의 터전을 바꾸고 창조의 주체로 스스로를 발견할 수 있도록 돕는다. 2006년에 시행된 '태평4동 동락태평하세' 프로젝트에서는 문화공방 겸 생활예술품 가게인 '문화놀이터-아트클립(예술과 생활을 연결하는 집게라는 뜻)'을 개설하였다. 이곳은 문화기획자와 작가, 자원봉사자, 주민 그리고 어린이들이 만나 생활과 연계된 작품을 만드는 공간이다. 여기를 중심으로 예술장터 운영, 골목길 쉼터 쪽마루 만들기, 골목길 화단 조성, '태평동 판타지'라는 동네 벽화 그리기, 만화방 벽면이나 김밥집 식단표, 골목의 평상, 화단 등을 새롭게 꾸며주는 '아트리폼' 작업, 어린이들과 골목길 꾸미기 등의 사업을 벌였다. 맨홀 뚜껑에서 놀이터까지 주민의 손으로 꾸미면서 마을의 격조를 높이고 도시에 대한 애정을 일궈낸 것이다.

앞으로 전문 예술인의 역할은 변형되거나 확대되어갈 것이다. 지금까지 그들은 자신의 기량을 최대화하여 공연물의 완성도를 높이는 데 힘을 기울여왔지만, 이제는 그 재능을 시민들과 나누는 쪽으로도 관심과 시간을 안배하는 것이 요구된다. 단순한 강습 프로그램뿐만 아니라, 프로와 아마추어가 공연을 공동으로 기획하고 연출할 수도 있다. 그들은 그 지역의 고유한 풍토나 역사를 소재로 하여 다른 어디에서도 볼 수 없는 작품을 내놓을 수 있다. 그 과정에서 지역 안팎의 다양한 문화 단체들이 유기적으로 결합할 수 있고, 문화회관은 그 네트워크의 고리가 되어주는 것이다. 평생학습 사회와 주 5일 근무 시대에 삶의 질을 높여가는 작업은 이

러한 인프라 위에서 원활하게 이루어질 수 있다.

　이미 널리 알려진 경남 밀양시의 연극촌은 예술인과 지자체 그리고 주민이 행복하게 만나는 모델 가운데 하나이다. 활동의 규모가 커지면서 공간이 더 필요했던 극단, 지역의 새로운 이미지를 찾고 있었던 지방자치단체가 의기투합했고 거기에 주민들의 십시일반 후원과 자원 봉사가 더해져 밀양시는 예술의 고장으로 탈바꿈했다. 폐교를 개조하여 극장과 연습실과 사무실 등을 만들었고, 그 학교 출신의 주민들은 연극의 단골 고객이자 비평가들이 되었다. 밀양시에 사는 어느 가족은 연극 캠프를 계기로 연극촌의 인기 배우들이 되었다. 또한 주말이 되면 타지에서 수많은 관객들이 몰려오는데, 그들은 단지 관람하는 데 그치지 않고 연극 워크숍에도 참여한다.

　이러한 사례는 시민 문화를 디자인하는 데 대한 상상력과 용기를 새롭게 자극한다. 지역 축제나 문화 공간의 빈곤한 프로그램들을 큰 돈 들이지 않고 업그레이드하는 방안은 주민들의 문화적 욕망에 접속하는 것이다. 뜨내기로 표류하는 손님이 아니라 동네의 역사를 가꿔가는 주인공들은 그러한 참여의 마당에서 서서히 생성된다. 그러므로 창조 행위가 활성화되기 위해서는 문화 공간의 개념이 바뀌어야 한다. 시설과 장비를 확보하는 단계를 지나 이제는 그 안에서 펼쳐질 시민 활동에 초점을 맞추어야 한다. 앞서 언급한 시민들의 아마추어 동아리들은 그들 스스로 예술을 통해 삶의 경쾌한 리듬을 만들어갈 뿐만 아니라, 학교 현장이나 청소년 센터에 찾아가 특별 수업을 꾸리기도 한다. 그런데 재정이 빈약하여 허름한 창고 같은 곳을 전전하며 연습하는 경우가 많다. 약간의 제도적인 지원만 이루어진다면 더욱 탄탄하게 작업을 이어갈 수 있을 것이다.

　문화회관은 장르별로 아마추어들의 자주적인 창작 활동을 북돋고 지원하여 그러한 시민 에너지를 모아내는 거점이 될 수 있다. 이를 위해서는 공간의 구조와 배치가 달라져야 한다. 웬만한 공연물로는 객석을 메우기가 어려울 만큼 거대한 공연장의 크기를 줄이고, 그 대신 다양한 동아리들이 정기적으로 모여 연습할 수 있는 방, 창작에 필요한 악기나 재료 등을 도구를 보관하는 공간, 예술에 관련하여 각종 아이디어를 얻을 수 있는 자료실, 초보자들이 집중적으로 배울 수 있는 강습실 등이 대폭 확충되어야 한다. 이렇게 바뀌어나갈 때 문화센터나 예술회관은 도시 곳곳에 소규모로 분산 배치되어 시민들이 스스로 문화의 생산자로 성장하는 배움의 요람이 되는 것이다.

문화는 삶을 담아내는 그릇이며 그 다양한 가능성에 대한 시나리오이다. 예술은 자유로운 놀이감각으로 현실을 조감하면서 또 다른 세계를 추구하는 환상 체험이다. 그를 통해 우리는 지리멸렬한 일상사들을 뛰어넘을 수 있고, 드높고 드넓은 경지에서 타인을 재발견할 수 있다. 이해관계와 우열 비교의 강박에서 잠시 풀려난 마음들이 공동체의 행복감을 빚어내며 탁월한 존재로 고양된다. 그 상상력은 정신적·물질적·시간적 잉여를 필요로 한다. 그동안 도시의 가파른 성장과 변화는 그러한 여백을 급속하게 고갈시켰다. 문화의 자원은 복원될 수 있을까? 도시는 삶을 축복할 수 있을까? 문화회관은 시민과 예술가 그리고 행정이 함께 살 맛 나는 마을을 만들기 위해 손을 잡는 곳이다. 도시의 매력은 삶으로 문화를 빚어내는 감동 속에서 자연스럽게 우러나오는 힘이다.

❶ 인생을 살아가면서 예술을 가까이하고 즐길 수 있는 사람이 되기 위해서는 어릴 때의 경험과 교육이 매우 중요하다. 그런 점에서 지금 초등학교와 중학교에서 이루어지는 예술 교육은 어떻게 달라지면 좋을까? 사교육에 많이 의존하지 않고서도 많은 학생들이 예술적 능력을 키울 수 있는 학교가 되기 위해 무엇이 필요한지 생각해보자.

❷ 한국의 문화 공연 시장은 대단히 크다. 그런데 고급 공연물의 경우 입장권이 비쌀수록 잘 팔린다고 한다. 그 결과 경제적인 여력이 없는 사람들은 그런 공연을 접하기가 점점 어려워지는 실정이다. 일반적인 시장 경제 법칙과 정반대로 돌아가는 그런 문화 시장의 현상은 어떻게 설명될 수 있을까? 가격이 높은 입장권이라야 기꺼이 구매하는 소비자들의 심리를 어떻게 이해할 수 있을까?

❸ 중년의 남녀가 문화 창작 동아리에 참여한다면 본인의 삶 자체는 물론 가족들에게도 큰 영향을 끼칠 것이 분명하다. 구체적으로 어떤 변화가 일어나리라고 기대할 수 있을까? 자녀 교육의 측면에서 생각해보자.

❹ 지금 문화회관은 지자체의 기초 단위 수준(서울의 경우 대개 구〔區〕, 중소도시의 경우 도시)에서 큰 규모로 설립되어 있는 경우가 많다. 그런데 서울의 경우 동(洞) 단위나 인구 5만 명 정도가 사는 지역의 범위 내에서 작은 규모로도 다양하게 확보되는 것이 바람직하다. 집에서 걸어서 10분 정도 범위 내에 자그마한 공연장과 방음 연습실이 있다면, 그 공간을 주민들이 어떻게 활용할 수 있을까? 지방자치 선거에서 후보들이 공약으로 내걸 수 있도록 설립 제안서를 작성해보자.

문·화·유·전·자·의·고·밀·도·집·적·회·로

힙합이 처음 등장했을 때, 길거리에서 어슬렁거리는 젊은이들의 어투가 그대로 배어
있었어요. 힙합을 들으면서 우리는 살아갈 힘을 얻었습니다. 총에 맞거나 칼에 찔리거
나 하는 일 없이 즐겁게 흑인들끼리의 파티를 즐기고 싶었지요. 파티에서는 런 디엠
씨가 부르는 「It's Like That」가 흘러나왔고요.

———EBS 특선다큐멘터리

「흑인음악의 역사——빈민가에서 정상으로」(2005년 10월 23일 방영) 중에서.

빈민가 출신의 알앤비(R&B) 가수로서 미국 흑인 여성 음악의
정상에 우뚝 선 메리 제이 블라이즈Mary. J. Blige의 말이다. 백
인 팝을 멋지게 소화해낸 휘트니 휴스턴Whitney Houston에 대
해 흑인들이 싫증을 낼 무렵, 그는 힘없고 가난한 이들의 애환을
대변하는 목소리로 소울 음악의 혼을 부활시켰다고 평가받고 있
다. 그의 음악적 뿌리는 힙합이다. 그 꾸밈없는 표현에 멜로디를
가미함으로써 그는 길거리 음악을 빌보드 차트 정상에까지 끌어올
렸다. 가난한 흑인 젊은이들에게 길거리는 범죄와 타락의 온상이
기도 하지만, 다른 한편 불행한 가정과 암울한 현실을 딛고 삶의
기력을 회복하면서 인생의 가능성을 찾는 장소이기도 하다. 에픽

1 "다함께 거리로 나가 지금
let s get high/every-body
say" oh it s a street-party
(e-p-i-c) yo, every-body거
리로(capital j)/it s a streetparty
(all day) all night, ok u!/move
u a body."

2 "벌써 28년이 되었군요.
부모님 소개로 우리는 집 주
차장 뒤에서 처음 만났죠.
당신은 막다른 골목에 있던
나를 발견해 끌어주었고
우리는 함께 춤을 추었죠.
당신은 나의 생이었으며 나
의 열정이었으며 내 삶의 계
기였습니다. 당신은 저에게
영감을 주었습니다……" 이
것은 '농구 황제' 마이클 조
던이 2년 전 은퇴하면서 농
구에 대한 각별한 애정을 담
아 쓴 작별편지 '사랑하는
농구에게'의 일부다. 조던은
이 글을 미국의 주요 일간지
에 전면광고로 실었다. 12세
때 아버지 제임스의 손에 이
끌려 농구대 앞에 처음 선
장면을 떠올린 것이다.

하이가 「Street Lovin」이라는 노래에서 길거리에서 파티를 벌이자
고 외치고 있듯이¹, 그곳은 문화를 창출하는 산실이 되는 것이다.
그리고 스포츠 시설이 변변치 않은 동네에서 길거리는 근사한 운
동장이다. 마이클 조던Michael Jordan이 농구와 처음 인연을 맺
은 곳도 바로 길거리였다.²

아이들은 자라나면서 가정에서 벗어나 골목길에서 또래 집단이
라는 새로운 세계를 형성한다. 거기에서 다양한 놀이를 체득하고
남자 아이들은 '골목대장'을 통해 권력 관계를 경험한다. 지금은
많이 사라지고 있지만, 골목길은 아이들이 스스로 사회를 만들고
이를 배우는 터전이었다. 그러다가 어른이 되면서 점점 더 크고
복잡한 도로를 자주 접하게 된다. 도시의 대로(大路)는 다양한 인
간 활동이 일어나는 현장이고, 자유로운 만남이 이루어지는 장소
이다. 거기에서 기독교나 일부 민족 종교 신봉자들의 포교 행위가
이루어지고 선거철에는 길거리 유세가 펼쳐지기도 한다. 그런가
하면 '길거리에 나앉다'(이럴 때는 '길바닥'이라는 표현을 더 많이
쓴다), '노숙인' 'street children' 같은 표현에서처럼 삶의 터전을
잃어버린 사람들이 정처 없이 떠도는 곳이기도 하다. 따라서 길거
리를 '배회'한다는 것은 유쾌한 '방랑'일 수도 있고, 고단한 '방
황'일 수도 있다.

한국 도시의 길거리는 유난히 북적대는 편이다. 빠른 걸음걸이
와 박진감 넘치는 도시의 모습은 인상적이다. 그리고 밤늦게까지
시끌벅적하다. 야간자율학습을 끝내고 학원 셔틀버스 앞에 줄을
서는 청소년들, 야근 후에 한잔하는 샐러리맨, 심야 데이트족들의
행렬 등으로 환하게 붐빈다. 거기에 맞물려 각종 서비스업에 종사

하는 사람들도 꽤 늦은 시간까지 영업을 하고, 노점상들은 더 깊은 밤까지 불을 밝힌다. 한국을 방문한 외국인들은 그러한 거리의 활력에 끌리게 된다(반면에 행인들이 지나가면서 어깨를 부딪혀도 아무런 사과를 하지 않는 데 대해 불쾌해 하면서 한국에 대한 부정적인 인상을 받는 곳도 바로 길거리이다). 예전에 어느 미국인과 서울 광화문에서 만날 일이 있었는데, 밤 10시쯤 커피숍에서 나왔을 때 그는 길거리에 사람들이 분주하게 오가는 것을 보고 경이로운 눈빛을 감추지 못했다. 그러면서 무슨 축제 하는 날이냐고 물어오는 것이었다. 물론 평범한 날 밤이었다. 그러나 여느 외국의 대도시 같으면 그 시간에 상점들이 모두 문을 닫고 거리도 한산할 것이다. 그에 비해 한국은 심야까지도 들썩인다. 웬만한 곳에는 사람들이 있기 때문에 안심하고 돌아다닐 수 있다.

과거 군사 정권 시절 한국의 길거리는 정치적 긴장으로 경직되어 있었다. '가두(街頭) 시위'를 통해 정부나 체제에 대한 불만이 표출되고 때로 정권이 교체되기도 했다. 그래서 독재자들은 그곳을 삼엄하게 경비했다. 대학생들은 수시로 가방 검사를 받았는데, 조금이라도 수상한 책자나 유인물을 소지하고 있으면 곧바로 경찰서로 끌려가야 했다. 또한 장발이나 미니스커트 같은 분방한 외모도 풍기문란이라는 이름으로 단속되고, 어슬렁거리는 청소년들은 비행을 저지를지 모르는 위험인물로 간주되어 감시와 통제를 받았다. 그리고 분단의 상황 속에서 안보를 명분으로 야간에는 통행을 금지했던 시대도 꽤 오래 지속되었다. 통행금지가 해제된 것은 1982년이었다. 그전까지는 밤 12시 이후에 돌아다니면 경찰서에 끌려갔다가 새벽에야 풀려났다.

●●1992년 홍익대 미술대
학 학생들이 인근 지역 곳곳
에 그렸던 거리 벽화.

그 칙칙한 역사를 지나 이제 길거리는 대단히 자유로운 공간이 되었다. 누구나 신고만 하면 일인 시위는 얼마든지 할 수 있는 세상이 되었고 한국은 매우 빠른 속도로 고도의 소비사회에 진입하였다. 이제 길거리에는 탁 트인 경관에 만물상이 가득 진열되어 있다. 누구든 그 익명의 공간에서 다채로운 풍경들을 눈요기하면서 마음껏 돌아다닐 수 있다. 근대 이후 대도시의 번화가는 그러한 즐거움을 꾸준히 배가시켜왔다. 이제 번화가는 그 자체가 거대한 구경거리이다. 각 장소들은 저마다의 경관과 분위기로 공동의 표상을 빚어낸다. 오가는 사람들은 이를 매개로 간접적인 소통을 하면서 욕망을 환기한다.

그곳을 오가는 행인들 사이에는 농밀한 시선의 상호작용이 이루어진다. 모두가 옷깃을 스치는 찰나의 인연이지만 서로 힐끗힐끗 쳐다보면서 견주고 음미하는 것이다. 자신이 불특정 다수의 타자들에게 어떤 모습으로 비치는가에 지극히 신경 쓰면서도, 동시에 거기에 전혀 연연해하지 않는 듯한 모습을 연출한다. 번화가는 그런 마네킹들이 행진하는 패션쇼 무대이다. 뽐내는 몸짓과 부러워하는 눈빛이 복잡하게 교차하는 이미지의 경연장이다. 이따금 '길거리 캐스팅'으로 발굴된 인물이 스타의 반열에 오르기도 하고, 연예인을 열망하는 젊은이들이 엉터리 기획사와 악연을 맺기도 한다. 이제 젊은이들은 정치적으로는 자유로워졌지만, 복잡다기한 기호의 그물망에 매이게 된 듯하다.

하지만 길거리에는 자생적인 문화 잠재력이 숨어 있다. 거기에서는 우연한 만남과 즉흥적인 해프닝을 통해서도 창조적인 마음의 상승효과가 일어날 수 있다. 2002년 월드컵 길거리 응원의 신화

3 헌법에서 보장하는 개인의 정치적 의사 표현 행위로서, 교통을 방해하거나 지나친 소음을 발생시키거나 법적으로 시위할 수 없는 장소에서 할 경우에는 제재를 받는다.

4 이를 가리켜 '계산된 무관심 calculated unintentionality'이라고도 한다.

는 바로 그 폭발적 에너지를 만끽한 경험이었다. 그 멋진 광기의 정체는 무엇이었는가. 무연(無緣)의 군중이 뜨거운 동포로 환생하면서 터뜨린 희열이었다. 그동안 축제를 상실한 일상 속에서 우리의 몸은 굳어 있었다. 한편으로 권위주의와 위계 서열의 억압 속에서 경직되었고, 다른 한편으로 비교와 과시에 대한 강박증으로 어색하게 왜곡되어 있었다. 응원하면서 드러내는 다채로운 몸짓들은 그처럼 갇혀 있고 꼬여 있던 생명의 에너지를 거리낌 없이 표출하는 제전이었다. 광장에서 새삼 발견한 축제에 대한 열망, 그것은 인간이 보편적으로 지닌 바람이다. 자기를 넘어서 그리고 주어진 현실을 벗어나 어떤 커다란 것에 온전히 자기를 몰입시키고자 하는 초월 의지, 비일상으로의 탈출, 그 판타지 안에서 일상을 다시 바라보는 기쁨…….

거창한 이벤트가 아니더라도 이따금 거리에는 광장이 탄생한다. 익명의 사람들이 제각기 목적지를 향해 뿔뿔이 움직이는 길거리. 그런데 그렇듯 서로가 단절된 공간에 이따금 공동의 마당이 열린다. 거리의 악사가 멋진 연주를 하면 행인들이 삼삼오오 모여들어 객석을 만들어내는가 하면, 누군가가 저지르는 어떤 불의를 목격하면서 군중심리로 한순간 일심동체가 되기도 하는 것이다. 한국에서 배출된 세계적인 비보이B-boy들도 길거리를 모태로 하고 있다. 최근에는 아예 지방자치단체가 '걷고 싶은 거리'나 '문화의 광장' 등을 조성하는 경우도 있다. 이러한 공간에서 청소년 어울마당이나 댄스 경연 대회, 길거리 농구 대회 같은 프로그램이 운영되기도 한다. 이때 길거리는 잠시 머물고 싶은 공간으로 바뀐다.

　젊은이들은 단순히 집객(集客)의 대상이나 상품 물신의 숭배자
또는 선망의 객체로만 머물고 싶어 하지 않는다. 비슷한 생활 감
정과 언어를 공유하는 이들이 때를 맞춰 일정한 거리에 모여 특유
한 문화를 생산해내는 지역의 사례는 많이 있다. 상품 스펙터클에
대한 매료보다 진한 감흥, 과시와 선망의 시선을 넘어서는 생기가
거기에 있다. 저마다 종종걸음 치며 엇갈리고 흘낏 훑어보며 지나
치는 단절 속에서 놀이와 재미의 틈새를 열어가는 것이다. 직장이
나 학교에서 보람을 찾지 못하고 가정에서도 깊은 친밀감을 나누
지 못하는 이들에게는 길거리가 오히려 편안한 해방구가 될 수 있
을 것이다. 직장이나 학교에서 일과를 끝내고 길거리를 통과하는
동안, 우리는 잠시 단출한 해방감에 젖어든다.

길거리는 공적 영역과 사적 영역 사이에 있는 제3의 공간, 업무와 일상의 굴레에서 풀려나는 완충지대이다. 윗사람의 눈치를 볼 필요가 없고 공부의 압박에 시달리지 않아도 되는 그 공간은 일종의 안식처이다. 또 길거리는 언제나 표현과 소통의 공간이 될 수 있다. 황량한 빈민가에서 힙합이 태동하였듯이, 삭막한 도시에서도 젊은이들은 다양한 멋과 스타일을 창출해간다.

비일상의 즐거움을 잉태하는 일상 공간, 질서와 무질서가 맞물리면서 도시문화를 빚어내는 그릇과도 같은 길거리에서 출렁이는 인파는 저마다 삶의 빛깔을 랩으로 읊으며 화음을 울리고 싶다. 경쾌한 발걸음의 율동으로 어울리고 싶다.

❶ 한국의 도시든 관광지든 조야하고 난삽한 간판들이 볼썽사납다고 늘 지적을 받는다. 일부 지방자치단체에서는 너무 고질적이고 만성화된 간판 문제를 대대적으로 개선하기도 했다. 경관(景觀)을 공공 문화의 차원에서 관리하고 유도하는 것이다. 도시의 심미적인 격조를 높이기 위해서는 간판의 제조 및 부착에 일정한 가이드라인이 필요하다. 좋은 간판이란 어떤 간판일까? 그 기준을 5가지 정도로 정리해보자.

❷ 한국의 세대 차이는 길거리의 풍경으로도 확인된다. 주말의 도심 번화가는 거의 젊은이들로 채워진다. 어느 한 장소를 정해서 사람 수를 헤아려보자. 그리고 이들을 눈대중으로 10대부터 70대까지로 나누어서 행인들의 각 나이대별 분포도를 작성해보자. 그리고 누구와 함께 다니는지 혼자 다니는 사람/남녀 커플/여자끼리/남자끼리/남녀가 섞인 그룹/가족끼리 등의 범주를 정해서 비교해보자. 거기에서 한국사회의 어떤 면을 확인할 수 있을까?

❸ 길거리에서는 종종 이런저런 공연이 펼쳐지는데, 그것을 구경하는 관객의 규모는 천차만별이다. 열심히 노래하는데 썰렁한 공연이 있는가 하면, 발 디딜 틈도 없는 데다가 분위기도 후끈 달아오르는 공연도 있다. 무엇 때문에 그런 차이가 발생하는가? 공연의 성격과 내용, 연주자, 공간의 위치, 시간대 등에 따라 어떻게 달라지는지 분석해보자.

❹ 거리의 춤꾼 비보이B-boy들의 활약은 이제 한류에서 또 하나의 흐름을 만들고 있을 정도로 눈부시다. 그에 대해 여러 가지 해석이 나오고 있는데, 비보잉이 한국의 전통적인 놀이 정서와 어울린다는 분석도 있다. 과연 어떤 점에서 연관성을 찾을 수 있을까?

제6부 **몸과 자연**

화장실·병원·동물원·공원·강

더 · 러 · 움, · 그 · 깨 · 끗 · 함 · 에 · 대 · 하 · 여

기이하게도, 우리는 태어나는 순간부터 죽을 때까지 우리와 함께할 뿐 아니라 모든 사람이 하루도 빠짐없이 배설하고 있는 인분에 대해서는 끈덕지게 외면해왔다. 우리가 이처럼 인분의 재순환 문제에 대해서 마치 모래 속에 얼굴을 파묻고 모른 체하려는 타조 같은 태도를 취하는 이유는, 똥이라는 말조차 입에 담기를 싫어하는 사회 정서 때문이다. 〔……〕하지만 머지않아 우리는 그 문제를 골똘히 다루지 않을 수 없는 시점에 다다르게 될 것이다. 자연계에는 폐기물이란 없다. 그것은 다만 사람들의 이해 부족으로 만들어낸 잘못된 개념일 뿐이다. 잘못된 개념을 없애기 위한 비밀의 열쇠는 우리 인간이 찾아야 한다. 자연은 수천 년 전부터 그 열쇠를 인간에게 전달할 준비가 되어 있고, 그때를 기다리고 있다.

—조지프 젠킨스, 『똥 살리기 땅 살리기』중에서

배설의 장애는 배고픔보다 훨씬 고통스러울 수 있다. 공복(空腹)도 괴롭지만 그것은 때로 오히려 심신을 맑고 홀가분하게 하면서 건강한 식욕을 회복시켜준다. 그에 비해 변비 증세는 기(氣)의 흐름을 경직시키면서 만사를 귀찮게 만든다. 또한 배변이 급한데 화장실을 찾지 못하거나 누군가가 너무 오랫동안 변기를 차지하고 있을 때 발을 동동 구르고 얼굴이 창백해진다. 식사 한 끼 정도는 누구나 쉽게 굶을 수 있지만, 설사를 참는 것은 많은 인내심을 요구한다. 해탈을 위해 정진하는 스님들도 화장실을 '해우소'라고 부를 만큼 그 근심은 심각하다. 마음으로 극복하기 어려운 생리적인 욕구가 바로 배변인 것이다. 그리고 사람은 자신의 배설물을 수치스럽게 여긴다. 중한 병에 걸려 대소변을 받아내야 하는 환자는 자존감이 떨어지기 쉬운데, 그 이유는 자신의 배설물을 노출시키고 싶지 않기 때문이다.

그래서 재난이 일어나면 화장실이 절박한 문제로 떠오른다. 미국 뉴올리언즈에 허리케인이 몰아닥쳐 수만 명의 수재민이 슈퍼돔에 대피했을 때 화장실의 상황은 끔찍했다고 전해진다. 2005년 11월 화학 공장 폭발 사고 당시 벤젠으로 식수가 오염된 중국의 하얼빈 시에서도, 도시 곳곳의 공중 화장실이 만원 사태가 되었다. 1995년 일본 고베 대지진 때도 피난민 수용소에서 가장 절실했던 것은 화장실이었다. 도시의 기능이 한꺼번에 붕괴된 상황에서 수세식 화장실은 무용지물이었다. 시민들은 변을 신문지로 싸서 커다란 비닐봉지에 담는 고생을 했다. 학교 운동장에 임시로 파놓은 화장실은 커다란 텐트로 남녀만 구분해놓았을 뿐 그 안에는 칸막이가 없어 이용하기에 대단히 불편했다. 재해 지역에 긴요한 음식이나 침구는 공중에서 비행기로 떨어뜨려줄 수 있지만, 똥은 하늘로 쏘아 올릴 수 없다. 이 비가역성(非可逆性)은 누구도 거역할 수 없는 생태학적 진실이다.

인간에게 배설물 처리가 특별히 문제가 되는 까닭은 무엇인가. 정착 생활과 높은 인구밀도 때문이다. 다른 동물들은 아무데나 배변해도 문제가 없다. 널리 돌아다닐 뿐 아니라, 서식지의 밀도가 낮기 때문에 자연의 분해에 맡겨도 되는 것이다. 그에 비해 문명이 탄생한 이후 배설은 인간에게 심각한 과제로 부각되었다. 신석기 시대에 정착을 하기 시작했을 때, 그리고 근대 산업도시에 인구가 밀집하게 되면서 공중위생의 확보가 절실해졌다. 기원전 3000년경에 이미 수세식 화장실이 등장했고, 현대적인 화장실은 유럽과 미국에서 19세기 중반에 출현했다. 그리고 한국에서는 일제 강점기에 호텔과 백화점을 통해 보급되기 시작했다.[1]

예나 지금이나 누구든 화장실을 가까이하기 싫어한다. 그러면서도 생활 세계 한가운데 둘 수밖에 없는 공간이 바로 화장실이다. 그래서 다른 혐오 시설은 도시의 외곽으로 다 내보낼 수 있어도 화장실만큼은 그렇게 할 수 없다. 오히려 더 가깝게 들어오고 있다. 예전에는 마당 또는 집 바깥에 있던 것이 이제 집 안으로 들어와 방 옆에 붙어 있는 것이다. 웬만큼 평수가 넓은 아파트에는 이제 화장실이 두 칸씩 설치되어, 안방에 작은 화장실이 바로 딸려 있다. 그렇게 되면서 화장실은 집 안에서 가장 깨끗하고 아늑한 공간으로 자리 매김되고 있다. 목욕 시설이 함께 곁들여지면서 화장실은 아침에 일어나서 가장 먼저 들어가 세면을 하고 이를 닦으며 하루를 준비하는 곳, 저녁 잠자리에 들기 전에 샤워를 하면서 피로를 푸는 휴식 공간이 되었다. 그래서 광고에도 종종 배경으로 등장하고 있을 정도이다. 이렇게 깨끗한 공간으로 바뀔 수 있게 된 것은 물론 좌변식 양변기가 보급되면서 불쾌한 냄새를 최소화시킬 뿐만 아니라 순간적으로 분뇨를 시야에서 사라지게 할 수 있게 되었기 때문이다.

그러나 화장실은 생리적인 욕구만 해결하는 곳이 아니다. 문을

1 "특히 백화점은 현대적으로 개량된 생활양식을 소비 자본화하는 주요 공간으로 일반인들이 단순한 쇼핑이 아닌 근대를 경험하게 하는 공간이었고, 따라서 수세식 화장실의 보급에도 선봉의 역할을 했다. 해방 이후 미군정의 주둔을 본격적인 시작으로 70년대 경제성장 및 1977년 수세식 화장실 설치를 조건으로 한 유흥업소허가법과 더불어 대대적으로 진행된 청결 캠페인을 통해 서구의 수세식 화장실 문화가 적극 수용되었다. 이 과정에서 보건위생과 훈육은 여성의 가사노동을 합리화하는 관념으로 활용되었고 현모의 필수항목이 되었다"(여성과 공간 문화축제 vol. 3: 화장실 프로젝트 '화장실 스와핑 금지란 없다' 홍보 책자 중에서).

잠그고 변기에 앉으면 완전하게 자기 혼자만의 공간이 된다. 아무런 눈치를 볼 필요 없이 안락하게 머물 수 있는 처소가 화장실이다. 그 철저한 익명의 공간에서 이루어지는 독특한 행위 가운데 하나가 바로 낙서다. 공중화장실에서 발견된 낙서 몇 개를 보자. '긴급 속보! 이순신 사망!!' 그 밑에 써 있는 글은 '알리지 말라 일렀거늘……'이다. 또 다음과 같은 내용이 차례로 씌어 있는 경우도 있다. '신은 죽었다. ─니체─' '너는 죽었다. ─신─' '너희 둘다 죽었다. ─청소부 아줌마─'

그렇다. 인터넷이 보급되기 훨씬 전부터 댓글 문화가 형성된 곳이 바로 화장실이다. 그리고 포르노가 대중화되기 전에 음란한 그림들이 적나라하게 그려지고 감상된 곳도 화장실이다. 인터넷이 그러하듯이 화장실도 자신의 이름과 얼굴을 감추고 온갖 숨은 욕망과 장난기를 마음껏 배설하고 소통하는 공간이다. 또한 심오한 철학(또는 '개똥철학')이나 사회적 이슈에 대한 의견이 오가는 토론장이기도 하다.

그런데 인터넷과 달리 화장실은 철저한 남녀유별의 공간이다. 얼마 전까지만 해도 한 공간 안에 여성용 칸과 남성용 칸이 함께 있는 화장실이 꽤 있었지만, 최근에는 이런 곳이 급격하게 줄어들고 있다. 남녀 사이의 경계가 점점 희미해지는 사회적 추세와 반대로 가고 있는 것이다. 남자들은 소변을 볼 때 다른 사람들과 나란히 서서 용무를 해결한다. 아는 사람들끼리는 간단한 이야기도 주고받는다. 여성들은 친구들끼리 우르르 몰려 들어와 수다를 떨면서 잠시 숨을 돌리기도 한다. 여성들은 남자보다 화장실에 머무는 시간이 약간 더 긴데, 상대적으로 변기의 수가 적어 더 오래 기다려야 하는 데다가 용변을 보는 데도 남자보다 시간이 더 걸리기 때문이다. 게다가 세면대 앞에서 옷매무새를 가다듬고 화장을 고치는 데도 꽤 시간이 걸린다. 거울을 통해 옆 사람의 얼굴을 힐끗힐끗 보아가며 자신의 용모를 추스르는 그곳은 과연 '화장실'이다. 다른 한편 같은 여성이면서도 남자 화장실까지 드나들면서 하루 종일 청소를 해야 하는 아주머니들의 표정은 언제나 고단하다.

그렇게 열심히 청소를 하는데도 청결함을 유지하기가 어려운 곳이 화장실이다. 특히 공중 화장실은 더욱 그러하다. 생각해보면 화장실만이 아니라 공공으로 이용하는 시설들이 대개 소홀하게 관리되는데, 화장실의 경우 그러한 소홀함의 결과가 너무나 확연하게 드러날 뿐이다. 노후한 데다 제대로 관리도 되지 않고 있는 건물이나 공원, 지방 소도시의 시외버스 터미널 등의 화장실은 매우 낙후한 상태이다. 흔히 눈에 띄는 것으로 휴지통이 바로 코앞에 놓여 있는 데다가 거기에 휴지가 가득 넘쳐나는 모습을 들 수 있다. 그리고 바닥에는 흥건하게 물이 고여 있어 보기에도 좋지 않을 뿐 아니라 미끄러짐으로 인한 사고와 악취의 원인이 된다. 이런 모습들은 '관광 한국'에 어울리지 않는 풍경이다. 그 외에 시설과 물품의 관리 면에서 늘 신경 써야 할 부분들이 많다.² 다른 한편 관리 체계만이 아니라 이용자들도 개선해야 할 점이 있다. 예를 들어 용변을 보고 나서 손을 씻지 않는 습관은 눈살을 찌푸리게 할 뿐 아니라 위생적으로도 문제가 있을 수 있다.

다행히 2002년 월드컵을 치르면서 화장실에 대한 집중적 개선이 이루어졌다. 외국인들이 많이 드나들 만한 공중 화장실 가운데 몇몇 곳은 거의 호텔 수준으로 청결해졌다. 더 나아가 그 자체로

2 예를 들자면 다음과 같은 것들이다.
· 화장실의 위치 안내판의 미비.
· 화장지의 부족 내지 미비.
· 용변 중 휴대품을 놓아둘 선반과 옷을 걸 수 있는 고리.
· 세면대의 수도 고장과 세면대 및 거울의 불결함.
· 손을 씻는데 필요한 비누와 수건.
· 잠금 장치의 파손.
· 소변기: 파손되거나 오물로 막혀 있어서 물이 넘침. 버튼이 고장 나서 계속 물이 내려옴.
· 대변기: 수도가 고장 나서 물이 나오지 않음.
· 어두운 조명.
· 통풍 장치 미비나 고장으로 인한 악취.
· 뾰족한 모서리로 인한 안전 사고.
· 난방 미비.
· 갓난아이를 동반한 여성을 위한 시설 부족.
· 노인, 장애인 등 약자를 위한 배려와 시설 부족.
· 서양인을 위한 양변기 부족.

훌륭한 문화공간이라고 할 만큼 멋진 인테리어로 치장된 화장실도
곳곳에 생겨났다. 몇몇 지방자치단체들은 이색적인 화장실을 명
소로 내세우면서 자신들의 지방을 홍보하곤 한다. 그런 화장실은
조명에서 향기 그리고 심지어 음향에 이르기까지 공감각적으로 이

용자들의 마음을 편안하게 해주는 디자인으로 꾸며져 있다. 심리적인 것과 생리적인 것이 밀접하게 연관되어 있다고 볼 때, 쾌적한 환경이 빚어내는 기분은 배설 욕구의 해소에도 매우 긍정적인 기능을 할 것이다. 또한 공중 화장실뿐만 아니라 각 가정의 화장실도 많이 깨끗해졌다. 이처럼 우리의 화장실은 날로 청결해지고 있다. 달걀귀신은 이제 흘러간 이야기일 뿐이다.

그러나 정말로 청결해진 것일까. 화장실이 깨끗해질수록 지구는 점점 더러워진다. 가까운 일상 공간은 깔끔해졌지만, 이를 위해 엄청난 물을 소모하고(한 번 내려지는 물은 약 13리터) 보이지 않는 먼 곳을 오염시켜야 한다. 이러한 삶의 양식에 대해 미국의 문명비평가 웬델 베리Wendel Bery는 다음과 같이 비판한다. "마실 물에 오줌과 똥을 섞어 넣는 비싼 기술을 개발하고 그 물을 다시 마실 수 있는 물로 정화하는 더 비싼 기술을 발명한다면 미쳤다고 할 것이다."

하수종말처리장에서 최종적으로 남은 분뇨 찌꺼기는 서해(西海) 멀리에 버려지는데, 현재는 그런대로 자연 정화가 되지만 앞으로 중국에서 수세식 화장실이 보편화되면 감당할 수 없는 사태를 맞을지 모른다. 쓰레기와 함께 똥은 현대 문명의 아킬레스건이다.

하지만 오랜 역사 속에서 똥은 자원이었다.[3] 한국에서도 불과 30여 년 전만 해도 농가에서는 비료 대신 분뇨를 많이 썼다. 과거 일본에서는 에도(江戶)의 각 가정에서 배출되는 배설물을 인근의 농부들이 돈을 주고 사갔는데, 분뇨마다 등급이 있어 다이묘 등 신분이 높은 사람의 집에서 나오는 것일수록 그 영양가가 높았기

3 전경수, 『똥이 자원이다』, 통나무, 1997.

때문에 값이 비쌌다. 인분을 소중한 자원으로 여겼던 것은 한국에서도 불과 한 세대 전까지 마찬가지였다. 작가 박완서의 이야기를 들어보자.

시골 뒷간에 대해 공포감부터 갖고 있는 요즘 아이들이 들으면 구역질이 날 소리지만 실제로 우리 고장 뒷간은 팥죽을 먹어도 좋을 만큼 청결했다. 〔……〕 어른들은 어른들대로 조석으로 뒷간 바닥을 쓸어 선명한 싸리빗자루 자국을 내놓았다. 퇴비와 인분을 거름으로 쓸 때였다. 농토에 비해 인구가 적어 늘 인분이 달렸다. 〔……〕 어떤 때는 송도까지 나가서 인분을 사 오는 수도 있었다. 그럴 때마다 개성 깍쟁이들은 오줌 똥에다 물을 타서 똥 지게 수효를 늘려서 팔았다고 욕들을 하곤 했다. 그렇게 욕하는 마을 사람 또한 개성 깍쟁이여서 마실 갔다가도 오줌이 마려우면 제 집 밭머리에 와서 누지 남의 밭에서 누는 법이 없었다.

　　　　　　　　—박완서, 『그 많던 싱아는 누가 다 먹었을까』 중에서

반면 인분을 자원으로 사용하는 대가로 치러야 했던 것은 기생충이었다. 필자는 초등학교를 다닐 때 1년에 두 차례씩 대변 검사를 받고 회충약을 받아먹던 기억이 있다. 따라서 옛날 방식 그대로 분뇨를 자원화하는 것은 바람직하지 않다. 그렇다면 대안은 있는가? 앞서 인용한 조지프 젠킨스Joseph Jenkins의 『똥 살리기 땅 살리기 *The Humanure Handbook*』를 보면 톱밥을 활용하여 인분을 위생적으로 퇴비화하는 방법을 제시하고 있는데, 이렇게 하면 화학비료를 줄이면서 땅을 되살릴 수 있다고 한다. 이는 비

상사태에 긴급하게 간이 화장실을 만드는 데도 적용되는 방법이다. 이를 거대한 도시에 어떻게 접목시킬 수 있을지 전문적인 연구가 필요할 것이다.

예로부터 똥꿈은 길몽이라는(집 안에 똥이 넘치는 꿈은 크게 부유해질 것이라는 둥) 해몽이 있었다. 그만큼 똥에 대한 거부감이 없었던 것이다. 변소(便所)는 편안(便安)해야 한다. 'restroom'이라는 말처럼 몸뿐 아니라 마음도 느긋하게 머물 수 있어야 한다. 아닌 게 아니라 우리는 몰래 울고 싶을 때 화장실을 찾는다. 그런데 그 편안함이 지속 가능한 것이 되기 위해서는 분뇨 처리 시스템이 달라져야 한다. 일찍이 먹는 것과 싸는 것, 깨끗함과 더러움은 뫼비우스의 띠처럼 상보적으로 맞물려 있었다. 오늘의 문명은 몸과 자연의 순환을 어떻게 실현할 것인가. 화장실에 앉아서 골똘히 생각해보자.

❶ 만일 어떤 사고나 재해로 인해 서울 같은 대도시에 수도물 공급이 일주일 정도 중단 되는 사태가 발생한다고 상상해보자. 이는 얼마든지 있을 수 있는 일이다. 그런 상 황에서 식수는 비상 루트로 공급받을 수 있어도, 수세식 화장실은 사용하기 매우 어 려울 것이다. 그럴 경우 우리의 생활세계는 어떤 모습이 될까? 가정의 분위기는 어 떻게 달라지고, 동네와 도시에는 어떤 일들이 일어날까? 이 상황을 다룬 단편소설이 나 영화 시나리오를 작성해보자. 그리고 그 상황에서 어떤 행정적 조치를 취해야 할 지 생각해보자.

❷ 공중 화장실에는 청소 담당자들이 점검해야 할 목록이 붙어 있는 경우가 많다. 보통 이용자들은 그것을 자세하게 들여다볼 일이 없기 때문에 화장실 청소의 세부 항목들 을 잘 모른다. 자신이 그 건물이나 시설의 관리자라고 가정하고 화장실 청소 점검 목록표에 들어갈 항목을 10개 정도 만들어보자. 그러고 나서 실제 점검 목록표 몇 개를 골라 자신의 것과 비교해보자. 그리고 그 가운데 청소하는 이들이 가장 어려워 하는 것은 무엇인지 조사해보자.

❸ 어떤 컨설팅 회사는 대상 기업의 상황을 점검하는 하나의 지표로 공용 게시판과 함 께 화장실을 들여다본다고 한다. 과연 어떤 점에 유념하여 화장실을 살펴볼까? 또 그것을 통해 무엇을 알아낼 수 있을까? 또 이들이 알아낸 사실이나 결과가 일반 가 정에도 적용될 수 있을까?

❹ 화장실 청소는 누구나 꺼리는 일이고, 사회적으로도 천시되는 직업으로 분류된다. 예전에는 학교에서 어떤 잘못을 범한 학생들에게 벌칙으로 화장실 청소를 시킨 적도 있었다. 그런데 최근에는 화장실 청소가 매우 전문적인 직종으로 부상하고 있다. 3D 업종의 대표 격인 그 영역에서 새로운 틈새를 만들어 약진하는 업체들이 눈에 띈다. 과연 그들은 어떤 점에 착안하여 무엇으로 차별화하였는가?

병원

치 · 료 · 에 · 서 · 웰 · 빙 · 으 · 로

온통 쓰레기와 오물 투성이였다. 입원한 환자들은 두 달이 다 되도록 같은 겉옷을 입고 있었고, 침대보는 한 달에 한 번 세탁을 하고 갈았다. 급식은 굶는 것과 마찬가지일 정도로 형편없었다. 하지만 병원으로 술을 들여오는 것만은 자유로웠다.

—— 황상익 편저, 『재미있는 의학의 역사』 중에서

6·25 전쟁 때 미군들이 포로나 피난민의 몸에 DDT를 뿌리는 장면을 여러 사진에서 볼 수 있다. 그 무렵을 살았던 사람들은 선연하게 기억한다. 이, 벼룩, 빈대 등 잡다한 벌레들이 머리에서 발끝까지 창궐하여 잠 못 이루던 밤들, 한 번 전염병이 돌면 온 마을이 두려움에 휩싸이고 환자가 있는 집은 격리되던 상황. 불과 반세기 전까지 그러했다. 그런데 그 점에서는 서양도 크게 다를 바 없었다. 위에 인용한 글은 19세기 초 유럽에서 빈민들이 이용하는 병원의 풍경을 묘사하고 있다. 동서양을 막론하고 우리가 지금 평범하게 누리는 청결함과 공중위생 그리고 영양 상태가 보편화된 것은 불과 한 세기 남짓 된 일이다.

근대의학은 고도의 전문 지식과 기술로 신체를 다룬다. 병원은 그 지식을 적용하는 거대한 기구이다. 거기에서 환자는 그저 환자일 뿐이다. 권력자든 부자든 저명인사든 모두 의료진 앞에서는 보잘것없는 몸뚱어리가 된다. 노인이든 젊은이든 똑같이 약자다. 남자와 여자의 구별도 별로 의미가 없다. 반면에 환자복과 흰 옷으로 구별되는 두 집단 사이에는 넘을 수 없는 위계의 장벽이 가로놓여 있다. 그래서 의사들의 한마디 한마디는 환자와 그 가족들에게 신의 목소리처럼 들린다. 그런 권력을 남용하여 자기보다 나이가 많은 환자에게 아무렇지도 않게 반말을 하는 의사도 가끔 있다. 아이들이 병원 놀이를 즐기는 것은 그렇듯 긴장 어린 소통 또는 권력의 쾌감을 가상으로 체험하기 때문일지도 모른다.

그러나 IMF 구제금융 사태 이후 의사들의 권위주의적 태도는 많이 달라졌다. 도산하는 병원들이 생기면서 '고객' 유치를 위한 치열한 경쟁이 불붙었고 서비스라는 것에 눈을 뜨기 시작했다. 의사들이 환자를 대하는 자세를 바꾸는 것은 물론이고, 더 나아가 병원 공간 자체가 보다 친근하게 느껴지도록 디자인에 각별히 신경을 쓴다. 그래서 요즘 건축되는 병원들 가운데는 '병원 같지 않은 병원'이 많다. 원래 병원 내부의 벽면에는 대개 흰색이 칠해져 있는데, 이는 오염 물질을 쉽게 식별할 수 있고(수술복이 초록색인 것도 피가 묻으면 까맣게 변하기 때문이다), 위생적인 이미지를 주기 때문이다. 그런데 요즘에는 흰색 대신 옅은 농도의 다채로운 색깔들이 입혀진다. 경제적 여력이 있는 일부 병원의 경우, 고급 석재나 목재로 벽면을 꾸며 호텔 같은 이미지를 연출하기도 한다. 그리고 일층에 산뜻한 식당이나 커피숍 등의 매장을 다양하게 배치하여 마치 번화가에 온 듯한 느낌을 불러일으킨다.

1 그러한 변화는 병원의 이름에서도 드러난다. 예전에는 의사의 이름을 붙인 딱딱한 상호가 대부분이었는데, 이제는 '털털한 피부과' '속 편한 내과' '상쾌한 아침외과(대장항문외과)' '다나 산부인과' 등 친근한 명칭이 늘어나고 있다. 그리고 치과에서 어린이를 치료할 때 헤드폰으로 CD를 틀어줘 기계 소리를 차단해준다거나, 정형외과에서는 치료하는 동안 천장에 설치한 모니터로 영화를 보여주기도 한다(「환자 잡기 경쟁…… 불황 병원들 '튀는 이름' 개명 붐」, 중앙일보 2006년 7월 24일자 참조).

그러나 이러한 변화 속에서도 병원의 경쟁력을 좌우하는 중요
한 변수는 여전히 유명세와 규모라고 할 수 있다. 작은 병원들의
입구에는 원장의 졸업장이 진열되어 있고, 의사들이 졸업한 대학
의 이름을 따서 병원 이름을 짓기도 한다. KTX 개통 이후 서울에
환자들이 더욱 몰리고, 응급환자들이 고속도로를 타고 수도권 대
형 병원으로 달려오는 '모험'을 감행하는 까닭도 거기에 뭔가 있
어 보이기 때문이다. 물론 그런 병원들은 첨단 장비들을 구비하고
있고, 의료진의 수준도 상대적으로 높을지 모른다. 하지만 환자들
이 폭주하면 진료의 질은 떨어지기 쉽다. 질병관리본부와 병원감
염관리학회가 2006년 전국 대형 병원 44곳을 조사한 결과 중환자
실에 열흘 동안 입원한 환자 100명 중에 8명 꼴로 병원에서 2차

감염된 것으로 나타났다. 한국에서는 매년 30만 명 정도가 병원에서 수퍼박테리아, 포도상구균, 간염균에 감염되며, 이로 인해 1만 5천 명 정도가 사망하는 것으로 추정된다. 그러므로 특수한 기기와 고도의 전문성이 요구되는 질환이 아니라면, 작은 병원에서 꼼꼼한 진단과 치료를 받는 것이 더 낫다.

이는 몸을 치료한다는 것의 의미와 깊은 관계가 있는 문제이다. 현대의학은 치료에서 심리의 영향을 점점 강조하고 있다. 환자들이 병원에 대해 느끼는 불만도 시설보다 의료진의 불친절에 더 많이 쏠려 있다. 아픈 것도 서러운데 박대를 받는다고 생각하면 더욱 화가 난다. 당연히 치유는 더디어진다. 몇몇 설문 조사 결과를 보아도, 한국인들이 가장 좋게 평가하는 의사의 자질은 뛰어난 실력이 아니라 병에 대해 차근차근 설명을 잘해주는 자상함이다. 의사들에게는 고도의 전문 지식 이상으로 돌봄과 보살핌의 마음씨가 요구되는 것이다. 서양의 의학계에서는 의사소통을 핵심적인 임상 기술로 인식하여 '의사소통 의학'이라는 분야를 설정해 별도로 연구하고 교육하고 있다. 여기에서는 매우 세밀한 부분까지 다룬다. 예를 들어 구체적이면서도 자유로운 대답이 가능한 질문을 던져라, 환자가 말할 때는 끼어들지 마라, 차트나 컴퓨터를 보지 말고 환자를 똑바로 응시하라 등의 지침이 제시된다. 또한 의사가 자신의 감정을 알면 환장의 입장에 서는 데 도움이 된다는 점에서 의대생들에게 일기를 쓸 것이 요구되고, 안톤 체호프의 소설 등이 필독서로 권장된다. 그렇게 하여 얻은 환자의 생각과 상황에 대한 정보는 의사들이 진료의 방향을 결정할 때 검사 결과 못지않게 중요한 참고 사항이 된다. 실제로 환자와 능숙하게 소통하는 의사들이 치료도 더 쉽게 해낸다고 한다(『뉴스위크』 한국판 2006년 8월 30일자 참고). 중병을 이기고 퇴원하는 어느 환자에게 주치의는 "당신이 다시 올 때까지 내가 살아 있을지 모르겠군요"라는 한마디로 크나큰 용기를 주었다는데, 언어의 힘을 적절하게 구사할 줄 아는 것이 이 시대 의사들에게 필요한 능력인 것이다.

일본의 어느 병원장은 일주일에 한 번씩 환자들을 모아놓고 라쿠고(樂語)[2] 공연을 한다. 깔깔대고 웃음바다를 이루는 동안 그곳은 잠시 병원이 아닌 다른 공간이 된다. 미국의 일부 병원들에서는 의사들이 아주 우스꽝스러운 피에로 복장을 하고 병실을 돌아다니면서 온갖 익살을 떠는데, 그때마다 환자들이 배꼽을 잡고 웃으며 자지러진다. 그 효과는 임상적으로 입증되고 있는데, 화끈하게 웃고 나면 통증을 훨씬 덜 느끼게 되고 면역력도 크게 증가한다고 한다. 그래서 요즘에는 아예 '웃음 치료' 전문가들이 나서서 환자들의 마음을 유쾌하게 빚어내는 프로그램을 다양하게 개발하고 있다. 의사들도 이제는 자신의 언사와 표정에 각별히 신경을 써야 하는 시대가 되었다. 그렇다면 장차 의과대학 커리큘럼에 연극 수업 같은 것이 들어가야 되지 않을까 싶다.

의료 행위 못지않게 치료에 영향을 끼치는 것은 간병이다. 특히 한국에서는 더욱 그러한데 의학 지식과 병원 시스템은 서양의 방식을 따르지만, 간병 문화는 아직 서구화되지 않고 있기 때문이다. 간호는 아직도 '전통적' 방식을 고수하는 편이다.[3] 즉 입원 환자는 가족이 곁에서 돌보아주는 것을 당연하게 생각하는 것이다. 물론 요즘엔 간병인을 따로 두는 경우가 많지만, 기본적으로 가족이 그 자리를 지키는 것이 좋다고 생각하는 이들이 여전히 많다.

2 일본 특유의 전통 예능으로서, 몸짓과 말만으로 여러 사람의 역할을 혼자서 연기하며 이야기를 진행해 나가는 형식이다. 해학과 풍자로 가득 찬 내용으로 청중들의 폭소를 계속 자아낸다.

3 2006년 현재 한국에서 의료법상 간호사를 기본(간호사 1명당 담당 병상 수 4.5개 이하) 이상으로 확충한 의료기관은 국내 전체의료기관 1천 150곳(요양병원, 치과병원, 한방병원 제외)가운데 177곳(14%)에 그쳤다. 그 이외의 나머지 대부분의 의료기관이 턱없이 부족한 간호사를 데리고 병원을 운영하고 있는 셈이다. 실제로 우리나라 간호사 수는 경제협력개발기구(OECD) 국가 중에서 최저 수준이다. OECD 국가의 병상당 간호 인력이 평균 0.99명인 데 반해, 우리나라는 2005년 현재 0.21명에 불과하다.

그 어느 경우든, 기본적으로 간호사가 간병을 하도록 되어 있는
외국의 병원과 달리 한국의 병원에는 거의 모든 환자 곁에 가족이
나 간병인이 붙어 있다. 병원의 건축 설계도 그러한 문화를 반영
하여 입원실이나 화장실의 크기를 정한다.

  간병과 함께 중요한 것이 병문안이다. 알음알이들의 방문과 위
로는 환자에게 큰 힘이 되는데, 이 역시 한국에서 더욱 각별한 의
미를 지니는 듯하다. 병문안을 하러 오는 사람들의 수 자체가 외
국에 비해 훨씬 많은 데서 이를 단적으로 확인할 수 있다. 예전에
는 대형 병원들이 환자들의 안정을 위해 면회 시간을 따로 정해
놓고 그때에만 방문객의 출입을 허락한 적이 있었다. 그러나 실제
로는 거의 지켜지지 않았고, 이제는 아예 그러한 제한을 없애버렸

다. 사생활의 보호나 의료 서비스의 질보다 가족과 지인들과의 따스한 만남이 중요하다고 판단되었기 때문이다. 면회객이 많이 드나들기 때문에 엘리베이터는 늘 붐비고, 그래서 의료진 전용 승강기에 일반인이 태연하게 동승한다. 어쩌면 의사나 간호인 못지않게 환자에게 치유력을 불어넣어줄 수 있는 존재가 병문안 손님인지 모른다. 아플 때 먼 길을 찾아와 마주 잡아주는 손길은 얼마나 따스한가.[4]

그렇듯 병원은 사람의 소중함을 새삼 확인하는 곳이다. 그리고 자신의 인생을 되돌아보는 쉼터가 될 수도 있다. 육신의 궁핍함에 처해 세상과 타자를 재발견하고, 죽음에 마주하여 삶의 의미를 되묻는다. 그래서 환자들은 서로를 겸허한 인격으로 존중하고 배려하면서 동병상련의 치유 공동체를 병실에서 만들어간다. 병색 짙은 얼굴을 화장으로 가릴 수 없고 나약한 육신을 허세나 오만으로 감출 수 없기에 어린아이 같은 소탈한 모습으로 상대방을 대하게 되는 것이리라. 환자들은 종종 타인의 아픔에 순수하게 공감하고 치유를 위해서 자신의 경험과 정보를 아낌없이 나눠준다. 간병하는 이들도 옆의 환자에게 스스럼없이 도움을 준다. 먼저 퇴원하는 환자가 아직 남아 있는 환자에게 쾌유를 빈다는 인사는 결코 빈말이 아니다.

간혹 병원에서 인생의 전환점을 찾는 이들도 있다. 간호사와 사랑에 빠져 결혼에 이른 환자의 러브 스토리는 별로 새로운 것이 아니다. 또 아예 직업을 바꾼 이들도 있다. 세계적인 가수 훌리오 이글레시아스Julio Iglesias는 원래 축구 선수였는데, 부상으로 입원해 있던 중 병문안 온 친구에게서 선물받은 기타로 노래를 하

4 그러나 방문객을 통제하지 않음으로써 일어나는 심각한 문제는 이들이 병원 내 2차 감염의 경로가 된다는 점이다. 방문객이 환자에게 균을 옮기기도 하고, 어린아이나 노인들은 문병 왔다가 감염되기도 한다.

다가 재능을 발견하여 가수의 길로 접어들었다. 피카소가 '그의 뱃속에는 태양이 들어 있다'고 평했을 만큼 열정적이었던 화가 앙리 마티스Henri Matisse도 병원에서 인생의 전환점을 찾은 예술가이다. 그는 청년 시절 법률 사무소의 직원으로 근무했는데, 어떤 병에 걸려 입원하게 되었다. 그는 병원에서 무료한 나날을 보내던 중에 그림을 그리기 시작했는데, 거기에서 자신의 놀라운 잠재력과 열정을 발견하게 된 것이다. 그렇게 해서 화가의 길로 매진하여 위대한 작품들을 남긴 마티스는 말년에 암 선고를 받고 다시 병상에 눕게 되었는데, 또다시 자신의 미술 기법에 작은 변화를 꾀하게 된다. 이른바 '컷 아웃 기법(종이에 강렬한 색깔을 칠한 다음 오려 붙이는 방법)'이라는 것을 창안하여 그의 고유한 예술적 색채를 이루어낸 것이다.

병원은 이제 질병의 치료만을 위한 장소가 아니다. 출산과 임종 그리고 장례식이 모두 병원에서 이루어지는 시대다. 그뿐 아니라 성형에서 다이어트, 건강 상담에 이르기까지 삶의 많은 부분을 다듬어주는 곳이 병원이다. 건강할 때 건강을 지키기 위해 정기적으로 검진을 받는 사람들도 많아졌다. 평균 수명이 길어지고 삶의 질에 대한 관심이 높아지면서, 병원에서 보내는 시간은 점점 늘어날 것이다. 긴박함이 느껴지는 응급실이나 수술실, 딱딱한 의료기기와 무미건조한 진료 등으로 연상되는 병원의 이미지도 바뀌어간다. 동네 병원들의 인테리어 디자인은 집보다도 아늑하고 예쁘장한 경우가 많다. 일부 대형 병원은 로비에 미술품을 상설 전시하며 정기 연주회를 개최한다. 병원이 이런 데에 힘을 쏟는 것은 단순히 손님을 끌기 위한 장식이 아니다. 웃음 치료의 효능에서 확인되듯이, 유쾌한 마음은 막강한 치유력을 발휘한다. 환자들에게 기쁨을 선사하지 못하는 병원은 이제 도태될지도 모른다. 지금 병원은 '참살이(웰빙)'의 발전소로 변신하고 있다.

❶ 한국에서 재벌 총수나 유명 정치인들은 어떤 병에 걸렸을 때 이를 숨기는 경우가 많다. 어쩔 수 없이 치료를 위해 외국으로 나갈 때도 '지병'이라는 이름으로만 병명을 대신한다. 왜 그럴까? 이러한 사실을 수재의연금을 낼 때 액수를 밝히지 않고 '금일봉'이라고 하는 예와 비슷한 맥락에서 해석할 수 있을까?

❷ 병원의 의료진은 위계가 매우 분명한 조직이다. 의사들 내부의 서열, 레지던트, 인턴 등 선배와 후배 사이의 명령 체계가 확고하다. 그리고 간호사들과의 관계에서도 마찬가지이다. 그것은 병원이 지닌 어떤 조직적 특성 때문일까? 그리고 그와 비슷한 특성을 지니는 조직으로서 또 어떤 것을 들 수 있을까?

❸ 싱가포르의 경우 치료 및 입원을 연계한 관광 상품까지 개발하여 아시아의 손님들을 끌어 모으고 있다. 한국의 의료 기술 수준은 선진국에 비해 그다지 낮은 편이 아닌데도 외국 환자들을 유치하지 못한다. 병원 알선을 금지하는 의료법이 우선 걸림돌인데 만일 법이 개정되어 족쇄가 풀린다 해도 바로 시장을 쉽게 개척하지는 못할 것이다. 한국의 병원들이 경쟁력을 갖추기 위해서 구비해야 할 역량은 무엇일까? 외국어 의사소통 이외에 갖춰야 할 조건으로 어떤 것을 꼽을 수 있을까? 병원 자체와 사회적인 환경으로 나누어 생각해보자.

❹ 한국 드라마에는 불치병 환자가 자주 등장한다. 따라서 병실 장면이 많이 나온다. 영화나 문학 작품에서 질병은 사건 전개에서 어떤 변수가 되는가? 병실에서 오가는 대화의 전형적인 패턴을 분석해보자.

❺ 의사, 간호사, 환자복, 수술복 등은 어떻게 변화해왔을까? 그리고 그러한 복식 변천사를 토대로 앞으로 20년 후에 그 복장들은 어떻게 달라질 것이라고 상상해볼 수 있을까? '미래의 병원'이라는 제목으로 패션쇼를 기획한다고 생각하고, 그 디자인의 주요 개념을 잡아보자.

인 · 간 · 의 · 서 · 식 · 지 · 를 · 예 · 감 · 한 · 다

고릴라들은 우리 안에 가만히 앉아서 누구와도 상대하려 하지 않았다. 지푸라기로 건드리며 장난을 걸어보려 해도 소용이 없었다. 고릴라들은 점점 더 우울해졌다. 이들은 심지어 그런 모습을 보이기 싫어서 손으로 눈을 가려 관람객들의 시선을 피하기까지 했다. 〔……〕 이 동물들의 집단적 행동으로 볼 때 분명한 사실은, 잡혀온 고릴라들의 건강을 해치는 요인이 무엇보다 정신적 영향이라는 점이다. 완전한 자유 상태에 있는 동물들이 향유하는 생명 에너지는 기생충들이 끼치는 영향을 극복하기에 충분하다.

—알렉산더 소콜로브스키, 『유인원의 정신에 관한 관찰』(1908),
니겔 로스펠스, 『동물원의 탄생』에서 재인용

사람은 동물을 좋아한다. 아이들은 동물을 보면 눈빛을 반짝이고, 어른들의 세계에서도 애완동물은 각별한 사랑을 받는다. 인류는 오랜 역사 속에서 다른 동물들과 '서바이벌 게임'을 벌이면서도, 문화적인 차원에서 그들에게 독특한 정서와 의미를 부여해왔다. 고대의 많은 신화들에서 동물들은 '환웅'처럼 초월적인 상징으로 군림하는데 이는 토테미즘과 관련이 깊다. 만화와 동화에서는 수많은 동물들이 의인화된 캐릭터로 등장한다.

또한 일상 언어에서도 사람의 성향이나 어떤 상황을 묘사할 때 종종 동물에 빗댄다. '여우처럼 교활하다' '늑대처럼 엉큼하다' '곰처럼 미련하다' '양처럼 온순하다' '꾀꼬리 같은 목소리' '잉꼬 부부' '기러기 아빠' '철새 정치인' '레임덕' '평화의 비둘기' '매파와 비둘기파' '꽃뱀' '개미군단' '다크호스' '상아탑' '쥐꼬리만큼' '장사진(長蛇陣)을 이룬다(긴 뱀처럼 행렬이 늘어서 있다는 뜻)'…… 동물들은 신성함의 아이콘에서 인간성의 표상에 이르기까지 다양한 이미지로 채색되어온 것이다. 물론 그 가운데 많은 부분은 그 동물의 실제 속성과 무관하게 인간이 지어낸 허구적 이미지이다.

산업화와 도시화 과정에서 인간과 동물의 관계는 많이 소원해졌다. 맹수의 위협을 받는 일도 없어졌거니와 아름다운 새소리를 접하기도 어려워진 것이다. 뿐만 아니라 날로 위생적으로 개선되어가는 주거 환경에서 쥐나 바퀴벌레 등도 점점 줄어든다. 요즘 아이들은 대부분의 동물을 실물보다 그림책이나 텔레비전을 통해 먼저 접한다. 그렇다면 저개발국가의 경우는 어떨까? 아프리카의 비극적인 상황을 증언하는 구로야나기 데쓰코의 『토토의 눈물』이라는 책에는 이런 일화가 실려 있다. 탄자니아의 어느 초등학교에 갔을 때 어느 TV 방송국 사람이 아이들에게 도화지와 크레용을 주면서 아무 동물이나 그려보라고 주문했다. 그런데 아이들이 내놓은 그림 가운데 큰 짐승을 그린 것은 두 점밖에 없었고, 나머지는 파리 같은 벌레나 다리가 가느다란 새를 그린 것이었다. 기린이나 얼룩말 같은 야생동물들이 다양하게 나올 것이라 예상했던 기대는 어긋났다. 아프리카에서는 몇몇 보호구역에서만 동물을 볼 수 있는데, 그 아이들은 그런 곳을 구경하러 갈 수 없다. 그나에 그렇게 그림을 그린 것이다.

그에 비해 우리는 미디어를 통해 여러 종류의 동물들을 언제든
볼 수 있다. 그리고 웬만한 대도시에는 동물원이나 수족관이 하나
이상 있기 때문에(현재 한국에 20개) 조금만 이동하면 야생동물들
을 생생하게 접할 수 있다. 다양한 동물들의 모습은 언제나 인간
의 호기심을 자극한다. 연암이 『열하일기』에서 코끼리를 처음 본
충격과 감흥을 자세하게 기록하고 있듯이,[2] 낯선 동물을 바라본다
는 것은 진기한 경험이다. 그러한 시각적 욕망을 위해 만들어진
시설이 동물원이다. 인간은 평생 동안 최소한 네 번 동물원에 간
다는 말이 있다. 어릴 때 부모의 손을 잡고, 연인과의 데이트 코
스로, 결혼하여 자녀를 데리고, 그리고 노후에 손자 손녀와 함께
간다는 것이다. 아득한 옛날 인간이 자연 속에서 동물들과 어우러
져 살았던 시절의 무의식적 기억이 되살아나는 것일까. 동물원에
가면 어른들도 나이를 잊고 어린아이의 마음이 된다. 그룹 '동물
원'의 노래들처럼 그곳은 언제나 정겹고 유쾌한 분위기를 연상시
킨다.

동물원의 역사는 기원전 15세기로까지 거슬러 올라간다. 고대
이집트나 로마에서는 동물들의 수집 및 사육을 위해 동물원을 만
들었고, 중세에도 왕후나 귀족들이 이방의 동물들을 구해 기르는
것을 취미로 삼았다. 그러한 동물원은 궁전에 함께 건립되는 경우
가 많았는데, 기이한 구경거리를 과시하면서 정치적인 힘을 발휘
하기 위해서였다. 일반인이 구경할 수 있는 형태의 동물원은 18세
기 중반에 오스트리아 빈에서 등장했고, 1907년에 세워진 독일의

2 "당 명황 때에 코끼리춤이
있었다는 말이 『사기(史記)』
에 있는 것을 보면서 속으로
의심을 했더니, 이제 보아
사람의 뜻을 잘 알아먹는 짐
승으로는 과연 코끼리 같은
짐승이 없었다. 전하는 말에,
"숭정 말년에 이자성이 북경
을 함락시키고 코끼릿간을
지나갈 때에 뭇 코끼리들은
눈물을 지으면서 아무것도
먹지를 않았다." 해마다 삼
복날이면 금의위(錦衣衛) 과
교들이 의장깃발을 늘인 노
부로 쇠북을 울리면서 코끼
리를 맞아 선무문 밖을 나와
못에 가서 목욕을 시킨다.
이럴 때는 구경꾼이 늘 수만
명이나 된다"(고미숙, 『열하
일기, 웃음과 역설의 유쾌한
시공간』에서 재인용).

하겐베크 동물원은 이른바 방사식(放飼式) 동물 수용방법을 채택하여 현대 동물원의 원형이 되었다. 하겐베크는 19세기 후반부터 세계 곳곳의 온갖 동물들을 포획해다가 진열하였고, 심지어 그린란드와 태평양 군도의 원주민들까지 데려다가 순회 전시하면서 제국주의의 위용을 드러냈다.

　동물원은 사람을 위해서 만들어졌다. 그렇다면 동물의 입장에서 동물원은 무엇인가? 감금과 억압의 장소인 경우가 많다. 대부분의 동물원에서는 종별(種別)로 고유하게 지니고 있던 소생활권 biotop을 무시하고 인위적으로 통합하고 배치해놓고 있다. 그 결과 자연에서라면 서로 접하지 못하는 동물들끼리 가까이에서 지내야 한다. 그리고 초원을 날아다니며 사냥해야 할 맹금류들이 낯설고 좁은 울타리 안에서 안정적으로 제공되는 식사에 길들여지면서 야성을 잃어간다.

　이러한 상황은 동물들에게 스트레스, 자해, 비정상적인 행동, 비만, 성인병 등을 일으킨다. 그리고 열대 지역과 한대 지역 출신

동물들은 반대 계절을 맞을 때마다 고초를 겪는다. 게다가 철창, 시멘트, 유리 등 그들을 둘러싸고 있는 물리적 환경 자체가 반생명적이다. 바닥에 튀어나온 못에 발을 찔려 피를 흘리는 백곰, 겨울이면 실내에 감금되어 극심한 우울증에 시달리는 고릴라, 관람객들이 주는 인스턴트 식품의 과다 섭취로 성인병에 걸리거나 비닐을 먹고 죽어가는 침팬지[3] 등 이러한 환경 때문에 희생되는 동물들의 예는 일일이 열거할 수 없다. 어떤 사람들은 하마가 물속에서 등만 보이고 나오지 않는다고 돌을 던지고, 악어가 움직이지 않는다고 막대기로 건드리거나 입속에 동전이나 페트병을 던지기도 한다.

그런가 하면 관람객의 눈에 보이지 않는 곳에서 동물들이 겪는 고생도 만만치 않다. 예를 들어 겨울에 들짐승들을 가두어두는 방의 바닥에는 흙이 아닌 미끌미끌한 타일이 깔려 있다. 물청소를 손쉽게 할 수 있도록 하기 위해 그렇게 만든 것이다. 그런데 깨끗하게 청소를 하고 나서 방 안에 들어오는 짐승들은 사뭇 불안한 몸짓으로 이리저리 돌아다닌다. 바닥이 미끄러워 넘어질까 봐 그런 것도 있지만, 결정적인 것은 자기 배설물의 냄새가 사라졌기 때문이라고 한다. 자신의 영토를 확인하는 감각적 지표가 말끔하게 지워진 공간에서는 본능적인 위기감이 엄습하는 모양이다. 자연히 동물들의 건강은 나빠지고 수명도 짧아진다. 당장의 편리함과 관리비 절감을 위한 디자인이 실제로는 그 비싼 동물들의 생명을 위협하여 결과적으로 더 관리 비용을 높이는 것이다.

최근 앞서가는 동물원은 이러한 상황에 대해 문제의식을 가지고 근본적인 방향 전환을 꾀하고 있다. 단순히 동물들을 가두어놓고 구경하는 곳이 아니라, 멸종 위기에 처한 동물들과 그 생태

3 침팬지의 지능을 시험해본다며 일부러 포장을 뜯지 않은 과자를 던져주는 경우가 많아 기도가 막히기도 한다.

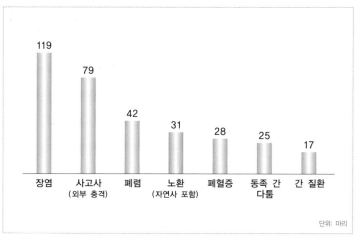

119

79

42

31

28

25

17

| 장염 | 사고사 (외부 충격) | 폐렴 | 노환 (자연사 포함) | 폐혈증 | 동족 간 다툼 | 간 질환 |

단위: 마리

2004년 1월~2006년 10월.

를 연구하고 보전하는 연구 및 교육의 센터로 탈바꿈하는 것이 세계적인 추세이다. 그러한 흐름에 맞춰 동물원 내의 공간 구조와 생활환경을 바꾸어주고 있는데, 이를 '환경 및 행동 풍부화envi-ronmental & behavioral enrichment'라고 한다. 서울대공원의 경우 위에서 언급한 동물들의 괴로움과 건강 퇴화를 줄이기 위해 전시장의 물리적 환경에 다양한 변화를 주고, 동물들이 먹이를 찾는 데 몸을 움직이고 머리를 쓸 수 있도록 시설을 개조하였다. 또한 같은 종끼리 적합한 무리를 이루어 살도록 배려하고(사회성 풍부화), 종별로 생존에 긴요하게 발휘하는 오감에 자극을 주도록 장치를 마련하고 있다(감각 풍부화).

　이러한 동물원의 패러다임 전환은 인간 세계에 시사하는 바가 크다. 사회성과 감각을 풍부하게 하는 것은 지금 교육의 중대한 과제가 아닌가. 타인에게 전시되기 위한 인생이 아니라 저마다의 본성에 따라 서식 환경을 스스로 만들어갈 수 있도록 돕는 것이 교육의 소임이다. 동물학자 데즈먼드 모리스Desmond Morris는 『인간 동물원 *The Human Zoo*』이라는 책에서 현대인의 삶을 동물원에 빗대어 예리하게 분석하고 있다. 그에 따르면 단조롭고 획일적으로 규격화된 과밀 환경이 폭력과 불안을 증폭시키면서 맹목적으로 자극을 추구하게 한다. 따라서 앞으로 도시 공간은 자라나는 유기체가 되어야 하고 사람들에게 소속감을 심어주면서 창의적인 모험을 다양하게 허용해야 한다고 그는 주장한다.

동물원의 기능은 교육·보호·오락으로 요약될 수 있다. 이 세 가지가 적절하게 균형을 갖출 때 동물원은 생명이 평화롭게 공존하는 공간이 될 수 있다. 특히 대중들에게 생태계에 대한 이해를 도모하도록 교육적 기능을 강화하는 것은 매우 중요한 과제이다. 그러한 목적을 달성하기 위해서는 종(種)별로 그 습성에 맞도록 생활환경을 갖춰줘야 하고 인간과의 접촉도 적절하게 제한해야 한다. 그리고 시각적 유희의 대상이 되어 유폐된 동물들이 자신의 본성을 찾아갈 수 있도록 도와주는 것이다. 거기에 맞물려 이제 관람객들의 마음가짐과 태도도 달라져야 한다.

동물원은 문명의 자화상을 비춰보는 거울이다. 인간의 서식지를 점검하면서 대안적 삶터의 얼개를 조감하는 전망대이다. 조류독감[4]의 경고는 사람의 목숨이 거대한 생태계의 순환과 사슬에서 벗어날 수 없음을 새삼 일깨우고 있다. 감옥에서 쉼터로 전환하는 동물원에서 우리는 자연의 순리를 배울 수 있다. 광활한 대지를 그리워하는 그들의 눈빛에서 시원(始原)의 세계를 만나보자. 그들의 포효와 지저귐에서 생명의 미래를 예감하자.

4 닭, 오리 및 야생 조류들을 통해 감염되는 급성 바이러스 전염병.

① 외국의 동물원에서는 가끔 사람이 우리 속에 들어가 다른 동물과 함께 전시되는 퍼포먼스를 연다. 만일 어떤 외계인이 이 지구를 지배하게 된다면, 또는 먼 훗날 인간이 환경에 적응하지 못한 결과 다른 어떤 동물이 탁월하게 진화한 지능으로 생태계의 최고봉에 올랐다면 인간을 동물원에 가두어둘지 모른다. 그때 그 안내판에 사람이라는 동물을 어떻게 간명하게 설명할 수 있을까?

② 동물원에서 짐승들에게 짓궂은 행동을 하여 고통을 주는 이들이 많다. 어떤 부류의 사람들이 그런 장난기를 발동할까? 그 심리를 설명해보자. 그리고 그런 행동을 방지하기 위해 어떤 조치가 필요할까?

③ 동물원에서는 아이들이 맹수에게 물리는 안전사고가 이따금 일어난다. 그 원인으로 보호자 및 본인이 잘못한 경우와 동물원의 관리 및 물리적인 시설에 문제가 있는 경우로 나뉠 수 있을 것이다. 구체적으로 어떤 식으로 해서 그런 사고가 발생하는지 조사해보자. 그리고 그에 대한 예방책은 무엇인지 알아보자.

④ 움베르토 에코는 「동물에 관해 말하는 방법」이라는 글에서 센트럴 파크 동물원에서 아이들이 장난삼아 북극곰의 우리를 둘러싸고 있는 연못에 뛰어 들어갔다가 물려 죽은 사건에 대해 언급한다. 그는 이 사건에서 그 아이들은 동물에 대한 이미지를 왜곡시켜놓은 대중매체와 학교 교육의 희생자라고 비판하고 있다. 다음 글을 읽고 한국의 상황에 어떻게 적용될 수 있을지를 논의해보자.

> 인간은 언제나 동물에게 무자비했다. 그러다가 스스로 못됐다는 것을 깨닫게 되면서 동물을 다르게 대하기 시작했다. 모든 동물을 사랑한다고는 할 수 없지만, 적어도 동물에 대해서 나쁘게 말하지는 않게 되었다. 대중매체와 학교와 공공기관은 인간이 다른 인간을 상대로 저지른 많은 잘못에 대하여 어떤 식으로든 변명을 해야 하는 처지에 놓여 있다. 그럴 때 동물의 선량함을 떠벌리는 것은 심리적이고 윤리적인 관점에서 많은 도움이 된다. [……] 그런 교육 행위가 옳지 않다는 것은 아니다. 다만 그런 교육을 위해 선택한 방법에 문제가 있다. 동물의 생존권을 존중한답시고 동물을 인격화하고 아이들의 친구 같은 존재로 만드는 것이 문제라는 얘기다. 사람들은 어떤 동물이 본능에 따라서 잔인하게 다른 동물을 잡아먹을지라도 이 지구상에 생존할 권리가 있다는 식으로 말하지 않는다. 그러기보다는 그런 동물을 착하고 상냥하고 재미있고 너그럽고 영리하고 침착한 존재로 만들어 존중을 받게 한다.
> ──『세상의 바보들에게 웃으면서 화내는 방법』, 열린책들, 2003, 219~20쪽.

시 · 간 · 이 · 머 · 물 · 러 · 쉬 · 는 · 곳

딱히 쓸모없어 이름 짓기조차 어려운 그런 공간은 건축의 생명력을 길게 하며, 정해진
규율로 제시할 수 없는 우리의 삶의 모습을 다양하게 만든다. (……) 쓸모없는 공간,
예를 들어 우리네 '마당'은 참 좋은 예가 되며, 생활의 중심이나 관상의 상대일 뿐인 이
방의 마당과 달리, 우리의 마당은 생활뿐만 아니라 사고의 중심이며, 우리로 하여금 우
리의 공동체를 발견케 하는 의식의 공간이다. 이를 '무용(無用)의 공간'이라고 하자.

— 승효상, 『빈자의 미학』 중에서

    '비둘기에게 먹이를 주지 맙시다 — 스스로 먹이를 찾아 생태계
의 당당한 일원이 되도록 도와주세요(○○ 구청 공원녹지관리과).'
이것은 서울의 어느 공원에 걸려 있는 현수막의 문구이다. 한강시
민공원사업소에 따르면 요즘 비둘기들은 먹이가 풍부해진 환경에
서 생식에 비정상적으로 몰두하기 때문에 개체수가 기하급수적으
로 증가한다고 한다. 그리고 이들의 배설물이 많아지면서 공원 미
관을 해칠 뿐만 아니라 그에 함유된 강한 산성이 각종 시설물을
부식시켜 공원 환경을 악화시킨다고 한다. 그러므로 시민들에게
먹이 주기를 자제해달라고 호소하고 있는 것이다. 인간의 주택 개
발로 삶의 터전을 잃어 시인의 동정을 샀던 '성북동 비둘기,' 한

국의 번영과 도약을 만방에 알리면서 잠실의 창공을 비행했던 1988년 올림픽의 비둘기들, 그 평화의 상징이 이제는 천덕꾸러기 신세로 전락했다. 몸이 비대해져 '닭둘기'라는 별명도 붙었다.

그런데 사람들은 왜 비둘기에게 먹이를 주는 것일까. 유난히 비둘기를 사랑하는 이들은 누구일까. 공원에 가서 관찰해보자. 벤치에 앉아서 또는 여기저기 돌아다니며 비둘기의 식사를 챙기는 사람들을 살펴보자. 이들은 크게 세 부류로 나눌 수 있다. 어린아이들, 노인들, 그리고 실직자로 보이는 사람들이다. 그들의 공통점은 시간이 많다는 것, 그리고 사회의 주변부에 있는 약자들이라는 사실이다. 그들이 비둘기에게 먹이를 주는 마음을 어렴풋이 짐작해 볼 수 있을 듯하다. 다른 누군가에게 도움을 줄 수 있다는 흐뭇함, 자기에게 의존하여 목숨을 이어가는 타자가 있음으로 확인되는 존재감 때문이 아닐까. 비둘기와 마주하는 동안 이들은 그 미물(微物)들의 안위에 아무 사심 없이 온전히 몰입한다. 공원은 그러한 보살핌이 자연스럽게 이루어지는 공간이다.

'공원'이라는 명사에 포괄되거나 연계되는 대상은 실로 광범위하다. 주택가의 작은 쌈지 공원, 옥상 공원, 놀이터, 학교 운동장, 캠퍼스의 정원, 숲이나 야산, 고궁과 유원지, 동물원이나 테마 파크, 도심지의 광장, 그리고 거대한 국립공원 등이 그것이다. 이렇듯 폭넓은 스펙트럼의 공간들을 묶어주는 고리는 무엇일까. 열려 있어서 누구나 들어갈 수 있다는 것, 그 땅의 용도가 특별하게 정해져 있지 않다는 것, 근본적으로 그 공간의 존재 자체에 큰 의의가 있다는 것이다. 거기에서 사람들은 휴식에서 이벤트에 이르기까지 다양한 경험을 하고, 그것이 축적되어 고유한 장소성sense

1 어떤 지리적 장소가 지니고 있는 특성으로서, 그 장소를 독특하게 느끼도록 만들면서 사람들이 거기에 각별한 애착이나 소속감을 느끼도록 만드는 요소를 말한다. 그 공간을 매개로 영위된 행위나 거기에서 일어난 사건이 사람들의 기억 속에 남게 되면서 장소의 의미가 공유된다. 장소성의 개념은 건축학에서 매우 중요한데, 건축은 장소의 의미를 형태로 만드는 것이고, 장소는 그 건축이 놓이는 터라고 여겨진다.

of place[1]이 형성된다. 세계의 많은 도시들은 저마다 독특한 공원의 이미지로 자신의 얼굴을 꾸민다. 뉴욕의 센트럴 파크, 런던의 세인트 제임스 파크, 도쿄의 우에노(上野) 공원, 북경의 천안문 광장……

서양의 도시 역사에서 공원의 뿌리는 그리스 시대의 시민광장으로 거슬러 올라간다. 그리고 중세에 접어들어 왕실의 정원과 수렵장이 생겨났고, 근대에 들어서면서 이들이 상류 시민계급을 위해 개방되었다. 그러다가 산업화가 진척되고 노동자의 규모가 늘어나면서 대중들의 여가를 위해 대규모의 도심 자연 공원을 조성했다. 그에 비해 동양에서는 그러한 양식의 공원이나 광장이 존재하지 않다가, 근대로 접어들어 서양식의 도시 계획이 이루어지면서 도입되기 시작했다. 서울의 경우 구한말 원각사 터에 개설된 파고다공원(탑골공원)을 효시로, 그 뒤에 수많은 공원이나 광장이 건설되었다. 최초의 동물원과 식물원이 들어선 창경원, 대통령 선거 유세 때마다 수많은 군중이 몰려들었던 장충단공원, 휴일마다 가족 나들이의 설렘으로 가득했던 어린이대공원, 국군의 날 거대한 퍼레이드가 펼쳐졌던 여의도 광장 등은 각 시대의 중요한 풍경들을 기억하고 있다. 그리고 지금도 공원은 거기에 머무는 사람들을 통해 도시의 여러 단면들을 투명하게 보여준다. 할 일 없고 갈 곳 없는 노인들, 연애 삼매경에 빠진 젊은이들, 결혼 기념사진을 찍는 신랑 신부들, 봄날의 오후를 즐기는 어린아이와 그 엄마, 스케이트보드와 인라인스케이트를 타거나 야간에 삼삼오오 모여서 수다를 떠는 청소년 등.

한국 도시의 공원은 충분한가. 예를 들어 서울의 공원 면적은

도시 전체 면적의 26%로, 뉴욕의 13.6%, 런던의 10.9%, 베를린의 9.3%보다 훨씬 그 비율이 높은 듯 보인다. 그러나 통계는 북한산, 관악산, 수락산 등 도시 외곽 산의 면적이 포함된 것으로, 생활권의 녹지나 공원 녹지만 따지면 3%에 불과하다. 물론 대도시에서 그렇게 아름답고 푸르른 산들로 언제나 등산할 수 있다는 것은 매우 복된 조건이다. 점심을 먹고 집을 나서서 산꼭대기까지 올라갔다가 집으로 돌아와 저녁 식사를 할 수 있는 도시는 전 세계적으로 매우 드물다. 그러나 이렇듯 천혜의 대규모 여가 공간에 의존하는 동안, 지역사회 안에서 일상적으로 이용할 수 있는 근린 공원을 확보하고 가꾸는 데는 소홀했던 것이다. 단기적인 부동산 이윤 위주로 조악하게 개발되어온 도시 공간에서 대부분의 평지는 도로나 건물이 점거했다.

150여 년 전 뉴욕의 센트럴 파크를 제안했던 사람은 "지금 이만한 넓이의 공원을 만들지 않으면 100년 후 뉴욕은 그만한 넓이의 정신병원이 필요할 것"이라며 시민들을 설득했다고 한다. 한국의 도시에서 사람들의 심성이 자꾸만 거칠고 날카로워져간다고 느낀다면, 녹지나 공원이 절대 부족하다는 데서 한 가지 중요한 원인을 찾아도 될 듯하다. 다행히 최근의 정부들은 생태 숲이나 하천을 조성하는 데 힘을 쏟고 있고 놀이공원을 찾던 시민들의 발길이 점점 그쪽으로 옮겨가고 있다. 그리고 대구의 경우 10여 년 전부터 개인 주택, 병원, 학교, 관공서 등의 담장을 헐어 길거리에서 이어지는 자투리 공원을 확보하고 있다. 이 사업은 토지 소유주가 신청서를 제출하여 타당성이 인정되면 조경 공사비의 80%를 시에서 지원해주는 식으로 진행된다. 적은 비용으로 많은 공원을 확보하는 동시에 지역사회의 공동체 의식도 불러일으킬 수 있어서 다른 지방자치단체로 확산되어가는 추세다.

그렇게 인공적으로 공원을 조성할 때 중점적으로 이루어지는 작업이 '조경(造景)'이다. 말 그대로 경관을 조성하는 활동으로서 건축이나 도시계획과 함께 학문적, 실무적으로 독자적인 위상을 지니고 있는 영역이다. 지방자치제 출범 이후 각 지방마다 '걷고 싶은 거리' 등 색다른 공간을 꾸미는 프로젝트가 늘어나면서 조경 분야도 꾸준하게 성장해왔다. 그런데 그 '작품'들을 보면 너무 작위적이고 천편일률적인 이미지로 도배되어간다는 인상을 받을 때가 많다. 그 지역과 장소의 고유한 분위기를 고려하지 않은 채 몇몇 도식화된 디자인을 적용하는 것이다. 그래서 나름대로 차별화

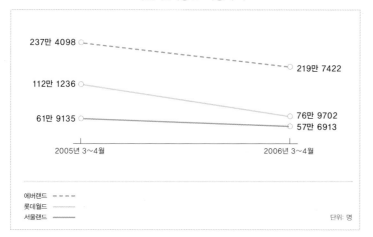

사설 놀이공원 이용객 수

237만 4098

219만 7422

112만 1236

76만 9702

61만 9135

57만 6913

2005년 3~4월   2006년 3~4월

에버랜드 ----
롯데월드 ───
서울랜드 ───

단위: 명

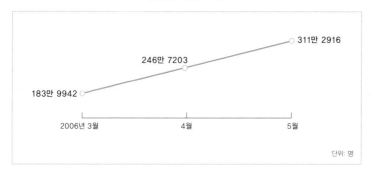

청계천 관람객 수

311만 2916

246만 7203

183만 9942

2006년 3월   4월   5월

단위: 명

를 기한다고 하지만 결과적으로는 각 지역마다 판에 박힌 패턴이 반복되고 있다. 이는 뭔가 근사한 것을 연출하겠다는 전시 행정의 강박, 지역의 총체적 이미지를 차분하게 구상할 수 있는 창의적 여유의 부족, '성공적인' 디자인 사례들에 대한 정보의 범람 등이 맞물려 빚어지는 현상으로 보인다.

공원은 단순한 관상(觀賞)의 대상이 아니다. 그곳은 사람과 사람, 사람과 사물, 사물과 사물 사이에 호흡이 생동하는 마당이다. 이제 조경은 시각 우위의 패러다임을 벗어나야 한다. 공원을 조성하면서 염두에 두어야 할 것은 그곳을 직접 체험하는 사람들의 느낌이다. 그들이 몸으로 머물면서 오감으로 그 장소와 소통하는 즐거움이다. 경관을 구성하는 요소들 사이에 오랜 세월에 걸쳐 삼투 작용이 이루어지고 그것이 하나의 유기적인 풍경으로 발효될 수 있도록 돕는 것이 진정한 의미의 조경이 아닐까 한다. 그런 차원에서 독특한 미학적 전통을 담보해온 한국 정원의 문화 유전자를 현대 도시의 맥락에서 어떤 조형 패러다임으로 실현할 수 있을지를 근본적으로 고민해보아야 한다.

공원은 그 안에서 누가 무엇을 하느냐에 따라 그 성격이 얼마든지 바뀌는 곳이다. 시위나 공연 같은 공(公)적인 집합 행동이 일어나기도 하고, 특별한 일 없이 그냥 더불어[共] 있음의 즐거움을 만들기도 하는, 텅 비어 있는[空] 그릇이다. 그 공공 공간(公共空間)은 '쓸모없음의 쓸모'라는 노장 철학의 역설이 그대로 실현되는 곳이다. 건축가 승효상은 앞에 인용한 책에서 말한다. "그러한 (쓸모없는) 공간이 많을수록 더욱 다양한 삶이 그 안에 담기게 되고, 그 다양함이 어떤 시스템에 의해 엮이면 그 공간은 시퀀스를 가지고 삶의 드라마를 만든다."

이러한 맥락에서 마당은 새삼스러운 의미로 다가오는 듯하다. 마당의 멋은 스스로를 주장하지 않으면서 다른 공간과 사물들을 넌지시 아우르며 돋보이게 하는 넉넉함에 있다. 공원은 그러한 마당의 한가로움을 집 바깥으로 끌어내 만인을 초대하는 쉼터이다. 숨 가쁘게 내달리던 시간이 속도에서 잠시 풀려나 느긋하게 인간

을 만나는 공간이다. 우리들은 공원에 머물러 고단한 심신을 달래
면서 생활의 시나리오를 새롭게 쓴다. 푸르러오는 봄날, 숲과 하
늘을 화폭 삼아, 흩날리는 꽃잎들을 물감 삼아 자화상을 그린다.

➊ 비둘기는 번식력과 생존력이 매우 강하다. 사람들을 별로 두려워하지 않는 이 새는 먹을 것이 풍부한 도시에서 급속하게 늘어났다. 그러나 그로 인해 사람들이 입는 피해가 걱정된다. 무엇보다도 배설물과 깃털 등이 우리의 건강을 위협한다. 사람들이 먹이를 일부러 주지만 않아도 자연스럽게 개체수가 조절될 것이라고 생태학자들은 말한다. 어떻게 하면 사람들이 먹이를 주지 않도록 할 수 있을까? 그것이 어렵다면 다른 방법은 없을까?

➋ 인근에 공원들이 넉넉한 지역에 사는 주민들과 전혀 녹지가 없는 지역에 사는 주민들 사이에는 삶의 질이 분명하게 차이가 날 것이다. 당신이 사는 지역은 어느 편에 가까운가? 전자라면, 당신에게 공원은 어떤 의미가 있고 그것을 어떻게 활용하는가? 후자의 경우라면, 만일 주변에 여유로운 공원이 있다고 가정할 때 당신의 생활은 어떻게 달라질 수 있으리라고 생각하는가?

➌ 정부는 2007년부터 국립공원의 입장료를 폐지하였다. 고갈되는 국가 재정에 세수(稅收)를 확보하느라 고심하는 마당에 그러한 결정이 내려진 배경이 궁금하다. 그 사안을 둘러싸고 갑론을박이 있었을 것으로 추정된다. 찬성과 반대의 입장에서 각각 주장을 펴보자.

➍ 예전 지폐들(천원, 오천원, 만원권)의 뒷면에는 모두 전통 건축물들이 들어가 있었다. 한국의 문화유산 가운데 건축이 차지하는 비중이 그만큼 높다고 볼 수 있다. 옛 가옥이나 궁궐의 마당의 공간적 구조를 현대 도시의 공간들과 비교하여 분석해보자. 그리고 그런 장소에 서 있을 때 어떤 마음가짐이 되는지를 상세하게 묘사해보자.

물 · 과 · 사 · 귀 · 려 · 면

최근 수십 년 동안 매년 여름에 폭우가 쏟아져, 떠밀려 내려온 토사가 점점 무더기로 쌓이게 되었다. 물이 제 길을 잃고 옆으로 흘러 넘쳐서 그 지역은 그대로 허허벌판이 되어버렸다. 지나가던 사람이 제방을 쌓으려 했다가도 그 일에 드는 공력을 계산해보고는, 바다를 바라보는 것 같아 아득한 기분으로 돌아서버린다. [……] 군데군데 막힌 곳이 있기 때문에 옆으로 넘치는 것이다. 따라서 지형의 높낮이에 따라 핵심적인 곳을 잘 살펴서 지형에 맞게 물길을 이용하면 된다. 이곳만이 아니다. 한강이나 금강에도 준설할 곳이 많이 있다. 사람들이 이 일을 추진할 생각을 하지 않는 것뿐이다.

　　　　　　　　　　　　　　　　　　　　—박제가, 「북학의」 중에서

　　인류의 여러 신화들 속에는 대홍수가 자주 등장한다.¹ 순식간에 삶의 터전을 삼켜버리는 커다란 물난리는 예나 지금이나 천지개벽에 버금가는 사건일 수 있다. '수마(水魔)'라는 말마따나 물은 인간의 능력을 훨씬 넘어서는 괴력을 지니고 있는 것이다. 따라서 그것을 다스릴 수 있는 사람이나 사회는 막강한 권력을 획득하게 된다. 많은 문명과 국가가 바로 '치수(治水)'를 통해 성립하였다. 방글라데시 같은 극빈국만이 아니라 구미의 선진국들도 종종 홍수로 큰 피해를 입고 있는데, 어느 시대에나 그것은 만만치 않은 과

1 신화 속에 등장하는 대홍수는 완전한 파국을 의미하지 않는다. 구약성서의 노아 홍수에서 잘 나타나듯이 그것은 새로운 시대의 개시를 의미한다. 종교학자 미르체아 엘리아데의 해석에 따르면 홍수로 인해 만물이 완전히 수몰되어 그 형체를 잃어버리는 것은 기존 질서의 소멸을 상징한다. 그 뒤에는 새로운 인간이 출현하고 신세계가 열린다. 그런 점에서 보자면 홍수는 세례와 구조적으로 상응한다고 할 수 있다. 물은 재생과 정화를 상징하는 것이다(M. 엘리아데, 『성과 속』, 한길사, 1998, 131~32쪽).

제였다. 예를 들어 조선 시대의 경우 한양의 청계천을 비롯해 수
많은 하천들은 제대로 준설 공사를 하지 않아 홍수 때만 되면 범
람하기 일쑤였다. 박제가의 탄식은 그러한 현실을 목격하면서 나
온 것이다.

그런데 물을 다스린다 함은 수재를 방지하는 것만이 아니다.
물은 생명의 원천으로서 생계와 경제활동에 필수불가결한 자원이
다. 농사와 목축, 에너지(물레방아와 수력발전), 교통 수단(운하)
에 이르기까지 '이수(利水)'는 삶의 풍요로움으로 직결된다. 일찍
이 비트포겔Karl August Wittfogel이라는 학자는 『동양적 전제
(專制)주의 Oriental Despotism: a comparative study of total
power』라는 책에서 강우량이 많은 몬순 지대에서 많은 물을 끌어
다가 미작 농업을 발달시켜온 동아시아의 여러 나라들을 가리켜
'수리(水利) 사회hydraulic society'라고 칭한 바 있다. 그에 따르
면 동양 사회에서는 기후와 환경 때문에 농사를 짓기 위해서는 대

규모 관개 시설이 요구되었는데, 이를 효율적으로 관리하기 위해 전제적인 통치체제가 성립했다는 것이다. 그의 이러한 설명은 아시아 사회를 서구에 비해 정체된 것으로 보는 사관에 기울어 있다는 비판을 받지만, 수리(水利)와 권력의 관계를 포착했다는 점에서 높이 평가된다. 근대사회에 들어와서 인간의 평균 수명이 크게 늘어난 것도 항생제나 의술의 발달보다는 상하수도의 보급 덕택이다. 깨끗한 물을 일상적으로 사용하고 더러운 물을 곧바로 흘려보낼 수 있게 되면서 전염병에서 벗어날 수 있었던 것이다.

그러나 물이 주는 이로움은 그런 도구적인 속성에만 있는 것이 아니다. 인간은 물 그 자체를 좋아한다. 한국에서도 강은 중요한 여가 공간이다. 뱃놀이, 답교(踏橋),[2] 탁족(濯足),[3] 유두(流頭)[4] 등 전통 민속에서 현대의 각종 첨단 수상 레저 스포츠에 이르기까지 강은 다양한 놀이의 무대가 된다. 또한 물에 몸을 적시지 않고 멀리서 바라보는 것만으로도 안온한 휴식을 얻을 수 있다. 겸재 정선이 남긴 진경산수화 「압구정」에서 짐작할 수 있듯이, 선조들은 강변의 정자에서 풍광을 음미했고 풍경화를 '산수화(山水畵)'라고 일컬을 만큼 동양에서는 강을 자연의 핵심 요소로 여겼다. 물과 자연스럽게 사귀는 '친수(親水)'의 문화는 오랜 역사 속에서 다양한 형식으로 면면히 이어져온 것이다.

그런데 급속한 산업화 과정에서 인간과 강 사이의 거리는 멀어졌다. 경제 성장에 수반하여 폭증한 공장 폐수, 갑자기 팽창하는 도시가 쏟아내는 생활하수로 인해 강은 점점 더러워졌다. 그리고 서울의 청계천 같은 지천은 무허가 판자촌이 들어서면서 거주에

2 정월 대보름날 밤에 다리 (橋)를 밟는 전통적인 민속 놀이.

3 강물이나 계곡 물에 발을 담그는 것.

4 맑은 개울이나 폭포를 찾아가 동쪽으로 흐르는 물에 머리를 감고, 햇과일과 여러 가지 음식을 먹으며 하루를 보내는 것. 그렇게 하면 여름철의 질병과 더위를 물리칠 수 있다고 믿었다.

● ● 공해의 도시라는 이미지가 강했던 울산시는 오염된 태화강을 생태하천으로 복원시켜냈다. 사진은 '되살아난 태화강에서 은어와 수영 한판'이라는 이름으로 2006년도에 개최된 전국수영대회 장면(울산광역시 제공).

필요한 최소한의 청결을 유지하기도 어려운 공간이 되었다. '개천에서 용 난다'는 비유 그대로 '열린 냇물'은 불결한 이미지로 굳어져갔다. 그런데 정부 당국은 수질을 개선하고 건전하게 관리하기보다는 하천을 복개함으로써 외형적인 위생과 경관을 정비하는 쪽으로 대응했다. 그로 인해 도시인들의 시야에서 시냇물은 더욱 멀리 사라져갔다. 퐁당퐁당 돌을 던져 냇물이 멀리멀리 퍼져나가는 광경을 아이들은 단지 노래에서만 상상할 뿐이다.

복개되지 않은 큰 강에서도 물과 사귀기는 쉽지 않다. 콘크리트 호안 블록과 아파트로 둘러싸인 한강변은 삭막하다. 그곳에 이따금 일본인 관광객들이 찾아온다. 그들에게 인기 있는 탤런트 배용

준이 한강을 배경으로 찍은 사진에 사인을 해주기 때문이라고 한다. 그리고 한국 드라마에서 주인공들이 한강에서 산책을 하거나, 슬픔을 가득 안고 흐느끼는 모습을 종종 보았던 까닭도 있다. 그런데 뭔가 독특한 분위기를 기대하며 먼 길을 찾아온 방문객들에게 한강은 허전하다. 유람선이나 오리배를 타고 한강 고유의 정취를 맛보기는 어렵다. 거기에 '한류'는 흐르지 않는다. 그 위대한 자연 유산에 다시금 문화의 옷을 입히기 위해서 무엇을 해야 할까. 어떻게 하면 한명회가 한강을 내려다보며 맛보던 운치와 풍류를 압구정에서 재현할 수 있을까.

다행히 강을 새롭게 발견하고 되살리려는 움직임이 일고 있다. 많은 지방자치단체들이 강의 옛 모습을 복원하거나 생태 하천으로 재정비한다. 서울의 양재천과 청계천, 경기도의 안양천, 울산의 태화강 등의 사례가 주목을 받는다. 매년 열리는 태화강 수영대회에서 참가 시민들은 은어와 부딪히며 헤엄을 치는 진기한 경험을 할 수 있다고 한다. 도심에 물이 다시 흐르면서 열섬 효과가 줄어들고 녹지 공간이 늘어난다. 거기에 소공원이 조성되고 다양한 음지 식물들이 자라나면서 새와 곤충들이 찾아든다. 자연에 대한 호기심이 많은 아이들에게 이런 공간들은 멋진 놀이터가 된다. 또한 강변으로 유쾌하게 이어지는 자전거 도로를 활주하면서 마주치는 풍경은 영화에서 보았음 직한 장면들의 파노라마이다. 그렇듯 쾌적한 삶의 질을 제공해주는 하천 프리미엄을 끼고 인근의 아파트들은 점점 값이 오르고 있다.

그러나 국토를 금수강산으로 가꾸기 위해서는 넘어야 할 장애가 아직 많다. 강변이나 계곡에 들어서는 각종 행락 시설들로 인

5 한명회는 한강 그 자체를 감상하기만 한 것은 아니었다. 그가 압구정을 세운 까닭은 이천에 있는 자기 소유의 땅에서 나오는 곡식이 강을 따라 운반되는 모습을 즐겨 보기 위해서였다.

해 수질이 나빠지는 강이 적지 않다. 여가에 대한 욕망이 커지고 도시와 그 주변의 자연이 많이 훼손되면서 사람들은 점점 더 '순수한' 자연을 찾아 깊은 산속으로 들어간다. 사람이 북적대지 않는 한적한 공간, 그리고 인위적인 시설물이 들어서지 않은 곳에서 휴식을 취하고 싶은 것이다. 그런데 얼마 지나지 않아서 그런 발걸음을 따라 넓은 도로가 뚫리고 음식점이나 숙박 시설들이 들어선다. 접근성이 높아지고 각종 놀이 시설이 마련되면서 찾아오는 사람이 늘어난다. 그리고 거기에서 쓰레기와 오폐수가 방출된다. 그렇게 되면 또다시 일부 사람들은 더 깊은 곳을 찾아들어간다. 이러한 악순환이 지금 계속되고 있다.

더욱 심각한 것은 끊임없는 토목 공사로 인해 강물 자체가 줄어드는 건천화(乾川化)이다. 도로나 건물이 늘어나면서 나무가 줄어들고 콘크리트 피복률이 높아진다. 따라서 원래는 비가 오면 그 물이 숲과 땅에 스며들어 있다가 서서히 흘러나오는데, 이제는 숲이 사라지고 지형이 바뀌면서 홍수가 쉽게 일어나고 강이 금방 말라버린다. 그래서 예전에는 무릎까지 차던 냇물이 이제는 발목에서 찰랑거린다. 이는 전국 어디에서든 쉽게 확인할 수 있는 변화인데, 이에 대한 경각심은 아직 매우 낮다. 기존의 토건 패러다임으로는 치수와 이수(利水)가 지속 가능하지 않다. 흙과 나무[土木]를 살리는 방향으로 전환하지 않으면 국토의 풍수는 계속 일그러질 것이다.

친수(親水)의 근본 전제인 강 자체의 존속이 위협받는 현실은 생활 문화의 빈곤화를 예고한다. 얕고 엷어지는 강물처럼 우리의 얼도 천박해져가는 것인가. '물이 깊어야 큰 배가 뜬다/얕은 물에는 술잔 하나 뜨지 못한다/이 저녁 그대 가슴엔 종이배 하나라도 뜨는가//〔……〕//얕은 물은 잔돌만 만나도 소란스러운데/큰 물은 깊어서 소리가 없다'(도종환, 「깊은 물」). 시인은 우리의 자화상과 소망을 강물에서 넌지시 읽어내고 있다. 오늘 마음 한구석에 잔잔한 시냇물 한 줄기를 열고 싶다. 거기에 하얀 쪽배 하나 띄우고 싶다. 잔잔한 은하(銀河)를 건너 푸르른 하늘로 나아가는. 돛대도 아니 달고 삿대도 없이.

❶ 도시 곳곳에 흐르던 실개천들이 되살아난다면 인근 주민들의 생활에 어떤 영향을 끼칠까? 일상 속에 친수 공간을 활성화함으로써 여가와 삶의 질이 어떻게 달라질 수 있는지 생각해보자.

❷ 한강은 수려한 산들과 함께 서울이 지니고 있는 엄청난 자연 자원이다. 그런데 그것을 매력적인 관광의 대상으로 삼지 못하고 있다. 한강을 찾는 사람들이 거기에서 유쾌한 시간을 보낼 수 있도록 하기 위해서는 무엇이 필요할까? 주변의 경관, 부대시설, 이벤트 등의 차원에서 생각해보자. 그리고 영화『괴물』을 테마로 하여 한강의 볼거리와 즐길 거리를 개발한다면 어떤 것들이 가능할까?

❸ '왜 강물이 점점 줄어들까요?'라는 주제로 초등학교 저학년 학생들을 위한 10~15 컷짜리 과학 만화를 한 편 그려야 한다. 그 시나리오와 주요 장면을 구성해보자.

❹ 소비 수준이 높아지면서 강은 여가 공간으로서 점점 인기를 끈다. 한 해가 다르게 강에서 즐기는 새로운 레포츠가 등장하고 널리 확산되고 있다. 그런데 그러한 수상 놀이의 보편화는 수질을 악화시키는가, 아니면 개선시키는가? 레포츠 동호회가 강의 생태계를 보전하거나 회복하는 데 중요한 역할을 하는 사례가 있는지 조사해보자.